Chiltern-Berge

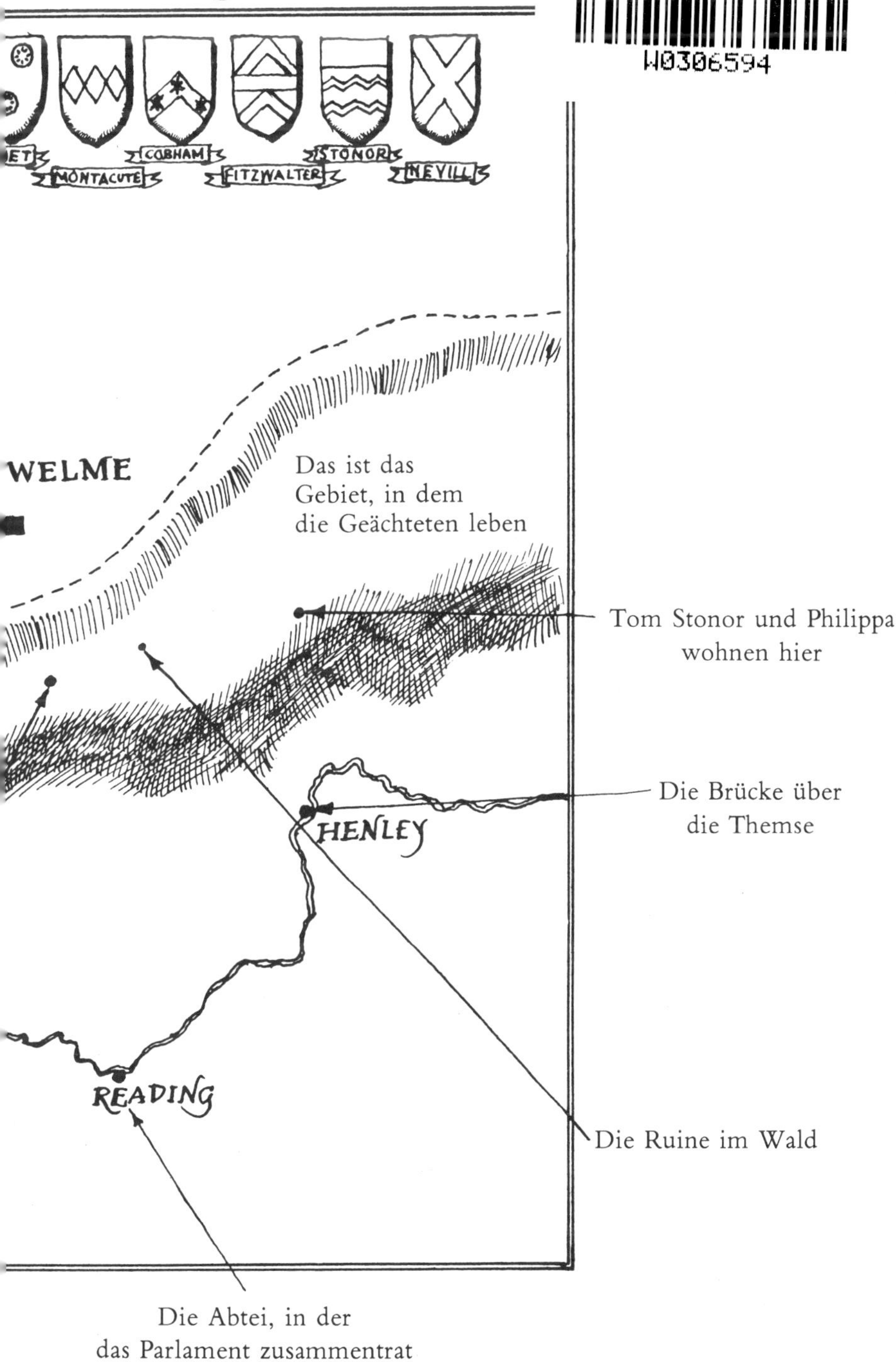

Cynthia Harnett

Das Zeichen im Feuer

Cynthia Harnett

Das Zeichen im Feuer

Eine abenteuerliche Geschichte aus dem England Heinrichs VI.

Verlag Freies Geistesleben

CIP-Kurztitelaufnahme der Deutschen Bibliothek

Harnett, Cynthia:
Das Zeichen im Feuer: e. abenteuerl. Geschichte
aus d. England Heinrichs VI./Cynthia Harnett.
[Übers. u. für d. dt. Ausg. mit Anm. vers. von
Susanne Lenz. Zeichn.: Gareth Floyd]. – Stuttgart:
Verlag Freies Geistesleben, 1987.
Einheitssacht.: The writing on the hearth ‹dt.›

ISBN 3-7725-0899-5

Die englische Originalausgabe erschien 1971 unter dem Titel
«The Writing on the Hearth»
im Verlag Methuen Children's Books Ltd.

Übersetzt und für die deutsche Ausgabe mit Anmerkungen versehen
von Susanne Lenz.

Zeichnungen: Gareth Floyd.
Einband: Herbert Holzing

Gesamtherstellung: Mohndruck, Gütersloh

Inhalt

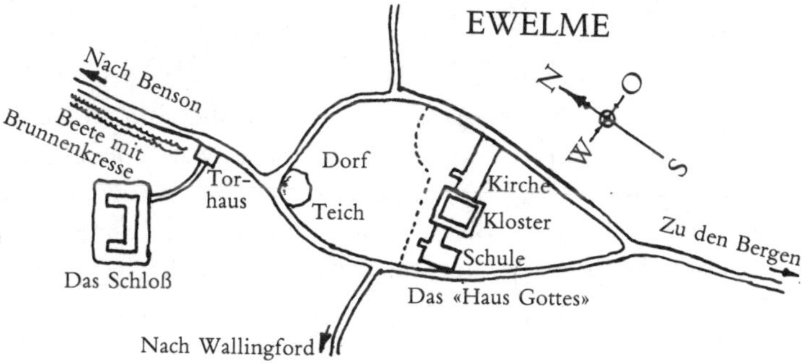

Das Palindrom

Erst als Stephen auf der Höhe des Berges angelangt war, bemerkte er die Gewitterwolken, die sich über dem Oxforder Becken sammelten. Er war eine Zeitlang durch dichtes Gehölz geklettert; nun kam er an einem mit Farnkraut bewachsenen Hang heraus, drehte sich um und warf einen Blick auf den Himmel. Eine schwarze Wolkendecke lag drohend über dem ganzen weiten Land. Offenbar braute sich ein Gewitter zusammen, doch ob es wohl in diese Richtung ziehen mochte? Vielleicht wäre es besser zu warten, ehe er sich weiter von zu Hause fort wagte.

Auf dieser Seite des Berges hatte man das Holz für den Bau neuer Häuser in Ewelme, seinem Heimatdorf unten im Tal, gefällt, und das Gebüsch war noch nicht hoch genug, um die Sicht zu verdecken. Stephen ging über die Schneise und setzte sich, mit dem Rücken gegen eine hohe Buche gelehnt. Er hatte keine Eile. Pfarrer Saynesbury, der Schulleiter und Kirchenvorsteher, war im Auftrag des Lehnsherrn, des Grafen von Suffolk, nach Oxford unterwegs und hatte Stephen mit einer lateinischen Übersetzungsaufgabe allein gelassen. Diese konnte später erledigt werden, denn nur Stephen hatte sich gegenüber Pfarrer Saynesbury zu verantworten; die übrigen Schüler waren noch Kinder und wurden vom Küster unterrichtet.

Die Abwesenheit des Pfarrers bot daher heute eine großartige Gelegenheit zu einem besonderen Ausflug. Stephen hatte seine Schwester Lys am Fuße des Berges zurückgelassen. Sie hatte zwar gebettelt, mit ihm kommen zu dürfen, aber er hatte entschieden verneint. Die dicht bewaldeten Chiltern-Berge* waren bei den Bewohnern des Tals verrufen. Es ging das Gerücht, daß dort Vogelfreie hausten, Verbrecher, die vor der gerechten Strafe flohen, sowie Deserteure aus den Kriegen mit Frankreich. Den Dorfkindern waren die Berge streng verboten, und selbst die Erwachsenen hielten sich von dort fern.

Stephen fürchtete sich jedoch nicht. Er wohnte ganz in der Nähe der Berge und hatte die Wälder schon oft erkundet, ohne zu Schaden gekommen zu sein. Doch würde er nicht einmal im Traum daran denken, seine Schwester dorthin mitzunehmen.

Dennoch tat es ihm nun leid zu sehen, wie sie verlassen zu jenem einsam gelegenen, kleinen Haus zurückkehrte, in dem sie beide zusammen mit ihrem verdrießlichen Stiefvater, dem Pflüger Odo, lebten. Ihr leiblicher Vater, ein dem Grafen von Suffolk dienender Soldat, war vor nahezu zehn Jahren in Frankreich nach der Belagerung von Orléans ums Leben gekommen. Bei dem vergeblichen Versuch, seinen Herrn vor der Gefangennahme durch diese französische Hexe Jeanne d'Arc** zu bewahren, hatte er einen ruhmvollen Tod gefunden. Seine Witwe hatte wieder geheiratet, um den beiden Kindern ein Zuhause zu geben, doch jetzt war auch sie tot. Stephen und Lys hatten niemanden mehr, und Lys tat alle Arbeit im Haus, in dem die Geschwister, der Pflüger und seine Ochsen dasselbe Strohdach teilten.

Stephen war besser daran als Lys. Da beider Vater sein Leben geop-

* Gemeint sind die Chiltern Hills, ein Bergland nordwestlich von London, nicht höher als 255 m.

** Name der Jungfrau von Orléans (zwischen 1410/12–1431), die sich durch göttlichen Auftrag berufen fand, den französischen König Karl VII. nach Reims zur Krönung zu führen und Frankreich von den Engländern zu befreien.

fert hatte, um Mylord von Suffolk zu retten, hatte Mylord verfügt, daß der Junge beim Pfarrer Unterricht im Lesen und Schreiben bekäme; und nun hatte Stephen sogar den ersten Platz in der neueröffneten Lateinschule erhalten, die Teil eines «Haus Gottes» genannten Stifts war, das Mylord William de la Pole, Graf von Suffolk, und seine Gemahlin, Dame Alice, in Ewelme erbaut hatten. Man munkelte überdies, daß der Junge, wenn er gut in der Schule abschneiden würde, möglicherweise als mittelloser Scholar nach Oxford geschickt werden sollte – eine aufregende Aussicht, denn in Stephens Vorstellung geriet das nur einen Tagesmarsch von Ewelme entfernte Oxford zu einem Ort unweit vom Himmel, zu einer wunderbaren Stadt, bevölkert von berühmten Lords, gelehrten Herren und Klerikern, die Weisheit und Reichtum erlangten.

Das neue «Haus Gottes» umfaßte nicht nur die Lateinschule, sondern auch ein aus mehreren Häuschen bestehendes Kloster, ein Hospiz, in dem dreizehn betagte Männer ihr Leben in Frieden beschließen durften. Die einzige Pflicht, die sie dafür zu erfüllen hatten, war, für die ewige Ruhe der Seelen von Mylords Eltern, den De la Poles, und Myladys Eltern, den Chaucers, in der Kirche Gebete zu verrichten.

Einer dieser Betbrüder war Doggett, ein alter Soldat, der einst ein Freund von Stephens Vater gewesen und nun Stephens Freund war. Im Jahr 1415, vor vierundzwanzig Jahren, hatte er an der Schlacht bei Azincourt* und danach am Triumphzug König Heinrich V. und seines Gefolges durch London teilgenommen. Seine Geschichten aus dem Krieg fanden kein Ende. Stephen lauschte gebannt, obwohl ihm der Gedanke an Krieg eigentlich verhaßt war seit jener Zeit, da er als kleiner Bub am Rockzipfel seiner Mutter zugehört hatte, wie ein alter Kriegskamerad in allen grausigen Einzelheiten die Umstände beschrieb, unter denen sein Vater ums Leben gekommen war.

Doggett hatte aber noch ein anderes Interesse, das er mit Stephen

* Nordfranzösischer Ort, bekannt geworden durch die blutige Schlacht vom 25. 10. 1415, mit der der Hundertjährige Krieg zwischen England und Frankreich wieder aufgenommen wurde. Nach dem englischen Sieg über die zahlenmäßig weit überlegenen Franzosen in Azincourt nahm Heinrich V. von England den Titel eines französischen Königs an.

teilte – eine Begeisterung für Wappenkunde. Er konnte die Wappenschilde aller Lords und Ritter, die in Frankreich im Krieg gewesen waren, auswendig hersagen, und nun, da er alt und gebrechlich war, bestand seine größte Freude darin, die Wappen leuchtend bunt zu malen. Die Farben hierfür erhielt er seiner flehentlichen Bitte zufolge von den Handwerksleuten, die gerade das Innere der Kirche von Ewelme ausschmückten. Doch Doggetts Pinsel, die aus Schweineborsten waren, erwiesen sich als viel zu grob für feine Malarbeit. Pfarrer Saynesbury behauptete, daß die besten Pinsel aus dem Fell von Eichhörnchen oder Iltissen gemacht würden, und zufällig wußte Stephen genau, wo er solches Fell, bereits gesäubert und getrocknet, bekommen konnte. Aus diesem Grund hatte er heute heimlich den Berg erklommen.
Stephen saß nicht lange unter dem Baum, da vernahm er ein fernes Donnergrollen. Der Himmel verdunkelte sich. Die Wittenham-Hügel, die dreikuppigen Zwillingsberge auf dem anderen Ufer der Themse, waren schon vom Regen verhüllt. Ob er nach Hause gehen sollte? Das wäre schade. Wenn er sich geschwind auf den Weg machte, könnte er vielleicht noch vor Ausbruch des Gewitters zur Hütte des Schweinehirten gelangen, die sein Ziel war.

Stephen war gerade im Begriff aufzustehen, als ihm eine Bewegung im Farnkraut auffiel. Ein kleines Stück unterhalb huschte etwas quer über den Hang. Stephen sah, daß es ein Rudel Rotwild war, und zwar ein stattlicher Rehbock mit zwei ihm folgenden Hindinnen. Rehe wurden jetzt in diesen Wäldern selten, denn die Vogelfreien hatten schon zu viele erlegt.
Der Donner grollte wieder, dieses Mal näher, und die drei Rehe sprangen zu einer Gruppe von Büschen davon. Aber nur zwei von ihnen brachten sich in Deckung. Mit einem Pfeil mitten durch seinen Kopf stürzte der Bock fast im Sprung getroffen zu Boden.
Stephen stockte der Atem. Wer auch immer den Pfeil abgeschossen haben mochte, er mußte ganz nah versteckt sein. Im Dorf erzählte man sich Geschichten über einen Bogenschützen, einen Vogelfreien, der nie sein Ziel verfehlte. Mit furchtsam gesenkter Stimme nannte man ihn Gilles den Bogenschützen, und die Kinder wurden durch

Schreck zum Gehorsam gebracht, indem man ihnen androhte, sie dem Bogenschützen auszuliefern. Stephen war tatsächlich eines Tages hier oben im Wald einem großen, hageren Mann begegnet, dem ein Langbogen von der Schulter hing. Der Mann hatte Stephen gleichfalls bemerkt, doch er sah eigentlich freundlich aus und zeigte keine Anzeichen böser Absicht.

Während Stephen noch darauf wartete, daß der Bogenschütze aus seinem Versteck käme, um seine Beute an sich zu nehmen, hörte er weiter weg im Wald den Klang eines Horns. Mit ihm näherten sich das Geräusch von Männerstimmen und das Gebell eines Jagdhundes: eine Jagdgesellschaft; ob einer der Jäger den Rehbock erlegt haben mochte? Aber die Stimmen schienen noch weit entfernt. Es war gewiß Mylord von Suffolk auf der Jagd; er war Verwalter der Chiltern-Berge und hatte das Recht, sowohl mit Greifvögeln als auch mit Hunden zu jagen. Stephen schlängelte sich tiefer in den Schatten des Baums. Wenn sich die Jäger auf dem Rückweg nach Ewelme befänden, würden sie den Reitweg nehmen, der von Swyncombe kommend auf halbem Wege unten am Berg entlangführte. Es wäre bitter, auf verbotenem Gelände von Mylord persönlich ertappt zu werden. Der tote Rehbock lag im Farnkraut verborgen. Stephen fragte sich, was Gilles zugestoßen sein mochte. Wahrscheinlich hielt dieser sich wie er selbst auf dem Waldboden versteckt.

Schließlich kam die Jagdgesellschaft in Sicht. Als sie auf dem Pfad vorüberritt, schaute Stephen auf sie hinunter: Vorn waren drei Reiter, von denen jeder einen Falken auf der Faust trug, dahinter folgten ein halbes Dutzend Jäger zu Fuß mit zwei Jagdhunden an der Leine. Allen voran ritt Mylord von Suffolk in Begleitung zweier Freunde, die Stephen vom Sehen her kannte: Sir Richard Drayton vom Landsitz Drayton bei Dorchester und dessen junger Stiefsohn Thomas Stonor, ein Knabe, der nicht viel älter als Stephen war und sich häufig in Ewelme aufhielt. Die Jagdbeute befand sich auf Stangen über den Schultern einiger Träger. Stephen lachte leise vor sich hin, als er sah, daß sie nur Kleinwild trugen. Der einzige Rehbock in Aussicht lag tot im Farn ein kurzes Stück den Berg hinunter.

Plötzlich warf einer der Hunde den Kopf hoch, nahm Witterung auf und bellte. Sein Gefährte schloß sich ihm an. Mylord von Suffolk zügelte sein Pferd. «Eine Fährte», rief er. «Templar hat eine Fährte! Binde ihn los! Schnell, Dummkopf; laß die Hunde frei laufen.»

Mylords Stimme war deutlich vernehmbar. Stephen hielt den Atem an, als die Hunde das Farnkraut durchstöberten. Sie witterten das Rotwild und kamen in Stephens Richtung. Kurz darauf wedelten sie aufgeregt mit dem Schwanz. Templar schlug wieder an. Zweifellos hatten die Hunde den Rehbock aufgespürt. Die Jäger kletterten den Hang hinauf, gefolgt von den drei Reitern, die sich mühsam ihren Weg suchten.

Mylord von Suffolk beugte sich im Sattel vor und blickte auf die Erde.

«Himmel, ein Rehbock», rief er, «mit einem einzigen Pfeil erlegt und allem Anschein nach erst vor kurzem verendet!»

Einer der Jäger, der am Boden kniete, hob den Kopf. «Das Blut ist noch warm, edler Herr. Der Bock ist erst für die Dauer eines Vaterunsers tot.»

«Wer hat das getan?» wetterte Mylord von Suffolk. «Wird hier schon vor meiner Nase Wilddieberei getrieben? Der Dieb kann noch nicht weit sein. Laßt die Hunde ihn suchen! Bei Gott – wenn ich ihn schnappe, knüpfe ich ihn am Tor des Schlosses zu Wallingford auf!»

Stephen wurde es fast übel vor Angst. Vorsichtig rutschte er tiefer in das dürre Laub vom Vorjahr, während die Hunde über den Hang liefen und der Fährte des Rotwilds folgten. Als Stephen bergauf geklettert war, hatte er den Reitpfad überquert. Wie lange mochte es wohl dauern, bis Mylords Hunde *seine* Spur witterten? Sie waren stark und kaum zu bändigen; gewiß wären sie imstande, ihn in Stücke zu reißen. Und wie sollte er nur in Anbetracht des toten Rehbocks für sich selbst einstehen? Mylord würde glauben, daß er den Bock erlegt und dann seinen Bogen in das Dickicht geworfen habe. Stephens Herz pochte so laut, daß er fast meinte, die Hunde näher kommen zu hören. Er erwartete in jedem Moment, ihren heißen Atem in seinem Nacken zu spüren, vergrub sein Gesicht am Boden, bis er beinahe erstickte, und betete atemlos: «O Gott, hilf mir. O Gott hilf!»

Mit ohrenbetäubendem Lärm brach da plötzlich direkt über Stephen das Gewitter los. Donner und Blitz krachten gleichzeitig, als ob sich der Himmel gespalten hätte. Für Stephen waren es jedoch Templars Kiefer, und die auf ihn einpeitschenden Hagelkörner und herabfallenden Äste waren ein Teil dieser schrecklichen Vorstellung. Gleich würde er sterben, und er erstarrte in der Erwartung von Todesqualen. Ein Sturzbach kalten Regenwassers, der sich über ihn ergoß, brachte ihm jedoch zu Bewußtsein, daß er immer noch am Leben war. Es waren keine schimpfenden Stimmen und keine wild bellenden Hunde mehr zu hören; der Wald toste lediglich in einem gewaltigen Gewitter.
Es dauerte eine Weile, bis Stephen wagte, den Kopf zu heben. Indem er über das flachgedrückte Farnkraut spähte, konnte er durch den grauen Regenschleier hindurch sehen, daß sich die Jagdgesellschaft auf dem Rückzug befand, die Reiter in flinkem Trab voran und der Rest mit den Hunden Hals über Kopf hinterdrein. Einen Rehbock trugen sie nicht.
Stephen lag einige Augenblicke lang still und freute sich fast über das Gewitter. Gott hatte ein Wunder zu seiner Rettung bewirkt. Er richtete sich auf. Der Donner schien nun weiter entfernt, aber der Regen prasselte immer noch. Er mußte ein Obdach finden. Zu seinem Ziel, der Hütte des Schweinehirten, war es nicht mehr weit.
Dort wohnte eine alte Frau, die von allen gemieden wurde. Obwohl ihr Mann, der Schweinehirt, schon lange Zeit tot war, versorgte sie zusammen mit ihrem einfältigen Sohn die Schweine, die frei im Buchenwald umherstreiften. Die Alte verfügte über oberflächliches Bücherwissen, und man munkelte, daß sie eine Hexe sei. Hexerei war etwas Furchterregendes, das nichts Geringeres bedeutete, als den Teufel anstelle von Gott anzubeten und vorsätzlich dem Bösen anstatt dem Guten dienstbar zu sein. Der Teufel bediente sich der Hexen, um sein Werk zu verrichten, und so bangten die Dorfbewohner um ihre Seelen. Wenn herauskäme, daß Stephen diesen Ort aufsuchte, würde er in Grund und Boden verdammt werden. Der Pfarrer würde es ihm gewiß als Todsünde verbieten, und vermutlich verlöre er sogar seinen Platz in der Schule.
Doch Stephen hatte die alte Meg gern. Das hatte damit angefangen,

daß sie ihn auflas, als er von einem wilden Kirschbaum gefallen war. Sie hatte ihm Umschläge aus Kräutern gemacht, die allen Schmerz heilten. Stephen nahm keinen Augenblick lang an, daß sie eine Hexe sei, denn sie war gütig, einer der gütigsten Menschen, die er je kennengelernt hatte. Gewiß konnte niemand von solcher Güte böse sein. So ging Stephen die alte Meg oft besuchen, behielt dies aber ganz für sich.

Sein Besuch heute hatte den Zweck, Borsten für Doggetts Malpinsel zu besorgen. Wat, Megs einfältiger Sohn, war immerhin verständig genug, mit einer Schlinge auf Tierfang zu gehen, der Beute die Haut abzuziehen und die Felle zu säubern. Diese wurden von seiner Mutter zum Markt nach Wallingford gebracht, wo ein Kürschner aus der Budge Row* in London sie kaufte und dann zur Anfertigung von Gewändern für reiche Kaufleute in der Stadt verwendete. Stephen hatte den Kürschner, einen hochgewachsenen, hageren Mann mit einem gabeligen Spitzbart, einmal gesehen.

Während sich Stephen durch das Gestrüpp im Unterholz kämpfte, zog das Gewitter ab. Es war recht schwierig, sich einen Weg zu bahnen, denn alles war zu Boden gedrückt. Er hielt Ausschau nach einer verdorrten Buche, die vor Alter schon ganz weiß und von den Löchern eines Spechts durchsiebt war. Wie ein riesiges Gerippe ragte sie in der Nähe eines Weihers auf, neben dem die Behausung der alten Meg stand. Endlich erblickte Stephen die Buche, ging geradewegs auf sie zu und legte seine Hand auf ihren Stamm, als sei sie ein alter Freund.

Der Weiher war infolge des Gewitters fast zu einem See angeschwollen, so daß in ihm nicht mehr das Spiegelbild der niedrigen Hütte zu sehen war, die sich auf der gegenüberliegenden Seite nur wenige Fuß über dem Ufer erhob. Ihr einziges kleines Fenster war mit einem Laden verschlossen, aber Stephen bemerkte eine dünne Rauchsäule, die aus dem Loch im Strohdach emporstieg. Gott sei Dank hatte die alte Meg ein Herdfeuer.

Während Stephen seine Blicke schweifen ließ, fiel ihm noch etwas

* Noch heute gibt es in der City von London eine Straße dieses Namens, und zwar zwischen der St. Paul's Cathedral und der Bank of England.

anderes ins Auge. Auf der Lichtung an der Rückseite der Hütte befand sich neben einer Reihe von Bienenkörben auf einer Bank ein behelfsmäßiger Unterstand, der für krank gewordene Schweine und zum Trocknen neuer Felle diente. Unter seinem vom Farnkraut überwucherten Dach war ein Pferd angebunden, kein gewöhnliches Packpferd, sondern ein gestriegeltes, gesatteltes und mit feinem, roten Ledergeschirr aufgezäumtes Reitpferd. Augenscheinlich hatte jemand in der Hütte Unterkunft gefunden. Aber wer mochte wohl mit einem solchen Pferd durch diesen unwegsamen Wald reiten?
Stephen ging um den Weiher herum und klopfte ein wenig schüchtern an die geschlossene Tür. Er hatte sie niemals zuvor verschlossen vorgefunden; bei Wind und Wetter stand sie sonst offen.
Eine längere Pause folgte seinem zaghaften Klopfen, dann wurde die Tür einen Spaltbreit geöffnet, und die alte Meg lugte hervor. Sie sah zerfurcht aus und zeigte nicht das gewohnte Lächeln, so daß Stephen sie kaum erkannte. Aber sobald sie ihn entdeckte, veränderte sich ihr ganzer Gesichtsausdruck.
«Sieh da, es ist Stephen», rief sie, «und allem Anschein nach halb ertrunken! Komm herein, kleiner Sturmvogel, komm und trockne dich.»
Sie packte ihn am Handgelenk, zerrte ihn nach drinnen und machte die Tür hinter ihm wieder zu, so daß er ins völlige Dunkel schaute. Das Innere der Hütte mit dem Lehmboden unterm Streu, das niemals gewechselt wurde, mit der rauchgeschwärzten, offenen Herdstelle und dem Gebälk, von dem Fledermäuse zwischen Spinnwebnetzen herabhingen, war Stephen sonst wohl vertraut, doch niemals zuvor war er hier bei verschlossener Tür gewesen, und es schien jetzt etwas Widerwärtiges, Schreckliches von dem Ort auszugehen. Stephen konnte nichts sehen; ein Schauder kroch ihm den Rücken hinunter.
Die alte Meg hatte immer noch seinen Ellbogen gepackt. Stephen merkte, wie sie mit ihrer Fußspitze die glühende Asche umdrehte. Ein schwaches Glimmen erhellte die Dunkelheit, und der ganze Raum schien plötzlich zum Leben zu erwachen. Überall tauchten Augen auf, die Stephen beobachteten; ein paar gelbe starrten ihn von unten an, grüne Augen spähten von oben, und über der Feuerstelle

Er sah wie ein sehr vornehmer Edelmann aus

gewahrte Stephen einen fahlen, runden Mond, in dessen Mitte zwei Lichtpunkte wie Augen glühten. Ein Stück darunter war ein hell blinkender, orangefarbener Funken zu sehen, und aus einem Winkel weiter weg ertönte plötzlich ein mehrfaches, unirdisches Kreischen. Stephen wurde von panischer Angst gepackt, seine Zähne klapperten, und er zitterte von Kopf bis Fuß.

Die alte Meg packte seinen Arm fester. «Ruhig, mein Junge, sei kein Muttersöhnchen. Das sind nur die Ferkel im Bett. Die armen Kleinen haben sich so vor den Hunden geängstigt, daß ich sie hereingeholt habe. – Aber du zitterst ja! Wat – bring ein Reisigbündel für ein loderndes Feuer!»

Der mißgestaltete Sohn der Alten trat schlurfend aus dem Dunkel und warf einige Scheite ins Feuer. Die Flammen schossen hoch, und alles wurde plötzlich deutlich sichtbar. Das gelbe Augenpaar gehörte

der Katze und das grüne Megs zahmer Eule, die auf dem Kesselbalken saß. Meg selbst, eine verhutzelte Gestalt mit Bäckchen wie runzlige Äpfel, stand am Herd und rührte in einem Topf, der über dem Feuer hing, während Wat leise und ohne Worte wie eine große Hummel summend vor sich hin murmelte: «Summ, summ, summ, summ – summ, summ, summ.»
Stephen blickte über die Herdstelle hinweg und sah, daß aus dem fahlen, runden Mond das blasse, schlaffe Gesicht eines fremden Mannes geworden war. Er hatte Haare wie gebleichtes Stroh, und seine Augen blitzten wie kalter Stahl. Ihrem Blick suchten Stephens Augen ständig auszuweichen. Gewiß war dies der Eigentümer des draußen angebundenen Pferds. Er sah wie ein sehr vornehmer Edelmann aus; er trug ein Gewand von der Farbe dunkelroten Weins sowie ein Barrett aus kostbarer, roter Seide mit einer breiten, geschwungenen und an den Rändern gezackten Krempe. Seine Reitstiefel waren aus feinstem, weichen Leder. Der helle Funke, der Stephen zuvor aufgefallen war, rührte von einem Schmuckstück her, das der Fremde um den Hals trug, einem Gebilde aus mehreren ineinandergeschobenen Winkeln, das aussah, als ob es aus Kupfer sei.

Ein Fünfwinkelzeichen

«So ist's besser, mein Junge; du hast wieder Farbe bekommen», sagte die alte Meg freundlich. «Was hat dich erschreckt? Das Gewitter?»
Stephen erwiderte entrüstet, daß er keine Angst vor Gewittern habe. Vielmehr sei er um Haaresbreite der Gefahr entronnen, von Mylords Hunden angefallen zu werden. Mit einiger Genugtuung erzählte Stephen die ganze Geschichte von dem Rehbock und dessen Entdeckung durch Templar nur wenige Ellen von seinem eigenen Versteck entfernt.

«Der Himmel sei uns gnädig», rief die alte Frau. «Ich wette, es war Gilles, der den Pfeil abgeschossen hat. Aber was würde Mylord wohl gesagt haben, wenn er seinen besten Schüler als Wilddieb getötet hätte?» Sie wandte sich dem Fremden zu. «Dieser Junge, Sir, ist Schüler in Mylords neuer Lateinschule zu Ewelme.»

«Im neuen ‹Haus Gottes›? Ich habe davon gehört», sagte der Fremde ernst. «Mylord hätte zweifelsohne behauptet, daß der Junge nicht mehr bekommt als er verdient, wenn er ein solcher Narr ist, seine Zukunft aufs Spiel zu setzen. Was hat dich, junger Mann, veranlaßt, den Unterricht zu schwänzen? Ich hörte, daß die Chiltern-Berge bartlosen Knaben verboten sind . . . überdies gewährt Mylord von Suffolk seine Gunst nicht leichtfertig.»

Stephen erwiderte mit gewisser Schärfe, daß er kein Schwänzer sei und daß er eine Absicht in den Bergen verfolge. Er sei gekommen, ein paar Eichhörnchenfelle zu erbitten. Daraus wolle er Malpinsel für einen alten Mann machen, der eine der Klosterzellen des «Hauses Gottes» bewohnte. Der Pfarrer selbst habe ihm erzählt, daß Eichhörnchenfell am allerbesten für feine Pinsel sei.

Die alte Meg kam Stephen bei seiner Verteidigung zu Hilfe. «Der Junge hat einen guten Ruf, Sir. Er ist der Sohn eines verstorbenen Leibdieners seiner Lordschaft. Es heißt, daß er vielleicht auf Mylords Kosten als Student nach Oxford geschickt wird. Ihr, Sir, der Ihr selbst ein Magister Artium seid, werdet wissen, was dies bedeutet.»

Stephen machte große Augen. Es war etwas Besonderes, ein Magister Artium zu sein. Den einzigen, den er vom Sehen her kannte, war Master Simon Brayles, Mylords Schloßkaplan. Sogar Pfarrer Saynesbury hatte nicht den akademischen Grad eines Magisters; er war bloß einfach Sir John Saynesbury.

Stephen konnte nicht widerstehen, die Frage, die ihm auf der Zunge lag, zu stellen: «Ihr seid wirklich ein Magister Artium in Oxford, Sir?»

Der Fremde sah belustigt aus. Wenn er lächelte, sah sein blasses Gesicht recht nett aus.

«Ja, mein Junge, das bin ich. Und um die Neugier, die dich plagt, zu stillen, verrate ich dir: Mein Name ist Roger Bolingbroke; ich war auf dem Weg zurück nach Oxford, als ich mich im Wald verirrte

und vom Gewitter überrascht wurde. Ich muß nach Wallingford reiten, aber wie komme ich dorthin? Könntest du mir vielleicht den richtigen Weg zeigen, wenn der Regen aufgehört hat?»
Stephen sagte bereitwillig zu, obwohl er sich wunderte, daß ein Fremder, der hier erst eingetroffen war, als das Gewitter anfing, der alten Meg so vertraut zu sein schien. Doch der Master aus Oxford wurde in zunehmendem Maße freundlich, als Meg die Suppe in Schüsselchen schöpfte. Er habe den Auftrag, erläuterte er, den Müller in Wallingford aufzusuchen und in der gleichen Angelegenheit auch alle übrigen Müller die Themse hinauf bis Oxford. Er solle mit ihnen freie Durchfahrt stromaufwärts für eine wertvolle Ladung Bücher vereinbaren, die für die neue, in Oxford im Bau befindliche Bibliothek des Herzogs von Gloucester bestimmt seien. Diese unschätzbaren Bücher müßten in einem speziellen Lastkahn auf die Reise gehen.
«Herzog Humphrey – der Herzog von Gloucester – und seine Gemahlin, die Herzogin Eleanor, sind meine äußerst wohlwollenden Gönner», schloß er. «Daher wirst auch du, mein Junge, an höchster Stelle Wohlwollen finden, wenn du mir den Weg zeigst.»
Während der Fremde seine Suppe mit einem Stück im Herd gebackenen Brots auftunkte, schaute Stephen ihn mit wachsendem Respekt an. Er hatte von Doggett über den Herzog Humphrey von Gloucester gehört und konnte sich auch an dessen Wappen erinnern. Master Bolingbroke war ganz offensichtlich eine bedeutende Persönlichkeit. Es schien irgendwie sonderbar, daß er sich in der Hütte der alten Meg so ungezwungen benahm. Dann erinnerte sich Stephen plötzlich an den Inhalt seines eigenen Auftrags, und er zupfte die alte Meg am Ärmel.
«Eichhörnchenfelle», flüsterte er. «Kann ich ein paar Stücke Eichhörnchenfell bekommen, bevor ich gehe?»
Die alte Meg wurde seltsam ungeduldig. «Nimm dir, was du brauchst», sagte sie. «Geh zu Wats Arbeitstisch und sieh dich dort um.»
Stephen fühlte sich entlassen und ging hinüber zu der breiten, auf Böcken ruhenden Tischplatte an der gegenüberliegenden Wand. Der Tisch war übersät mit Pelzstücken und Werkzeugen zum Säubern

der Felle. Aber interessanter noch waren die dort verstreuten, dürren Holzstücke, kurze, krüpplige Knorren von Eichenbaum-, Apfelbaum- oder Kirschbaumholz, die in Wats Phantasie Menschen- oder Tierfiguren darstellten. Er schnitzte gerne so lange an dem knorrigen Holz herum, bis wie von Zauberhand irgendeine Gestalt zum Vorschein kam. Nun stand er eintönig summend wie üblich da und schnitt die Gestalt eines alten Mannes mit einem Umhang und einer Kapuze aus; es war zwar nur ein Stück Apfelbaumholz, doch auf sonderbare Weise ähnelte es Doggett.

Nur ein Stück Apfelbaumholz

Stephen vergaß ganz seine Eichhörnchenfelle und blieb verzückt stehen, bis ihn plötzlich ein kühler Luftzug in die Wirklichkeit zurückholte. Die alte Meg hatte den Fensterladen aufgeklappt, und sie und der Master lehnten zum Fenster hinaus. Stephen dachte, daß beide hinausblickten, um festzustellen, ob der Regen aufgehört hätte. Da hörte er die alte Meg reden. Es war nur ein Flüstern, aber auf dem

Luftzug, der durch die Hütte strich, waren die geflüsterten Worte deutlich vernehmbar.
«Ich sagte Euch bereits, Master, und sage Euch wieder, daß ich den Tod im Wasser gesehen habe. Nun ist die Oberfläche nicht mehr glatt, und wir werden heute dort nichts mehr sehen.»
Bolingbrokes Antwort verlor sich, weil die Ferkel, die von der Kälte geweckt wurden, wieder zu quieken anfingen. Die alte Meg drehte sich um, entdeckte Stephen und blickte entschieden finster drein.
«Ist da nichts, was dir gefällt?» fuhr sie ihn an. «Geh mit ihm nach draußen, Wat. Die besten Felle befinden sich unter dem Schutzdach. Laß ihn sich etwas aussuchen.»
Stephen folgte Wat nach draußen. Es hatte den Anschein, als ob Meg ihn loswerden wollte. Ein unbehagliches Frösteln überkam ihn wie jener erste Schauder in der Dunkelheit. «Der Tod im Wasser»: Was die alte Meg gesagt hatte, war unmißverständlich gewesen. Stephen ging hinter Wat her zu dem Unterstand, wo das Pferd angebunden war. Es war immer noch da und wartete friedlich.
Stephen streichelte den weißen, sternförmigen Fleck auf seiner Stirn, während er auf dem Zaumzeug nach irgendeinem Erkennungszeichen forschte. Immer noch summend machte sich Wat derweil an Büscheln von Häuten zu schaffen, die von einem Balken herabhingen. Stephen trat zu ihm hin, fand aber, daß die Haare zu kurz und zu weich waren. Überdies fehlten an diesen Fellen die Schwänze. Der Pfarrer hatte möglicherweise Eichhörnchenschwänze gemeint. Es war einen Versuch wert. Stephen erklärte Wat, was er brauchte. Dieser nickte energisch und verschwand ohne Vorankündigung in der Richtung um die Ecke, aus der sie gekommen waren. Nach einem kurzen Moment folgte ihm Stephen. Die Tür der Hütte stand offen, und so ging er hinein.
Die alte Meg und Bolingbroke waren allein. Sie saßen nebeneinander, hatten Stephen den Rücken zugewandt und beugten sich über die Feuerstelle. Beide hielten Stöcke wie Zauberstäbe in der Hand, und Bolingbroke zog einige Linien in die Asche. So eifrig beschäftigt waren sie, daß sie Stephen nicht bemerkten und er Zeit hatte zu entdecken, daß die ganze Feuerstelle über und über mit Figuren und Zeichen in allen möglichen Formen bedeckt war, mit Kreisen, Ster-

nen und Winkeln. – Im gleichen Augenblick platzte Wat zur Tür herein und schwenkte triumphierend ein Büschel Eichhörnchenschwänze. Bolingbroke drehte sich mit einem Ruck um und fand Stephen direkt hinter sich.
«Dies irae»,* schwor er grimmig und verteilte die Asche mit einer schwungvollen Bewegung seines Stocks. Die alte Meg schnaufte und verschwand im Dunkeln. Obwohl Stephens Herz laut pochte, wich er nicht von seinem Platz.
Bolingbroke fand als erster die Sprache wieder. «Du hast mich erschreckt ... kommst da so herangeschlichen», sagte er scherzend. «Sag mal, wird dir in deiner Lateinschule auch das Rechnen beigebracht?»
Verwundert erwiderte Stephen, daß er eine Zahlenreihe leidlich schnell zusammenrechnen könne.
«Dann sieh mal, ob du das hier rechnen kannst.»
Mit dem Stock schrieb Bolingbroke drei C hintereinander in die Asche und daran anschließend drei X.
«Sag mir, was ich hier schreibe, sobald du es weißt», sagte er und fügte bedächtig noch ein weiteres C am Anfang hinzu und am Ende nach einem kleinen Zwischenraum ein weiteres X. «Nun fehlen noch zwei Buchstaben. Kannst du mir sagen, welche?»
Stephen brauchte nur einen Augenblick lang hinzusehen. Die Reihe lautete CCCCXXX X. Das war einfach!
«Es ist dies das Jahr des Herrn in römischen Ziffern», rief er. Aufgeregt ergriff er den Stock und malte noch ein M an den Anfang und ein I in den Zwischenraum am Schluß. «MCCCCXXXIX», las er laut. «Eintausendvierhundertneununddreißig.» Der Genauigkeit halber fügte er noch hinzu «Anno XVII Henry VI», das siebzehnte Jahr der Herrschaft von König Heinrich VI. – eine weitere Möglichkeit, die gegenwärtige Jahreszahl auszudrücken.
«Du hast eine schnelle Auffassungsgabe. Mathematik dürfte wohl kaum ein Stolperstein sein, wenn du nach Oxford kommst.»
Stephen jedoch starrte immer noch mit dem Stock in der Hand auf

* (lat.) «Tag des Zornes»; Anfang eines mittelalterlichen Hymnus auf das Jüngste Gericht.

die Feuerstelle. In der Asche war ein Zeichen übriggeblieben. Es war ein Winkelzeichen so wie dasjenige, das Bolingbroke um den Hals trug. In seiner Mitte standen die Zahlen 1441.
«Das ist das übernächste Jahr», rief Stephen triumphierend.
Bolingbrokes Stimme hörte sich kühl und gepreßt an, als ob er an sich hielt.
«Das übernächste Jahr? Unsinn. Die Zahlen sind interessant, weil sie ein Palindrom bilden. Weißt du, was ein Palindrom ist? Etwas, das vorwärts wie rückwärts den gleichen Sinn ergibt. Paß auf: 1441. Du kannst die Zahlen von hinten nach vorne schreiben, und nichts ändert sich.» Bolingbroke nahm Stephen beim Arm und ging mit ihm beiseite. «Sie sind sehr fesselnd, diese Zahlenkombinationen. Man kann mit ihnen so manche Mußestunde zubringen. – Doch jetzt komm; wenn ich meine Pflicht in Wallingford erfüllen soll, dann ist es höchste Zeit, daß wir uns auf den Weg machen.»
Sein Verhalten schien wieder natürlich und freundlich, doch Stephen spürte, daß es gezwungen war. Er war überzeugt, daß das Palindrom nur durch Zufall übriggeblieben war und daß er es nicht hätte sehen sollen.

Das Palindrom

Die Schule von Ewelme

«Zeig mir den Weg!»

Als sie aufbrachen, hatte der Regen aufgehört, nur von den Bäumen tropfte das Wasser noch in den Weiher. Master Bolingbroke, der sein Pferd am Zügel führte, hielt sich dicht hinter Stephen, während sie sich ihren Weg durch das Dickicht bahnten. Stephen beschloß, auf jenen Reitpfad zuzusteuern, den die Jagdgesellschaft benutzt hatte. Es schien aussichtslos, mit einem Pferd den Weg hinabsteigen zu wollen, den er heraufgekommen war. Der Reitpfad mochte zwar ein Umweg sein, doch er würde am Ende schneller zum Ziel führen.

Schweigend ging Stephen voran. Obwohl er die Eichhörnchenschwänze für Doggett sicher in seinem Ranzen wußte, war ihm unbehaglich zumute. Die alte Meg hatte ihn zwar herzlich begrüßt, doch irgendwie war ihm die gesamte Umgebung ihrer Hütte heute anders vorgekommen; und die Geheimnistuerei um das Palindrom beunruhigte ihn. War Bolingbroke tatsächlich nur durch Zufall dorthin gelangt? Von Anfang an hatte Stephen dies bezweifelt. Und wie kam ein Magister Artium dazu, Umgang mit der alten Meg zu pflegen? Wieder drängten sich Stephen die Gerüchte über die alte Meg auf. Zwar schenkte er ihnen keinen Glauben, aber nichtsdestotrotz war es wohl klüger, die Besuche bei ihr einzustellen.

Als das Gebüsch sich lichtete und dem Farnkraut Platz machte, rief Bolingbroke, daß Stephen auf ihn warten solle. Es sei nun Platz genug, nebeneinander zu laufen.

«Wir haben keine Eile», sagte er. «Ich wollte mich nur nicht länger in dieser Hütte aufhalten. Die alte Frau ist zwar freundlich und erstaunlich gut in allerlei Wissensgebieten bewandert, dennoch möchte ich meinen, daß ihre Behausung wohl nicht als der rechte Ort für Mylords Scholaren gelten würde.»

Stephen gab keine Antwort. Die Äußerung des vornehmen Herrn hörte sich nicht glaubwürdig an. Er hatte doch bereitwillig die Gastfreundschaft der alten Meg in Anspruch genommen; und nun schien es, als habe er seine Meinung geändert. Bezüglich seiner Lordschaft hatte er freilich recht. Mylord wäre erzürnt, wenn er von Stephens Besuchen bei der alten Meg erführe. Seitdem Jeanne d'Arc verbrannt worden war, wirkte jede Erwähnung von Hexerei wie das rote Tuch auf einen Stier – so behauptete wenigstens Doggett.

Bolingbroke sprach erneut, dieses Mal in heiterem Ton:

«Wo wohnst du, mein Junge? Ich weiß, daß dein Vater tot ist; aber hast du noch deine Mutter oder Brüder und Schwestern? Erzähl mir von dir.»

Stephen antwortete ein wenig förmlich, daß seine Mutter gleichfalls tot sei. Er und seine Schwester lebten bei ihrem Stiefvater, der ein Pflüger sei. Andere Verwandte besäßen sie nicht.

«Das ist traurig für euch», sagte Bolingbroke, «aber anscheinend hat Mylord ein Auge auf dich. Hat er wirklich versprochen, dich nach Oxford zu schicken? Wenn ja, dann stehst du wahrhaft in seiner Gunst.»

Stephen erwiderte, daß er selbst nie mit Mylord gesprochen habe. Aber Pfarrer Saynesbury habe ihm gesagt, daß, wenn er brav wäre und tüchtig arbeitete ...

Bolingbroke unterbrach ihn. «Ah, das ist es also: Du sollst brav sein und tüchtig arbeiten – genau das habe ich dir auch gesagt! Nun hör mir in deinem eigenen Interesse gut zu. Ich muß gestehen, daß du mir als ein Junge mit schneller Auffassungsgabe und einem guten Charakter aufgefallen bist, und ich schulde dir viel, weil du mir den Weg zeigst. Gesetzt den Fall, daß Mylord von Suffolk sein Versprechen nicht erfüllen sollte und du Hilfe benötigst, um als Student nach Oxford zu kommen, dann wende dich an mich. Ich werde bestimmt eine Bleibe für dich finden, denn ich bin Leiter des St.-Andreas-College und bin für eine große Zahl von Studenten verantwortlich, von denen einige nur wenig älter sind als du.»

Stephen war völlig entgeistert. Nicht nur Magister Artium, sondern auch Leiter des St.-Andreas-College! Und er bot ihm wahrhaftig an, sich seiner anzunehmen, wenn dies notwendig sein sollte! Stephen blickte seinen Gefährten verstohlen von der Seite an – mit noch größerer Neugier als zuvor. Dessen Gesicht sah nun drall und gutmütig aus. Ihre Blicke trafen sich, und Bolingbroke brach in Gelächter aus.

«Du brauchst nicht von Ehrfurcht ergriffen dreinzuschauen, mein Junge. Rektor eines College zu sein ist zwar eine Ehre, aber ich bin nicht der einzige. Die Rektoren werden von der Universität beauftragt, ein Studentenwohnheim zu führen und sowohl auf das Wohlergehen der Insassen als auch auf ihr gutes Betragen zu achten. Früher waren die Colleges nur Logierhäuser, die von einigen Halunken um des Profites willen betrieben wurden. Dort mußten die Studenten Hunger leiden und lernten nichts als Schlechtigkeiten. Heute aber ist ein Rektor eine Amtsperson. Diese Berufung verdanke ich meinem gnädigen Herrn, dem Herzog Humphrey, und seiner Gemahlin, der Herzogin Eleanor, deren ergebener Diener ich bin. Daher vermag ich auch dir einen Gefallen zu erweisen.»

Mittlerweile hatten sie den steilen Hang erreicht, der zu dem Reitpfad hinabführte. Sie sprachen kein Wort mehr, bis sie und das Pferd wieder auf sicherem Boden standen. Dann blickte Master Bo-

lingbroke um sich her. «Ohne dich hätte ich mich wohl wieder verirrt», sagte er. «Wohin führt dieser Weg?» Er deutete auf die Berge. «Nach Ewelme?»
Stephen schüttelte den Kopf. Ewelme liege auf dem offenen Land, und zwar in entgegengesetzter Richtung jenseits der Alten Landstraße, die sich meilenweit erstreckte, weiter als er jemals gewesen sei. Der Reitpfad führe nach Swyncombe, einem zwischen den Bäumen versteckten Weiler mit einer Kapelle und den baufälligen Überresten eines Klosters, in dem Mönche gelebt hätten, bis sie vor etlichen Jahren vertrieben worden seien.
Bolingbroke nickte. «Bestimmt französische Mönche. Es gab hier viele von ihnen, bevor Heinrich V. Frankreich den Krieg erklärt und sie alle davongejagt hat. Aber erzähle mir von deinen Studien. Kannst du Lateinisch lesen und vor allem sprechen? In Oxford spricht jedermann Latein; es ist so üblich, obwohl ich bezweifele, daß die Römer ihre Muttersprache wiedererkennen würden. Was für Bücher liest du – Donatus*? Cato? Was für Unterrichtsstunden warten eigentlich auf dich, während du den Anschein erweckst, als ob du die Schule schwänzt?»
Dieses Mal nahm Stephen das Wort «Schulschwänzer» demütig auf sich und erwiderte, daß das, was auf ihn wartete, nämlich eine der «Canterbury-Erzählungen»** in lateinische Prosa zu übersetzen, eine ungleich schwierigere Aufgabe darstelle als einen lateinischen Text ins Englische zu übertragen.
«Aber es ist eine gute Übung, das darfst du nicht vergessen. Ich nehme an, du weißt, daß der Verfasser der ‹Canterbury-Erzählungen› der Großvater von Mylord von Suffolks Gemahlin ist? Eure Gräfin von Suffolk ist von Geburt eine Chaucer.»

* Aelius Donatus war ein römischer Grammatiker des 4. Jahrhunderts n. Chr.; seine Grammatiklehrbücher waren in der Spätantike und im Mittelalter maßgebend.
** Gemeint sind die in der Zeit von 1387 bis 1400 verfaßten «Canterbury Tales» des größten mittelenglischen Dichters Geoffrey Chaucer (um 1340 – 1400). Sie beinhalten eine Sammlung von Versnovellen, die von 29 Teilnehmern einer Wallfahrt zum Grabe des Hl. Thomas von Canterbury erzählt werden.

Stephen nickte eifrig. «Ja, Sir, Dame Alice; Ewelme gehört ihr. Sie ist hier geboren und aufgewachsen, und Mylord verwaltet es in ihrem Namen. Alle Leute hier nennen sie *unsere* Dame Alice.» Er holte tief Luft. «Sir, mit Verlaub, was muß man tun, um Magister Artium zu werden? Wieviel Zeit nimmt es in Anspruch?»

«Zeit? Oh, sieben Jahre. Ich erzähle dir gerne, was du wissen möchtest. Also, es gibt sieben Künste und drei Philosophien. Zunächst einmal ist da das Trivium, das sind die drei Künste, ohne die nichts weiteres möglich ist: die Logik, die dich lehrt zu denken, die Grammatik, die dich lehrt, zu lesen und zu verstehen, was du liest, und die Rhetorik, die dich lehrt, in Worte zu fassen, was du gelesen oder gedacht hast. Dem Trivium folgt das Quadrivium, das sind die übrigen

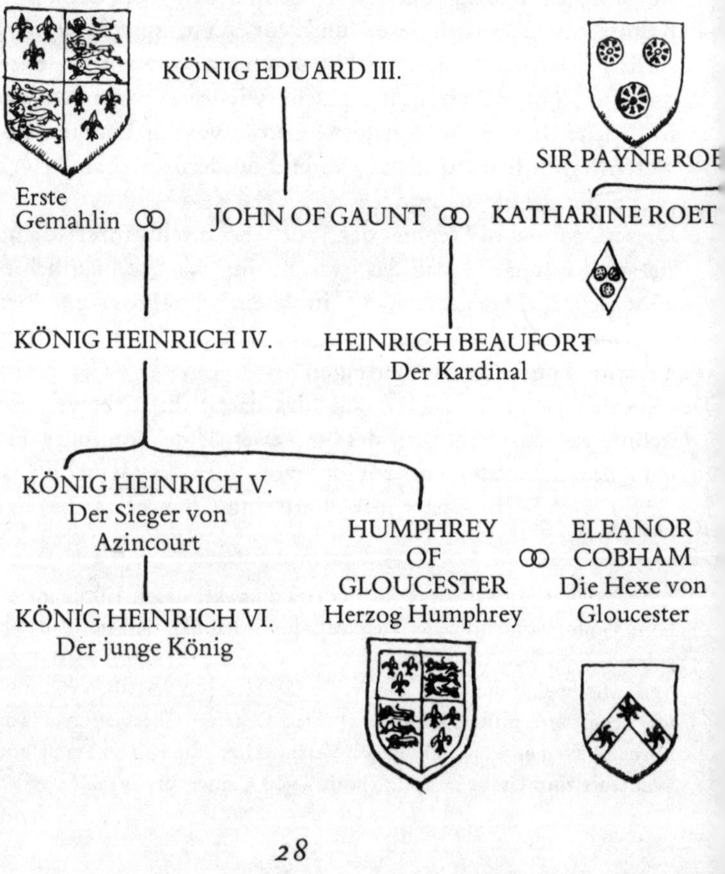

vier Künste, nämlich Arithmetik, Geometrie, Astronomie und Musik. Zu all dem füge noch das Studium der drei Philosophien – Naturphilosophie, Moralphilosophie und Metaphysik – hinzu; und wenn man dich danach für würdig hält, wirst du vielleicht deinen Magistertalar erwerben.»
«Bewältigt *jeder* Magister Artium all das?»
Master Bolingbroke lachte laut. «Du darfst dich nicht einschüchtern lassen. Du wirst viele Bücher haben, auf die du vertrauen kannst. Bücher sind das kostbarste Gut auf dieser Welt, kostbarer als Gold, weil in Büchern das gesamte Wissen der Menschheit enthalten ist. Ohne sie könnte es keine Bildung geben. Denk daran, daß jedes einzelne Buch von der getreuen Arbeit unzähliger Schreiber abhängt,

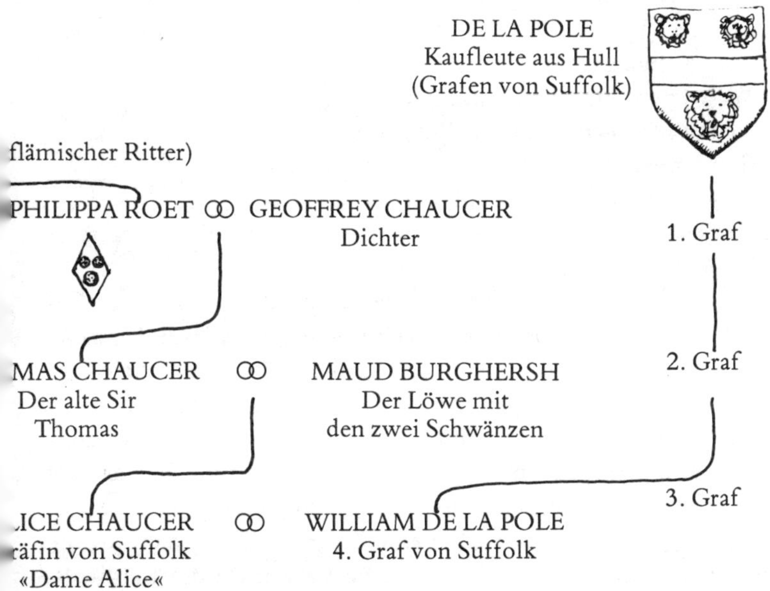

seien es nun Mönche oder berufsmäßige Kopisten. Darum ist mein Auftrag so wichtig.»
«Auftrag? Welcher Auftrag?» wiederholte Stephen.
«Nun, ich habe dir doch erzählt, daß meinem edlen Herrn, dem Herzog von Gloucester, sehr daran gelegen ist, eine große Bibliothek in Oxford zu gründen. Von nah und fern hat er Bücher dafür gesammelt, und unser verstorbener König Heinrich V. hat Oxford in seinem Testament Bücher vermacht, die dort noch nicht untergebracht werden konnten. Dank Herzog Humphreys Geldbeutel wird in Oxford gerade ein neues Gebäude errichtet, und alle Bücher, die sich zur Zeit in London, Windsor oder der herzoglichen Residenz in Greenwich befinden, sollen nun auf dem Flußwege dorthin transportiert werden. Meine Aufgabe ist es, alle Müller aufzusuchen, um sicherzustellen, daß sie die Wehre öffnen, damit der Lastkahn ungehindert passieren kann.»
«Wann werden die Bücher kommen?»
«Das kann ich noch nicht mit Bestimmtheit sagen, aber so bald als der Sommer dem Hochwasser ein Ende gesetzt hat.»
Stephen bemühte sich sehr, alles genau zu behalten.
«Ist der Herzog von Gloucester ein Bruder des Königs?» wagte er schließlich zu fragen.
«Der König hat bedauerlicherweise keinen Bruder, auch keinen Vater und keine Mutter, nicht einmal eine Schwester so wie du; dabei ist er nicht viel älter als du. Herzog Humphrey ist sein Onkel – der einzige, der von König Heinrichs Brüdern übriggeblieben ist. Da ist natürlich noch der greise Kardinal – Kardinal Beaufort,* ein Großonkel des Königs, jedoch nur halb mit ihm verwandt. Er versucht immer noch, das Königreich auf Gedeih und Verderb in seine Gewalt zu bringen. Doch ich muß meine Zunge im Zaum halten. Eure Dame Alice ist durch die Chaucers eine Verwandte des Kardinals. Ihr Großvater, der Dichter Chaucer, heiratete eine flämische Adels-

* Henry Beaufort (um 1375 –1447), englischer Staatsmann und Kardinal (seit 1426). Er war ein Halbbruder König Heinrich IV. von England und war von 1413 – 17 und erneut seit 1421 Lordkanzler. Er bemühte sich von 1435 bis 1440 in Frankreich erfolglos um den Frieden im Hundertjährigen Krieg.

dame; deren Schwester nahm der alte John von Gaunt* zur Frau. Sie war die Mutter des Kardinals. Aus den Ehen dieser beiden Schwestern rühren alle heutigen Streitigkeiten her. Als Mylord von Suffolk eure Dame Alice zur Frau nahm, machte er sich zum Verbündeten des Kardinals, und so muß Herzog Humphrey dem König zur Seite stehen.»

«Ich habe Herzog Humphrey einmal gesehen», sagte Stephen nachdenklich. «Er ritt an der Spitze einer Gruppe von Reitern durch die Stadt und winkte der Menge zu. Alle ließen ihn hochleben.»

«Das mag sein, denn er ist beim Volk durchaus beliebt. Du hast vielleicht auch schon meine gnädige Herrin, die Herzogin Eleanor, gesehen, denn sie kehren immer im Gästehaus des Priorats von Wallingford ein, wenn sie hier auf der Durchreise sind. Das Priorat ist, wie du sicher weißt, ein Tochterhaus der Abtei des Hl. Alban, in der Herzog Humphrey eine geschätzte Persönlichkeit ist. Da aber euer Graf von Suffolk Konnetabel** von Wallingford ist, kommt es, wie ich gehört habe, zuweilen zu Rangeleien zwischen dem Priorat und dem Schloß. Öl und Wasser mischen sich leichter, sage ich dir, als daß sich die Gefolgschaft von Herzog Humphrey mit der des Kardinals oder des Grafen von Suffolk verträgt.»

Plötzlich unterbrach sich Bolingbroke und wies in die Ferne. «Sieh!» flüsterte er hastig. «Sieh dort die Männer und Hunde, die bergaufwärts laufen!» Der Reitpfad, dem Bolingbroke und Stephen folgten, verlief längs des Hanges und war halb von Bäumen beschattet. Master Bolingbroke führte sein Pferd unter eine tief überhängende Buche und saß auf. Stephen folgte mit den Augen der Richtung, in die Bolingbrokes Finger gezeigt hatte.

«Es sind die Jäger», rief er, «ungefähr ein halbes Dutzend, und sie haben Templar, Mylords besten Hund, bei sich. Ich wette, sie wollen den Rehbock suchen.»

* John of Gaunt (Johann von Gent, 1340–99) war Herzog von Lancaster, Sohn König Eduard III. und Vater König Heinrich IV. Nach dem Tod Eduard III. spielte er die führende Rolle am englischen Hof.

** Im Mittelalter in England und Frankreich hoher Amtsträger der Krone mit vorwiegend militärischen Funktionen.

«Dann zeig dich besser nicht! Einmal hast du entkommen können; es wäre schade, wenn du am Ende doch noch geschnappt wirst. Denk daran, ich habe dich gewarnt, verbotenes Gelände zu betreten.»
Stephen hatte indes keine große Angst, jetzt ertappt zu werden. Er war überzeugt, daß Master Bolingbroke mehr um sich selbst besorgt war, da er sich so tief in den Schatten des Baumes zwängte. Die Jäger gingen den gleichen Weg, den Stephen benutzt hatte, als er bergaufwärts geklettert war. Er beobachtete sie aufmerksam, bis sie hinter dem Horizont verschwunden waren. Erst dann versicherte er seinem Gefährten, daß er ohne Gefahr herauskommen könne.

Er wies den Berg hinauf

«Das war ein knappes Entrinnen», seufzte Bolingbroke mit offenkundiger Erleichterung. «Entkommen für dich, meine ich natürlich. Ist es noch weit, bis wir zur Hauptstraße gelangen?»
«Wir sind schon beinahe an der Alten Landstraße», sagte Stephen. «Ewelme liegt geradewegs vor uns, aber nach Wallingford müßt Ihr Euch links halten, bis die Wege sich trennen. Soll ich mit Euch

kommen, Sir, um sicherzugehen, daß Ihr den richtigen Abzweig nehmt?»
«Das ist nett von dir, mein Junge. Ich gelobe, daß ich das nicht vergessen werde. Du kannst dich darauf verlassen, daß ich es dir in Oxford vergelten werde. In der Zwischenzeit beherzige jedoch, was ich dir nun sage: Kümmere dich nicht mehr um die alte Frau am Weiher. Versprichst du das?»
Ohne Zögern antwortete Stephen: «Ja, Sir.» Er hatte sich ja schon beinahe selbst dazu entschlossen. Er wäre in der Tat ein Dummkopf, seine aufregenden Zukunftsaussichten wegen einer so zweifelhaften Person wie der alten Meg aufs Spiel zu setzen. Als sie zur Alten Landstraße gelangten, bestieg Bolingbroke wieder sein Pferd. Stephen trottete, ständig den Pfützen ausweichend, neben ihm her, bis sie eine Kreuzung erreichten, an der die Straßen jeweils nach Norden, Süden, Westen und Osten abzweigten.
«Nach Wallingford geht es geradeaus», sagte Stephen ein wenig außer Atem.
Bolingbroke brachte sein Pferd zum Stehen und schaute auf Stephen hinunter.
«Gut gemacht», antwortete er. «Nun ist es an der Zeit, daß wir einen Pakt miteinander schließen. Ich verspreche dir, daß ich kein Wort davon verraten werde, dich in der Behausung der alten Hexe gesehen zu haben; und du schwörst deinerseits, Schweigen darüber zu bewahren, daß du mich gesehen hast.» Er lachte plötzlich, und Stephen fiel auf, daß der Klang seiner Stimme unecht wirkte. «Es mag sonderbar erscheinen, daß ich es bin, der fürchtet, entdeckt zu werden. Aber ich gebe zu, daß ich sehr eitel bin und keine Demütigung ertragen kann. Mich der Lächerlichkeit preiszugeben, weil ich mich verirrt habe, das wäre mehr, als ich verwinden könnte. In deinem Fall allerdings wäre die Sache viel ernster, also wollen wir beide die Übereinkunft treffen zu schweigen?»
Ohne weitere Umstände stimmte Stephen zu. Bolingbroke schien aus tiefstem Herzen erleichtert.
«Gut!» rief er fröhlich. «Abgemacht: Wenn unsere Begegnung jemals bekannt werden sollte, werde ich nur die Wahrheit sagen – nämlich, daß ich im Gewitter vom Weg abgekommen bin und du

mich geführt hast. Das genügt zur Erklärung; hier hast du meine Hand darauf.»

Er schlug seinen Umhang zurück, um Stephen die Hand zu reichen. Sogleich bemerkte dieser, daß das Schmuckstück, das beim Schein des Feuers hell gefunkelt hatte, nicht mehr zu sehen war. Offenbar hatte Bolingbroke es weggesteckt. Stephen erhob sich auf die Zehenspitzen, um der Vereinbarung gemäß die Hand des Masters aus Oxford zu schütteln. Mit einem letzten fröhlichen Winken wendete dieser sein Pferd und ritt davon in Richtung Wallingford.

Stephen sah ihm nach, bis er außer Sichtweite war, und begab sich dann auf den Rückweg nach Ewelme. Er war keineswegs guten Mutes. Das Bestehen auf einem Pakt hatte es ihm schwerer denn je gemacht zu glauben, daß Bolingbrokes Besuch bei der alten Meg reiner Zufall gewesen war. Aber schließlich hatte er mit der ganzen Sache nichts zu schaffen und tat am besten daran, sie zu vergessen. Er hatte ohnehin beschlossen, nicht mehr zur alten Meg zu gehen, da er nun nicht mehr davon überzeugt war, daß sie keine Hexe war, und Hexerei war eine Todsünde. Auch in einem anderen Punkt hatte Master Bolingbroke recht: Es war töricht, Mylords Zorn herauszufordern, denn nun wünschte sich Stephen mehr denn je, Student in Oxford zu werden.

Das Gewitter war vorüber, die Sonne schien hell und ließ alles frisch und wie blank geputzt aussehen. Zur Rechten blickten die Chiltern-Berge nicht mehr düster, sondern freundlich drein, da sich über ihnen ein zarter Schleier von jungem Grün ausgebreitet hatte. Die Wittenham-Hügel zur Linken schienen zum Anfassen nahe, und Ewelme selbst lag geradewegs vor Stephen in einer Senke verborgen. Als er den steilen Abhang erreichte, der zu seinem Heimatdorf hinunterführte, vernahm er den fröhlichen Klang eines Pfeifens. Ein Junge, ungefähr in Stephens Alter, barfüßig und mit einem zottligen, feuerroten Haarschopf, kletterte mühsam den Berg hinauf. Quer über seinen Schultern trug er ein Joch, von dem ein Paar leerer Holzeimer baumelte. Es war Tom, der Müllerjunge. Stephen begrüßte ihn mit einem Pfiff, und Tom winkte zurück.

«Wo bist du gewesen?» fragte er. «Ich war in der Schule, um dich zu suchen, aber der alte Ferry sagte, daß du den ganzen Tag über nicht

dort gewesen bist.» – «Der alte Ferry unterrichtet die Kinder», antwortete Stephen stolz. «Und weil der Pfarrer nicht da ist, kann ich mir meine Schulaufgaben selbst einteilen. Was tust du hier?»
«Mein Herr hat mich mit einem Fang lebender Karpfen für die Fischteiche geschickt. Ich wurde vom Gewitter überrascht und erreichte das Schloß selbst so naß wie ein Fisch. Dame Alice bot mir an, daß ich mich am Kaminfeuer trocknen könne, und während ich mich noch dort aufhielt, stürmte Mylord völlig durchnäßt, aber wutentbrannt herein – meiner Treu! Ein solches Donnerwetter hast du noch nicht erlebt! Im Gewitter habe ich mich sicherer gefühlt!»
Schnell wechselte Stephen das Thema. «Was wolltest du von mir, als du in die Schule gegangen bist?»
Tom grinste. «Es gibt einen alten Otter, der in den Fischgründen meines Herrn Verwüstung anrichtet – gerade jetzt, wo die Fischbrut so hübsch wächst. Der Otter hat irgendwo einen Bau mit Jungen, und mein Herr hat mir für den Alten oder sein Weibchen je einen Pfennig versprochen und jeweils noch einen halben Pfennig dazu für jedes der Jungtiere.» Tom fuhr mit gesenkter Stimme fort. «Ich habe das Schlupfloch gefunden! Es ist in einer Rinne des Baches, der durch Ewelme fließt. Wenn wir uns nun beide mit Netzen bewaffnen, können wir uns das Geld teilen. Vielleicht könnten wir sogar zwei Pfennige bekommen, wenn es uns gelingt, alle Otter zu fangen! Allein kann ich es jedoch nicht schaffen.»
In Stephens Augen funkelte es. Das war ein großer Spaß! «Ich werde mitkommen», sagte er. «Hast du schon einen Plan?» Sie gingen mit der Verabredung auseinander, sich eine Stunde vor Sonnenaufgang wieder zu treffen. Tom meinte, daß der Mond so weit im Abnehmen begriffen sei, daß er nur wenige Stunden vor der Sonne aufginge. Darum müßte es jetzt oder nie sein, denn im nächsten Monat seien die jungen Otter schon zu groß.
Immer noch pfeifend machte sich Tom davon, und Stephen stieg weiter den Berg hinunter, froh, wieder auf vertrautem Boden zu sein. Zu seiner Linken, entlang des Berglandes, erstreckte sich – so weit das Auge reichte – der dicht bewaldete Grundbesitz des Grafen von Suffolk. In dessen Mitte befand sich das Herrenhaus mit seinen

Höfen und Außengebäuden, die nicht weiter als einen Bogenschuß voneinander entfernt schienen. Am Fuße des Hangs stieß der Pfad, den Stephen nun herunterkam, auf eine Straße, die das ganze Dorf umrundete und rechts zu den Bergen führte. Auf dieser Straße würden die Jäger mit dem Rehbock zurückkommen; Stephen spähte vorsichtig um sich her, aber es war niemand in Sicht. Auf der gegenüberliegenden Seite der Straße stand das neue «Haus Gottes». Seine roten Ziegelmauern türmten sich eine über die andere dicht an den Berg geschmiegt auf. Ganz unten befand sich die Lateinschule, ein Stück weiter oben schloß sich das Hospiz für die alten Männer mit seinen Strohdächern und Schornsteinreihen an, und über all das schaute ganz oben der Kirchturm hinweg wie eine sonnenvergoldete Krone aus weißem Stein.

Als Stephen das alles betrachtete, wurde es ihm wärmer ums Herz. Das war *seine* Heimat. Selbst die Backsteine schienen zu ihm zu gehören. Als kleiner Junge hatte er auf einem Packpferd nach Crockers End, nahe Nettlebed*, reiten dürfen, wo Ziegler aus Flandern einen Brennofen errichtet hatten. Er hatte dort geholfen, die Körbe zu entleeren, und war danach die ganzen fünf Meilen nach Ewelme zu Fuß zurückgegangen – wie ein richtiger Viehtreiber neben einem Treck von Packpferden. Auf der Rückseite der Schule hatte Stephen sogar unter der Aufsicht eines flämischen Vorarbeiters, der gekommen war, um die Arbeiter aus der hiesigen Umgebung in dem neuartigen Gewerbe zu unterrichten, einen oder zwei Backsteine selbst gemauert. Die älteren Dorfbewohner fanden die Ziegel häßlich und behaupteten, daß sie nicht haltbar seien; Stephen hingegen gefielen sie gut mit ihren hübschen, roten, blauen und purpurnen Farbschattierungen.

Er trat unter das Vordach der Schule, das fast einem kleinen Zimmer glich mit einer Bank auf jeder Seite, einem schmalen Fenster und mehreren Stufen, die zur Eingangstür hinführten. Stephen blieb kurz stehen, um zu lauschen, bevor er den Riegel hochschob. Alles war still. Gut! Die Kinder waren schon nach Hause gegangen. Das hohe

* Noch heute existieren in den Chiltern Hills zwischen Henley on Thames und Wallingford zwei Orte dieses Namens.

Schulzimmer war sauber gefegt, die Pultreihen waren blank geputzt und die Sitzbänke ordentlich zur Wand zurückgestellt. Auch das Pult des alten Ferry, des Küsters, war leer mit Ausnahme eines abgedeckten Tintenfasses, einiger Federkiele und einer verdächtig leicht erreichbaren Rute aus Birkenzweigen. Eine Wendeltreppe führte nach oben in ein kleines Zimmer über dem Vordach, das sogenannte «Heiligtum» des Schulleiters, von dem aus er das Klassenzimmer beobachten konnte. Stephen ging die Stufen hinauf und fand – genau wie er es erwartet hatte – ein Buch, das auf dem Tisch des Pfarrers für ihn bereit lag, eine Ausgabe der «Canterbury-Erzählungen». Er trug das Buch mit größter Behutsamkeit zu einer Bank, legte es hin und nahm aus einem Wandschränkchen ein Blatt Papier sowie eine Wachstafel und einen knöchernen Griffel, um damit zu üben. Papier war zu kostbar, da jedes einzelne Blatt von Übersee kam.
Stephen fing mit seiner Arbeit an, indem er oben auf der Seite sorgfältig das Datum eintrug. Er war stolz auf seine Handschrift, deren Ausbildung Pfarrer Saynesbury aufmerksam überwacht hatte, als Stephen, bevor die Schule gebaut worden war, zum Unterricht ins Pfarrhaus ging.
Der Pfarrer hatte zwischen die Seiten der Erzählung des Nonnenpriesters ein Zeichen für Stephen gelegt. Das war die Geschichte von dem Hahn Chanticleer und der Henne Pertalott, die Stephen gut kannte. Seine Mutter hatte sie ihm und Lys oft als Gutenachtgeschichte erzählt, als sie noch klein waren.
Mühsam hatte er etwa ein Dutzend Zeilen ins Lateinische übersetzt, als ihn die vertraute Geschichte plötzlich nicht mehr losließ und die Tinte auf seiner Feder zu trocknen anfing. Unfähig zu widerstehen, las Stephen weiter und weiter bis zum Schluß und wollte gerade mit der Erzählung des Ablaßkrämers beginnen, als seine Aufmerksamkeit auf eine Stimme draußen gelenkt wurde. Sie klang nicht nach dem undeutlichen Redeschwall der Dorfbewohner, sondern schien die klar akzentuierte und musikalische Stimme einer Frau zu sein. Stephen erkannte sie auf der Stelle; es war Dame Alice, Mylady von Suffolk. Wahrscheinlich war sie in Begleitung ihrer Gesellschafterin oder des jungen Fräulein Jane, ihrer Stieftochter, und deren Gefährtin, Fräulein Philippa, die eine Schwester jenes Tom Stonor war, den

Stephen bei der Jagdgesellschaft gesehen hatte. Sicherlich waren sie in der Kirche gewesen und begaben sich nun auf den Rückweg zum Schloß. Hierher würden sie gewiß nicht kommen.
Dennoch verharrte Stephen reglos gespannt. Da hörte er, wie sie unter das Vordach traten. Die klare Stimme sagte: «Haltet die Hündchen fest, Kinder, ich werde nur für die Dauer eines Vaterunsers fort sein.» Der Riegel in der Tür knarrte, und Stephen beugte sich beflissen über seine Arbeit.
«Ferry», sagte die Stimme. «Guter Ferry, ich brauche Eure Hilfe.»
Rot bis zu den Haarwurzeln sprang Stephen auf und verneigte sich tief vor der schlanken, sich gegen das Licht abzeichnenden Gestalt. Die Sonne vergoldete den Rand ihres Umhangs und ließ die weiße Haube auf ihrem Kopf zu einem Glorienschein werden. Stephen verschlug es die Sprache.
«Das ist ja gar nicht Ferry, oder? Es ist so dunkel hier drinnen. Wißt Ihr, wo Ferry oder Sir John Saynesbury sind?» Sie blickte die schmale Treppe hoch.
Aufgeregt antwortete Stephen, daß der Küster nach Hause gegangen sei und Sir John sich in geschäftlicher Angelegenheit für Mylord in Oxford aufhalte.
«Natürlich, natürlich», erwiderte sie. «Das hätte ich mir denken können. Kommt, Kinder, es ist vergeblich – doch was fange ich jetzt bloß mit meiner Schreibarbeit an? Master Brayles hat für Mylord zu tun, und die Handschrift des Schreibers Barnabas gleicht dem Netz einer kranken Spinne.» Sie wandte sich um und erblickte Stephen.
«Das Licht ist so trüb hier», sagte sie, «daß ich erst jetzt richtig zu sehen vermag. Wer bist du, guter Junge? Dein Gesicht kommt mir bekannt vor.»
Stephen stammelte seinen Namen, und sogleich klatschte sie in die Hände. «Ja, gewiß doch, Stephen, der Sohn unseres guten John Rudd, Gott hab' ihn selig. Du bist so groß geworden, daß ich dich kaum wiedererkenne. Was machst du denn hier ganz allein?» Sie kam ein paar Schritte näher und beugte sich über die Bank. «Aber das ist ja die Erzählung des Nonnenpriesters ins Lateinische übersetzt! Doch das Buch verrät etwas anderes; es ist bei der Erzählung des Ablaßkrämers aufgeschlagen . . . du hast also weitergelesen! Ich kenne

das Buch, weißt du, mein Großvater hat es geschrieben.»
Stephen hatte seinen Mut wiedergefunden und erwiderte voller Stolz, daß er sich gut an ihn erinnern könne. Dame Alice lachte herzlich.
«Nein, das kannst du nicht. Du erinnerst dich wohl an meinen Vater, Sir Thomas Chaucer, der in der Kirche begraben ist. Aber es war *sein* Vater, Geoffrey Chaucer, der die Canterbury-Erzählungen verfaßt hat. Du hast aber eine schöne Handschrift.» Sie schaute wieder auf seine Arbeit. «Warum solltest du nicht für mich die Schreibarbeit erledigen? Sieh, es ist keine große Sache.»
Sie zog unter ihrem Umhang eine dünne Schriftenrolle hervor, die von einem Seidenband zusammengehalten wurde.
«Es sind nur zwei oder drei Seiten; aber der Bote bricht schon in der Frühe zu meinem Schloß in Donnington auf, und ich hätte gern, daß diese Listen den Haushofmeister dort unverzüglich erreichen. Laß dich nicht verdrießen, wenn es eine gar zu mühselige Angelegenheit ist! Schreib nur jedes Wort genau so ab, wie es hier steht, und bring mir das Ganze beizeiten ins Schloß. Kannst du es schaffen? . . . Gewiß kannst du. Du brauchst nur – wie ich schon sagte – jedes Wort gewissenhaft abzuschreiben.» Sie nestelte an dem Seidenband. «Dieses Schnürband ist eine Plage; es hat sich verknotet. Hier, binde es selbst auf; deine Finger sind vielleicht geschickter als meine.» Als Stephen ihr mit der Rolle in der Hand die Tür aufhielt, lächelte sie ihm noch einmal zu.
«Und wenn der gute Pfarrer zurückkommt, so bitte ihn um Verzeihung, daß ich dich bei deiner Arbeit gestört habe.»

Die Kirche von Ewelme

Nur zwei oder drei Seiten

Nachdem Dame Alice gegangen war, schaute Stephen ihr lange Zeit nach. Er hatte sie zwar schon oft gesehen, doch war sie niemals zuvor für ihn Wirklichkeit geworden. Jetzt hatte er zum ersten Mal ihr Lächeln, das die feinen Linien ihres Gesichts glättete, und ihre hellen, fröhlich glänzenden Augen wahrgenommen. Und er sollte sogar für sie arbeiten! Im stillen dankte Stephen dem Schreiber Barnabas, dessen Handschrift dem Netz einer kranken Spinne glich, und hüpfte zu seinem Platz zurück. Dort entknotete er das Band und strich die zusammengerollten Blätter flach. Sogleich bemerkte er, daß da nicht zwei, sondern drei Seiten waren. Das machte jedoch nichts, da er viel Zeit hatte. Er legte das kostbare Buch zur

Seite, holte sich vom Wandschränkchen ein wenig mehr Papier und fing mit seiner Arbeit auf der ersten Seite an.

Sie war an den Haushofmeister im Schloß zu Donnington gerichtet und beinhaltete eine umfangreiche Stückliste von Haushaltsgegenständen: «Artikel: je eine Kanne und Schüssel aus Messing; ein Wasserkocher aus Messing; zwei Töpfe mit Lederbezug»; oder: «Artikel: ein Federbett mit zwei Paar Decken, ein Paar Laken und Vorhänge aus gestreiftem Serge»; oder: «Artikel: zwei gedrechselte Stühle mit vier Kissen». Offensichtlich handelte es sich um eine Bestandsaufnahme von Dingen, die nach Donnington geschickt werden sollten, sobald die Familie Ewelme verließ, um das Schloß «verschönern» zu lassen. Diese regelmäßigen Umzüge schienen in großen Haushalten üblich zu sein, denn Stephen hatte schon oft lange Trecks von Wagen und schwer beladenen Packpferden gesehen, die die Brücke nach Wallingford überquerten. Immer gehörten sie irgendeinem Adligen, der eines seiner verwohnten Häuser verließ, um für eine Weile in ein anderes zu ziehen.

Dankbar beendete Stephen die Seite, denn es war eine langweilige Arbeit, und vor ihm lagen noch zwei weitere Blätter. Zu seiner Überraschung entdeckte er jedoch, daß die zweite Seite keine Stückliste, sondern ein langer, eng beschriebener Brief war, der eindeutig von Dame Alices Hand stammte. Stephen seufzte. Dies abzuschreiben würde gewiß längere Zeit in Anspruch nehmen. Unverzüglich begab er sich an die Arbeit und malte mit viel Sorgfalt die Schnörkel, mit denen die Seite anfing.

«Hochwohlgeborene, vielgeliebte Tochter»

Stephen hielt einen Moment lang inne, um seine Feder abzuwischen und sorgfältig zu spitzen, da fiel ihm auf, daß er nichts davon wußte, daß Dame Alice eine Tochter hatte. Vielleicht war es eine Tochter aus ihrer ersten Ehe mit dem Grafen von Salisbury, der die englische Armee in Frankreich befehligt hatte und dort – wie Stephens Vater – ums Leben gekommen war. Die Nachricht von seinem Tode hatte in Ewelme seinerzeit tiefe Betroffenheit ausgelöst, weil Dame Alice auf diese Weise zur Witwe wurde. Zwei Jahre später heiratete sie Mylord von Suffolk, der Salisbury als Oberbefehlshaber folgte. Bei einem Krug starken Biers hatte Doggett einmal behauptet, Mylord

Er tauchte die Feder ins Tintenfaß

von Suffolk müsse früh aufgestanden sein, um nicht nur die Befehlsgewalt, sondern auch die Frau seines Oberlehnsherrn für sich zu gewinnen.

Als die Feder wieder schreibbereit war, tauchte Stephen sie in das Tintenfaß und fing erneut an.

«Ich empfehle mich Euch», hieß es weiter in dem Brief, «mit herzlichen Wünschen für das Wohlergehen Eures Gemahls und Eurer reizenden Kinder. Ich schreibe Euch, liebe Tochter, um Eure Hilfe in Dingen zu erbitten, die mir sehr am Herzen liegen. Zunächst betrifft dies unseren Wohnsitz in London. Das alte Haus in der Lombard-Straße genügt unseren gegenwärtigen Bedürfnissen nicht, und Mylord hat ein Auge auf das Pulteney-Anwesen geworfen, das sich ganz in der Nähe Eures Palais ‹Zur Laube› befindet. Ich habe gehört, daß

Pulteney in den Besitz Eures Cousins, des Grafen von Huntingdon, gelangt ist infolge des Todes seiner Gemahlin (Gott möge ihr die ewige Ruhe schenken), doch daß es ihm beliebt, in seinem Landsitz zu verweilen, da dieser über einen Ankerplatz am Fluß verfügt. Im Namen der Liebe zwischen uns bitte ich Euch nun, gnädige Frau, Euch bei Eurem Cousin dafür zu verwenden, daß er dem Wunsch meines Gemahls, Pulteney zu erwerben, entgegenkommen möge!»
Stephen machte eine Pause, um seinen Arm auszuruhen. Bis hierhin war es recht einfach gewesen, aber da wartete noch viel mehr auf ihn.
«Nun habe ich noch eine weitere Angelegenheit auf dem Herzen, die der äußersten Geheimhaltung bedarf. Ihr wißt sicherlich von der Zusammenkunft, die Mylord Kardinal Beaufort einberufen hat und die in Gravelines bei Calais stattfinden soll mit dem Ziel, den Krieg mit Frankreich zu beenden, eine Absicht, für die mein Gemahl, Mylord von Suffolk, sein Leben opfern würde. Er ist davon überzeugt, daß nur zwei Bedingungen den Frieden herbeiführen können: Erstens sollten wir den französischen Herzog Charles d'Orléans freilassen, der seit Azincourt schon 25 Jahre lang als Gefangener in England weilt. Er ist den Engländern wohlgesonnen und daher bereit, als Gesandter in ihrem Namen zu fungieren. Zweitens erwägt Mylord eine Heirat zwischen unserem König und einer noch zu erwählenden französischen Prinzessin. Niemand anders als der Herzog von Orléans ist geeignet, eine solche Heirat in die Wege zu leiten. Doch bedenkt, liebe Tochter, daß dies ein Geheimnis zwischen Euch und mir bleibt. Wenn es zu bald entdeckt würde, könnte dies schlimme Folgen für Mylord bedeuten.
Der Erfüllung unserer Hoffnungen steht jedoch Herzog Humphrey entgegen. Er bevorzugt, den Krieg mit Frankreich fortzusetzen, da er auf nichts anderes bedacht ist als auf seinen eigenen Aufstieg und den leeren Ruhm Eleanor Cobhams, dieses vom Teufel besessenen Weibes, das Gloucesters Namen trägt. Als Mylord seinerzeit den französischen Herzog sowohl hier als auch in Wingfield in Gewahrsam hatte, schmiedeten sie zusammen Pläne, die gute und gerechte Sache des Friedens zu beschleunigen. Doch auf Betreiben von Herzog Humphrey und der Herzogin hat man uns den Gefangenen ge-

nommen und ihrem Vater, Sir Reginald Cobham, übergeben, um dadurch dessen Geldbeutel beträchtlich aufzufüllen.»

Stephen wurde nun klar, daß es sich um einen sehr persönlichen Brief handelte. Er legte seine Feder beiseite und starrte auf das Blatt. Hatte Dame Alice ihn wirklich beauftragt, diesen Brief abzuschreiben? War er möglicherweise versehentlich zwischen die Seiten gelangt? Stephen blätterte sie durch und fand, daß das dritte Blatt genau wie das erste eine Liste enthielt. Dame Alice hatte zwei oder drei Seiten erwähnt und ihm befohlen, jedes Wort gewissenhaft zu schreiben. Es war schließlich nicht an ihm, in Frage zu stellen, was sie geschrieben hatte. Da er nun schon einmal so weit vorangekommen war, nahm er an, daß es besser sei, seine Arbeit vollständig zu beenden. Viel war es nicht mehr bis zum Schluß. Stirnrunzelnd und mit einem unguten Gefühl fuhr er fort.

«Gnädige Frau und teuerste Tochter, ich vernehme überall, daß Euer Gemahl, der nun an Eures verstorbenen Vaters Statt Graf von Salisbury ist, im Großen Rat des Königs mehr und mehr an Einfluß gewinnt. Daher ersuche ich Euch um der Liebe willen, die zwischen uns war, als Ihr noch ein Kind und meine Stieftochter gewesen seid, auf Mylord, Euren Gemahl, einzuwirken, daß er die Bemühungen meines Gemahls um die Sache des Friedens unterstützen möge; auf daß vor allem Herzog Charles d'Orléans in Mylords Gewahrsam zurückkehrt und sie beide zur Versammlung in Gravelines reisen, um Herzog Humphreys Kriegseifer Einhalt zu gebieten.

Geschrieben zu Ewelme am 5. Tag des Mai im 17. Jahr der Herrschaft König Heinrich VI. von

Eurer treuen und ergebenen Alice Suffolk»

Stephen drehte das Blatt herum. Auf der Rückseite, die schon zum Zusammenfalten vorbereitet war, stand eine Adresse:

Zu überbringen an
die edle Gräfin von Salisbury
«Zur Laube» bei Dowgate in London

Nachdem Stephen das letzte Wort geschrieben hatte, schaute er alles noch einmal durch. Er konnte sich gut an den französischen Herzog erinnern, denn er hatte ihn oft mit Mylord von Suffolk und einer Gruppe adliger Herren ausreiten gesehen. Zusammen mit den ande-

ren Dorfjungen hatte er nach den Pfennigen gesucht, die «Monsänjör»* ihnen zuwarf. Wenn der Brief durch ein Versehen in seine Hände gelangt war, wäre Dame Alice bestimmt verärgert darüber, daß er ihn gelesen, ja sogar abgeschrieben hatte. Andererseits hatte sie ihm unmißverständlich zu verstehen gegeben, jedes Wort gewissenhaft abzuschreiben, und es wäre ungehörig, wenn er eine Auswahl getroffen hätte. Wenn er nur wüßte, was er tun sollte!
Im gleichen Augenblick begann die Kirchturmglocke zu läuten. Es war Zeit für die Abendandacht. In Blitzesschnelle faßte Stephen einen Entschluß. Er würde Doggett um Rat fragen. Doggett bedeutete keine Gefahr und wußte auf alle Fragen eine Antwort. Wie die übrigen Betbrüder war er verpflichtet, jeden Tag der Abendandacht beizuwohnen. Die Jungen aus der Lateinschule gingen nur an Feiertagen dorthin. Da heute kein Feiertag war, hatte Stephen Zeit genug, während Doggett in der Kirche war, die restliche Liste für Donnington abzuschreiben und ihm nach der Abendandacht alles zusammen mit den Eichhörnchenschwänzen zu bringen.
Ohne weitere Mühe schrieb er die dritte Seite ab, legte alle Blätter sorgfältig zusammen und verstaute sie in seinem Ranzen. Es war merkwürdig, daß er bis zum heutigen Tag kaum etwas von Herzog Humphrey, der Herzogin Eleanor oder dem Kardinal gehört hatte, und nun plötzlich tauchten ihre Namen mehrfach auf. Auffällig daran war der Gegensatz zwischen Bolingbroke und Dame Alice. Während die Herzogin für Bolingbroke «meine gnädige Herrin» war, stellte sie für Dame Alice «jenes vom Teufel besessene Weib» dar.

Stephen hatte noch Zeit, die «Canterbury-Erzählungen» auf den Tisch des Pfarrers zurückzutragen, dann nahm er seinen Ranzen und erklomm den steilen Pfad, der zum Hospiz und zur Kirche führte. Unterhalb des Gipfels stieß er auf einen schmalen, backsteingemauerten Torweg, ging hindurch und betrat das Klostergebäude, in dem die alten Männer lebten. Dort war ein kopfsteingepflasterter Hof, der unter freiem Himmel lag und in dessen Mitte sich ein

* Verballhornung des französischen Titels «Monseigneur».

Brunnen mit einem Eimer befand. Auf allen vier Seiten war der Hof von einem überdachten Weg umschlossen. Von diesem Kreuzgang führten dreizehn Türen in dreizehn kleine Behausungen, die Klausen der Betbrüder vom «Haus Gottes»; dreizehn an der Zahl in Erinnerung an Unsern Herrn und seine zwölf Apostel, wie der Pfarrer zu sagen pflegte. Jede dieser Klosterzellen verfügte über einen Wohnraum mit Dachboden und eine eigene Herdstelle mit Kamin. Vom Gang auf der Ostseite führte eine Treppe zur Kirche hoch, so daß die alten Männer beim Glockenläuten jeweils zu zweit in die Kirche hineingehen konnten, ohne Wind und Wetter ausgesetzt zu sein.

Der Klosterhof war menschenleer. Stephen blieb am Fuße der Kirchtreppe stehen und horchte. Die Abendandacht war noch nicht beendet; er begab sich darum zu Doggetts Zelle, die an der Ecke lag, schob den Riegel hoch und trat ein. Obwohl sich niemand in dem Raum aufhielt, glimmten in der Feuerstelle einige Holzscheite. In der Kaminecke tastete Stephen nach einem alten, abgebrochenen und zerkratzten, breiten Schwert, um damit das Feuer zu schüren. Ein behaglich flackerndes Feuer würde Doggett nach der Abendandacht gewiß Freude machen.

Die auflodernden Flammen erhellten auch die dunkleren Winkel der Klause. In einer Nische über dem Kamin befand sich ein Holzkruzifix, ein Geschenk von Dame Alice an jeden der alten Männer. Der Ehrenplatz über dem Rollbett gebührte einem kurzen französischen Pfeil, der, wie Stephen wußte, einst den Kettenpanzer an Doggetts Oberschenkel durchbohrt hatte. Neben dem Pfeil hing eine Zinnmedaille des Heiligen Thomas von Canterbury, das Erinnerungsstück an eine Pilgerreise, und in einer anderen Ecke war ein Haken, an dem ein altes und fleckiges Lederwams sowie ein auf Hochglanz polierter Helm hingen.

Auf einem Gestell vor dem kleinen Fenster lagen Doggetts Malutensilien; eifrig gehortete Papier- oder Pergamentvorräte, einige Gefäße mit Farben, die Doggett von den in der Kirche arbeitenden Handwerkern erstanden hatte, ein paar spitze Kohlestücke und ein alter Kochtopf, in dem die Pinsel steckten. Kritisch begutachtete Stephen deren stoppelige Borsten. Die Eichhörnchenschwänze würden bessere Pinsel abgeben als diese.

Offensichtlich war Doggett fleißig gewesen. Auf der Tischplatte häuften sich Skizzen verschiedener Wappen. Stephen erkannte sie alle, denn er war nicht umsonst Doggetts gelehriger Schüler. Einer der Entwürfe zeigte Mylords Wappenschild, die Löwenköpfe der De la Poles, ein anderer die drei Räder der Chaucers. Daneben war ein aufgerichteter Löwe mit zwei Schwänzen zu sehen, das Wappen der Burghersh, das auch Mylady benutzte, weil sie Ewelme von ihrer aus dem Hause der Burghersh stammenden Mutter geerbt hatte.

Doggett war fleißig gewesen

Dann war da noch der Wappenschild von Dame Alices verstorbenem Gemahl, Thomas Montacute, Graf von Salisbury: Er zeigte eine Reihe spitzer Rhomben, die wie die Spitzen eines Berges aussehen sollten – Mons acutus* – ein Wortspiel mit dem Namen Montacute,

* (lat.): spitzer Berg.

das Doggett gern als «doppelsinnige Heraldik» bezeichnete. Stephen fragte sich, warum Doggett wohl mit all den Familienwappen so beschäftigt war. Dann erinnerte ihn der «Mons acutus» des Grafen von Salisbury an Dame Alices Brief. Wollte Doggett denn gar nicht kommen?

Im gleichen Augenblick hörte er das schlurfende Geräusch von Schritten im Kreuzgang, die Tür wurde aufgestoßen, und Doggett kam schwerfällig herein, ein kleiner, weißhaariger, alter Mann, der tief gebückt ging. Er trug die Tracht der Betbrüder, einen braunen Wappenrock mit einem roten Kreuz und einer roten Kapuze. Als er Stephen erblickte, grinste er vergnügt.

«Heh, wo hast du den ganzen Tag gesteckt, mein Junge? Hier, hilf mir aus diesem Gebetsharnisch; ich bin wohl nicht zum Mönch geboren.»

Hilfsbereit zog Stephen dem alten Mann das Gewand über den Kopf, und Doggett kam zerzaust zum Vorschein, in Hemd, Strumpfhose und Ledergürtel, von dem die zerbeulte Scheide eines Dolchs herabhing. Vergebens hatte Pfarrer Saynesbury gemahnt, daß ein Dolch kein geeignetes Ausstattungsstück für einen Betbruder sei. Doggett hatte sich zwar von der Klinge getrennt, trug jedoch unentwegt die leere Scheide zur Schau. Nun schlüpfte er in einen alten, wollenen Überrock, schüttelte sein widerspenstiges Haar zurück und musterte Stephen mit Augen, die so klar wie die eines Rotkehlchens unter den struppigen Brauen waren.

«Was hast du getrieben? Den Unterricht geschwänzt? – Hast du schon die Neuigkeiten gehört?»

«Welche Neuigkeiten?» fragte Stephen ungeduldig. Für Doggett waren Neuigkeiten wie Speis' und Trank; er lebte von ihnen. Einer seiner Mitbrüder, der «alte Nye», hatte einen Sohn, den «jungen Nye», der einen Schleppkahn auf dem Fluß lenkte, und immer wenn der «junge Nye» seinen Vater besuchte, geisterte Doggett im Kreuzgang umher, um jede neue Nachricht aufzuschnappen, die von London stromaufwärts gekommen sein mochte.

Dieses Mal war es jedoch ein Ereignis aus der unmittelbaren Umgebung.

«Also, Mylord kehrte von der Jagd zurück und sprühte vor Zorn.

Direkt vor seiner Nase war ein Reh gewildert worden, und er hat geschworen, jemanden am Schloßtor in Wallingford zu hängen. Alle Dorfbewohner fürchten nun um ihr Leben.»
Stephen platzte heraus: «Ich weiß, ich habe es miterlebt.»
«Miterlebt? Bist du bei der Jagd dabeigewesen?»
Stephen schüttelte den Kopf. «Der Pfarrer ist fort, und so habe ich mich allein auf und davon in die Berge gemacht ... ich hatte mich ganz in der Nähe versteckt.»
«Du kleiner Dummkopf! Mylord hätte dir das Fell über die Ohren gezogen, wenn er dich gefunden hätte. Aber wer hat den Rehbock nun erlegt?»
«Ich glaube, es war der Bursche, den sie Gilles nennen, obwohl ich ihn nicht gesehen habe. Der Rehbock stürzte in dem Moment zu Boden, als die Jagdgesellschaft näher kam, und so haben die Hunde ihn gewittert. Weißt du, ich meinte schon, erledigt zu sein, aber da ging das Gewitter mit Donnergetöse los. Mylord floh, und ich konnte mich in Sicherheit bringen.»
«In Sicherheit? Wo?»
Nun gab es kein Zurück mehr, aber Doggett würde ihn bestimmt nicht verraten. «Ich bin zur alten Meg gegangen ... – um – um etwas für dich zu holen.»
«Zu diesem alten Weib? Bist du denn ganz von Sinnen? Sie ist eine Hexe!»
«O nein, sie ist eine freundliche alte Seele; sie führt nichts Böses im Schilde.»
«Wenn sie eine Hexe ist, so steckt sie mit dem Teufel im Bunde; und das wird uns alle ins Verderben stürzen. Du lachst? Eines Tages wirst du das Nachsehen haben!»
Immer noch lachend schwenkte Stephen die Eichhörnchenschwänze durch die Luft. «*Dafür* bin ich dort hingegangen! Das werden neue Malpinsel! – Ich werde gewiß nicht wieder hingehen.»
Doggett riß die Augen auf, dann streckte er die Hand aus und ergriff die buschigen Schwänze. «Die sind für mich?» fragte er sonderbar gerührt. «Was hat dich dazu gebracht? Wenn nicht der Teufel, dann wohl mein Schutzengel. Weißt du, daß Dame Alice vor etwa einer Stunde hier gewesen ist und mich gebeten hat, die Wände in ihrem

neuen Söller mit Wappen zu schmücken? Was hältst du von dieser Ehre? Mit meinen alten Pinseln hätte ich das wohl kaum zuwege gebracht.»

Die Erwähnung von Dame Alice erinnerte Stephen an den eigentlichen Grund seines Kommens.

«Hör zu», sagte er. «Ich brauche deine Hilfe. Dame Alice ist auch zur Schule gekommen und hat mir Schreibarbeit dagelassen.»

«Das ist gut», erwiderte Doggett abwesend. «Dann werden wir beide beschäftigt sein.» Er strich mit den Fingern durch die Felle, um die Elastizität der Haare zu prüfen. Stephen wurde von Verzweiflung gepackt.

«Hör einmal zu», rief er wieder. «Ich sagte, daß ich deine Hilfe brauche! Ich bin in Schwierigkeiten.»

Doggett blickte auf. «In Schwierigkeiten? Wieso? Wegen der Hexe?»

«Nein, wegen der Schreibarbeit. Schau dir das an.»

Er knotete die Schriftenrolle auf, glättete die Seiten und erklärte, daß Dame Alice ihm gesagt habe, daß sie für den Haushofmeister in Donnington bestimmt seien und daß alles, was er zu tun hätte, sei, jedes Wort abzuschreiben. Doch als sie fort war, habe er nicht nur zwei Listen für Donnington gefunden, sondern auch ein drittes Blatt, das einen langen, persönlichen Brief an die Gräfin von Salisbury, ihre Tochter in London, enthielt.

«Ihre Stieftochter», verbesserte Doggett. «Die Tochter des Grafen von Salisbury, Thomas Montacute, aus dessen erster Ehe; der Titel wurde an sie vererbt. Dame Alice war seine zweite Gemahlin; ich darf nicht vergessen, Montacutes Wappen an die Wand zu malen.»

«Tu, was du willst», unterbrach ihn Stephen ungeduldig. «Mein Problem ist: Wollte Dame Alice, daß ich den Brief abschreibe? Er ist sehr persönlich und von großer Bedeutsamkeit. Er steckte zwischen den Listen für Donnington; kann er versehentlich dorthin geraten sein? Schau ihn dir an und sage mir, was du dazu meinst.»

Er hielt ihm das Blatt hin. Doggett fuhr ihn an: «Dummkopf! Du weißt doch, daß ich nicht lesen kann. Aber ich habe Ohren zum Zuhören . . . lies mir den Brief vor.»

Trotz dieser plötzlichen Schärfe konnte Doggett seine Neugier nicht

verbergen. So las Stephen ihm mit gesenkter Stimme den ganzen Brief vor. Doggett platzte aufgeregt heraus:
«Heilige Mutter Gottes, steh' uns bei! Ist das wahr, oder hast du alles erfunden? Das beweist, was für ein Risiko jeder Mann eingeht, wenn er sich eine Frau nimmt. – Sollte dieser Brief in die Hände von Gloucester oder der Cobham-Sippe fallen, wäre Mylords Untergang besiegelt, und nicht einmal der Kardinal könnte ihm helfen.»
Das war noch schlimmer, als Stephen befürchtet hatte.
«Warum?» rief er. «Mylord will doch nur Frieden schließen!»
«Ja, aber den Cobhams mit Gewalt die Obhut über den französischen Herzog entreißen, das würde Gloucester zum erbitterten Feind machen; und wenn Gloucester obendrein von Mylords Plan bezüglich einer französischen Heirat erführe, wäre er imstande, den Pöbel mit Rachegedanken aufzuhetzen. Nach all den Kriegsjahren verabscheut das einfache Volk die Franzosen. Denk nur daran, wie selbst hier in Wallingford die französische Mutter unseres Königs als Hexe verleumdet wurde – und ebenso auch zuvor die alte Königin Johanna.»
«Aber der Brief», meinte Stephen verzweifelt. «Was soll ich bloß mit dem Brief machen? Soll ich zugeben, daß ich ihn abgeschrieben habe, oder soll ich behaupten, daß ich ihn für eine Privatangelegenheit hielt, was möglicherweise noch schlimmere Folgen haben könnte?»
Doggett brummte. «Ich verstehe deine Sorge; du bist in der Klemme. Verhalt' dich einmal still, während ich nachdenke.»
Er stand eine ganze Weile mit finsterem Blick und vorgeschobenem Kinn da, und zwischen den zahnlosen Kiefern summte er jene kleine Melodie, die stets seine Gedankenverlorenheit begleitete. Sie war Stephen wohlbekannt, es war das Lied von Azincourt, die Hymne jenes unvergessenen Tages, an dem Doggett im Gefolge von Heinrich V. siegreich in London Einzug gehalten hatte.
«Ich hab's», rief der alte Mann plötzlich aus. «Hör mir nun gut zu, und du brauchst keine Lügen zu erzählen. Hast du etwas von dir selbst Geschriebenes da – eine Schulaufgabe vielleicht?»
«Ich habe noch die Seite, die ich schrieb, als Mylady kam», gab Stephen erstaunt zur Antwort.

«Gut! Hier ist mein Plan. Du rollst die Abschrift des Briefes mit deinem eigenen Blatt zusammen und packst die Rolle in deinen Ranzen. Dann rollst du die übrigen Seiten zusammen, Dames Alices Listen und deine Abschriften, legst diese Rolle obenauf und begibst dich sogleich zum Schloß. Wenn Dame Alice weiß, daß sie den Brief verloren hat, wird sie sich gewiß schon das Hirn zermartern. Bitte darum, sie persönlich sprechen zu dürfen; übergib ihr die Rolle und warte, während sie sie öffnet. Es besteht die Möglichkeit, daß sie überhaupt nicht an eine Abschrift denkt, und du wirst nur Lob ernten. Wenn sie aber nach einer Abschrift fragt, dann schau in deinen Ranzen und tu so, als ob du sie gerade zwischen deiner eigenen Schreibarbeit entdeckst. Bitte um Vergebung für deine Unachtsamkeit, und nichts Schlimmes ist geschehen.» Doggett ließ ein selbstzufriedenes Kichern hören. «Das ist keine Sünde, sondern das, was wir im Krieg die Mutter der Erfindungsgabe nennen. Nun fort mit dir – je eher, desto besser.»

Stephen, immer noch bedrückt, hatte kaum die Tür erreicht, als Doggett ihn zurückrief.

«Eines möchte ich dir noch sagen – was immer auch geschehen mag, du darfst die Abschrift des Briefes auf keinen Fall behalten. Wenn sie nicht in Dame Alices Hände gelangt, bring sie wieder her und verbrenne sie. Das ist eine Pflicht vor dem Herrn. Hast du mich verstanden?»

Stephen sagte gehorsam «Ja.» Er blieb immer noch unschlüssig stehen und zögerte zu gehen. Aber Doggett hatte sich schon seinem Maltisch zugewandt und betastete immer noch summend die Eichhörnchenschwänze. So ging Stephen leise hinaus und kehrte zur Schule zurück. Es dauerte nur eine Minute, die Abschrift des Briefes in seine Übersetzung einzurollen, so wie es Doggett vorgeschlagen hatte. Einer plötzlichen Eingebung folgend zog er seinen Schulkittel über; das flößte ihm Selbstvertrauen ein. Dann nahm er seinen Ranzen und ging mit klopfendem Herzen los, um Dame Alice zu begegnen.

Das Schloß des Grafen von Suffolk lag in entgegengesetzter Richtung oberhalb des Dorfes auf einem Berg. Es war kürzlich erweitert und modernisiert worden. Das Herrenhaus mit seinem breiten roten Dach und den steingemeißelten Schornsteintürmchen thronte über einer unüberschaubaren Vielzahl älterer Gebäude, die rund um den Außenhof standen.

Das Schloß des Grafen von Suffolk

Dank seines Schulkittels passierte Stephen das Torhaus, ohne angehalten zu werden. Auch die Männer im Hof, die damit beschäftigt waren, Rüstungen zu reinigen, beachteten ihn kaum. Um das Schloß herum zog sich ein Graben, über den eine Brücke zur schweren, eisenbeschlagenen Tür führte. Sie stand offen und gab den Blick in einen langen Flur frei, an dessen Ende sich eine weitere Tür befand. Stephen wartete eine Weile, in der Hoffnung, daß jemand kommen würde. Der Blick, den er von hier aus auf die Schule, das «Haus Gottes» und die Kirche hatte, war neu für ihn. Als die Zeit jedoch verstrich, ohne daß jemand kam, faßte er sich ein Herz und klopfte mit der Faust auf die Tür. Ein alter Mann erschien, der ein Wams mit Mylords Abzeichen trug. Er sah ein wenig ungläubig drein, als Stephen nach Mylady fragte. Aber als er den Schulkittel bemerkte und hörte, daß Stephen in Myladys Auftrag kam, sagte er, daß sie oben in ihrem neuen Söller sei, und ließ ihn herein. Von dem Flur aus gingen sie durch eine Öffnung in einer der hölzernen Trennwände, durchquerten den Bankettsaal und gelangten zu einer kleinen Treppe. Dort mußte Stephen stehen bleiben, während der alte Mann hinaufging, um anzufragen. Dann stieg auch Stephen mit klopfendem Herzen die Stufen hoch und schob sich durch einen Ledervorhang in ein Zimmer hinein, dessen Wände aus unbehauenem Stein und ohne jeden Schmuck waren. Obwohl sich dort ein Kamin befand, in dem ein schwaches Feuer brannte, standen keine Möbel da außer einigen nebeneinander aufgereihten Schemeln mit einem Stapel bunter Kissen.

Dame Alice saß mit Fräulein Jane und Fräulein Philippa auf einer Bank in der Fensternische und suchte Stickgarn aus. Als Stephen näher trat, hüpften vom Saum ihrer Röcke zwei kleine Hunde hoch und stürzten ihm mit wildem Gekläff entgegen.

Dame Alices Stimme übertönte den Lärm: «Tansy! Belle! Seid still, ihr kleinen Kläffer! Es ist nur ein Spiel, Stephen, sie beißen nicht. Bringst du schon die Abschriften für mich? Du hast dich fürwahr beeilt! Zeig her. Kinder! Fangt die kleinen Raufbolde; wir können unser eigenes Wort nicht verstehen!»

Stephen händigte ihr die Schriftenrolle aus, kniete ergeben nieder und verbarg sein Gesicht, indem er versuchte, die kleinen Hunde einzufangen. Er hörte indes das Rascheln der Seiten und dann einen plötzlichen, leisen Aufschrei.

«Jane, hier ist der Brief, den ich verloren glaubte! Ich hätte im Traum nicht daran gedacht, daß er zwischen den Listen versteckt sein könnte. Gott sei Lob und Dank! Er hätte ja nach Donnington gelangen können.«

Stephens Herz schlug schneller. Nun war der entscheidende Augenblick gekommen. Würde Dame Alice fragen, ob er den Brief abgeschrieben hatte? Er spielte weiter mit der sich auf dem Boden wälzenden Tansy, als er seinen Namen rufen hörte. Er stand auf. Dame Alice lächelte; in ihrer Hand waren nur die Listen, von dem Brief keine Spur.

«Du bist ein braver Junge, du hast deine Arbeit schnell und gut erledigt und hattest obendrein den Verstand zu merken, daß die dritte Seite nicht dazugehörte. Ich werde noch weitere Aufgaben für dich finden. Nun geh zur Vorratskammer und laß dir vom Haushofmeister einen kleinen Krug Bier geben.»

Frohgestimmt, doch insgeheim auch beschämt, dankte Stephen ihr und sagte, daß er lieber direkt nach Hause gehen wolle. Er unterdrückte den Impuls, Dame Alice sowohl zu gestehen, daß er den Brief abgeschrieben hatte, als auch ihr die Abschrift auszuhändigen. Mittlerweile war ein Geständnis fast unmöglich geworden, und er wollte die Zweitschrift ohnehin verbrennen.

Als er mit einer tiefen Verbeugung hinausging, hörte er unten schwere Schritte, die durch den Saal und dann die Treppe hinaufstürmten. Da wurde schon der Vorhang beiseite gerissen, und herein eilte William de la Pole, der Graf von Suffolk höchstpersönlich. Stephen hatte ihn niemals zuvor aus nächster Nähe gesehen, und obwohl er dazu erzogen worden war, sich Mylord als den geliebten Herrn seines Vaters vorzustellen, erkannte er zugleich auch, daß dieser stämmige Mann mit dem grauen Bart der gefürchtete Befehlshaber des Heeres in Frankreich gewesen war. Sein Gesicht war gerötet, die Haut ledern, und unter buschigen Brauen blitzten die zornerfüllten Augen wie Lichtflecken auf einer Oberfläche aus Metall.

Er schritt quer durch den Raum und stellte sich mit streitsüchtig hervorgeschobener Unterlippe aufrecht vor seine Gemahlin hin.

«Bei Gott, Ihr habt ebenso unbarmherzige, wildernde und blutdürstige Schurken in Euren Ländereien, Mylady, wie ich sie im Krieg angetroffen habe.»

Dame Alice erhob sich. «In *meinen* Ländereien, Mylord? Wie könnt Ihr so etwas sagen, wo Ihr doch wißt, daß meine Ländereien auch die Eurigen sind! Was bekümmert Euch, Sir?» Sie legte ihre Finger auf seine Hand. «Wie muß Euch kalt sein! Ihr seid im Gewitter bis auf die Haut durchnäßt worden. Ein Becher Glühwein wird Euch gewiß wärmen. Laßt Euch einen bringen, während Ihr mir berichtet, was sich zugetragen hat.» Sie sprach wie zu einem Kind, das sich verletzt hat; doch er wies sie ärgerlich von sich.

«Was sich zugetragen hat? Das werde ich Euch erzählen: Templar ist tot.»

Sie war entsetzt. «Tot? *Templar?* Wie konnte es dazu kommen, Mylord?»
«Ein Pfeil hat ihn mitten durch seinen Schädel getroffen. Da läuft ein Bösewicht frei herum; er hält sich in den Wäldern versteckt und ist so geschickt wie der Teufel. Euer Vater, Mylady, war zu weichherzig. Da ich nun an seiner Stelle Verwalter der Chiltern-Berge bin, werde ich es dem Pack schon heimzahlen. Morgen mache ich einen Streifzug durch das Bergland, und wenn ich diesen Kerl von Bogenschützen erwische, werde ich ihn über den Mauern von Wallingford am Galgen baumeln lassen.»
«Berichtet mir, wie sich alles ereignet hat», bat Dame Alice in besänftigendem Ton.
«Ihr habt mich gedrängt», entgegnete er; «Ihr habt mich gebeten, im Warmen zu bleiben, und so habe ich – anstatt selbst zu beaufsichtigen, wie der tote Rehbock hierher gebracht wird – William und seine Gehilfen geschickt. Templar lief voran, doch als er zu dem Rehbock kam, wurde er auf irgend etwas in seiner Nähe aufmerksam. Er knurrte, sprang auf und stürzte fast im selben Moment mit einem Pfeil im Kopf zu Boden. Unsere Tölpel standen alle wie angewurzelt da, nur William preschte vorwärts, weil er meinte, das Wimmern eines kleinen Kindes im Gebüsch gehört zu haben – zweifellos war es das Balg irgendeines Vogelfreien, was bedeuten konnte, daß eine ganze Meute von ihnen im Wald lauerte. So befahl William seinen Leuten, Templar mitzunehmen und den Rehbock dort zu lassen. Er brauchte es nicht zweimal zu sagen, denn sie schrien ‹Hexerei› und flohen den Berg hinunter.»
«Hexerei? Wieso Hexerei?»
Mylord zuckte die Achseln. «Diese Bauernlümmel vermuten an jeder Ecke Hexerei. Einer behauptete gar, er habe das Kind, das William gehört hatte, zu Gesicht bekommen. Er nannte es ein Mondkalb, eine tierische Mißgeburt mit einem Mädchenkopf. Alles, was ich weiß, ist, daß der Pfeil unterwegs abgebrochen ist und verlorenging. Daher bin ich auch nicht schlauer als zuvor.»
Mit einem grimmigen Gesichtsausdruck wandte er sich zum Fenster, wo sich die beiden kleinen Mädchen ängstlich aneinanderklammer-

ten. Dame Alices Blick wanderte in die andere Richtung und fiel auf Stephen.
«Geh zur Speisekammer», befahl sie ihm im Flüsterton. «Erbitte dort ein wenig Wein für Mylord.»
Mylord von Suffolk drehte sich schnell herum. «Ich habe Euch gesagt, daß ich keinen Wein will. Wer ist dieser Junge? Was macht er hier?»
«Es ist Stephen, der Sohn Eures alten John Rudd, der in Jargeau ums Leben kam; erinnert Ihr Euch? Stephen hat einige Listen für mich abgeschrieben, und er hat dies sehr gut gemacht. Jane, bring sie einmal her.»
Mylord musterte Stephen von Kopf bis Fuß, dann sah er sich die Handschrift an und blickte wieder zu Stephen hin.
«John Rudds Sohn?» fragte er barsch. «Ihr Heiligen im Himmel, wie die Zeit doch vergeht! Wie lang ist es her, daß dein Vater, Gott hab ihn selig, starb? Es müssen wohl neun Jahre sein – nachdem die Jungfrau die Belagerung von Orléans aufgehoben hat und wir wieder gegen sie kämpfen mußten, um schließlich doch nur gefangengenommen zu werden . . . ein schwarzer Tag.» Mylord ging im Zimmer auf und ab, blieb dann plötzlich vor Stephen stehen und schaute ihm ins Gesicht. «Ja, John Rudd war ein treuer Diener, er hat sein Leben geopfert, um das meine zu retten. Hast du Ähnlichkeit mit ihm?»
«Komm ans Fenster, Stephen», sagte Dame Alice mit ihrer sanften Stimme. «Ich denke, Ihr werdet es selbst bemerken, Sir.»
Mylord musterte Stephen erneut. Dieses Mal jedoch waren seine Augen freundlich.
«Ja, jetzt erkenne ich die Ähnlichkeit. John Rudd pflegte mit meinem Zaumzeug in der Hand genau so in meinem Zelt zu stehen, wie du da stehst – die Füße weit auseinander, den Leib vorgestreckt.» Mylord lachte. Der Bann war gebrochen. «Und du hast in der Tat eine schöne Handschrift. Vielleicht können wir deine Dienste brauchen. Zunächst geh einmal zur Vorratskammer, wie Mylady sagt. Ich werde nach allem, was geschehen ist, doch ein wenig Wein trinken.»

De-la-Pole-Wappen und Burghersh-Wappen

Lys

Es war fast dunkel, als Stephen das Schloß verließ und sich auf den Heimweg machte. Die Entfernung zu Odos Haus betrug auf der Alten Landstraße mehrere Meilen, doch wenn man den Weg über die Höhe einschlug, maß sie nicht einmal die Hälfte. Stephen schritt dahin, als ob er Flügel hätte. Seit diesem Morgen hatten sich seine Aussichten völlig verändert. Zuvor war er bloß ein Schuljunge gewesen, der den Unterricht schwänzte. Nun aber tat sich vor ihm eine neue Zukunft auf. Er stand sowohl in Mylords als auch in Myladys Gunst, und Master Bolingbroke war bereit, ihm einen Platz in Oxford zu verschaffen, wenn dies notwendig sein sollte!

Stephen sehnte sich danach, Lys von all den Ereignissen zu erzählen. Gewiß gab es da vieles, was er verheimlichen mußte; die alte Meg, Bolingbroke und Dame Alices Brief, das waren Geheimnisse. Aber Lys wäre gespannt zu hören, wie er Dame Alices Listen abgeschrieben hatte, und mehr noch, wie er Mylord begegnet war, der gesagt hatte, daß er seinem Vater ähnlich sähe.

Der Gedanke an die Listen erinnerte Stephen daran, daß sich die Abschrift des Briefes immer noch in seinem Ranzen befand. Er konnte sie drinnen mit der von ihm selbst verfaßten Seite zusammengerollt fühlen, drückte die Blätter zusammen und schob sie tiefer nach un-

ten. Es war keine Zeit mehr gewesen, zu Doggett zurückzugehen, aber das machte nichts. Lys achtete immer darauf, daß im Herd ein Feuer loderte, so konnte er die Abschrift dort verbrennen.
Stephen überquerte die Höhe, erreichte deren Rand und kletterte vorsichtig den steilen Abhang auf der anderen Seite hinunter. Mit jeder Minute wurde es dunkler. Die bewaldeten Chiltern-Berge zeichneten sich schwarz gegen den Himmel ab.
Gewöhnlich konnte Stephen von hier aus schon den Rauch sehen, der sich aus dem Loch im Dach des Hauses emporkräuselte. Manchmal ließ Lys auch die obere Hälfte der Tür offenstehen, damit der Widerschein des Feuers ihm den Weg zeigte. Doch heute abend war überhaupt kein Licht zu entdecken. Vielleicht hatte Odo gefroren, als er nach Hause kam, und er hatte Tür und Fenster geschlossen. Stephen rutschte eine Böschung hinunter und landete mitten in den Furchen und Pfützen auf der Alten Landstraße. Es war mittlerweile so finster, daß er zum Haus gelangte, ehe er es überhaupt bemerkt hatte. Der Duft von Goldlack stieg ihm dort in die Nase, und er gab Lys wie üblich ein Signal. «Halali», rief er laut; es hörte sich wie das Horn eines Jägers an. Die Ochsen im Stall hoben den Kopf und muhten leise, sonst herrschte Totenstille. Stephen tastete sich zur Tür und schob den Riegel hoch. Drinnen war es stockdunkel; selbst die Feuerstelle verbreitete kein bißchen Licht. Stephen rief wieder nach Lys, doch niemand antwortete. Das Haus war leer.
Er warf seinen Ranzen auf den Boden und kniete sich hin, um in die Asche zu blasen. Als ein Funke aufglimmte, suchte er nach einer Handvoll von trockenem Anbrennholz. Dann erhellte sich der Raum. War Lys etwa krank? Um sich zu vergewissern, kletterte Stephen die Stiege zu ihrer Dachkammer hoch. Das Strohbett war unberührt. Der alte, blaue Umhang, der seiner Mutter gehört hatte, hing an seinem Nagel. Am Fuß des Bettes stand eine alte Mehltruhe, die seine Mutter als ihre Schatzkiste bezeichnet hatte. In ihr hatte sie ein paar Habseligkeiten aus ihrer ersten Ehe aufbewahrt: eine pelzgefütterte Haube, einen viel zu großen Rock und, ganz unten am Boden versteckt, eine seidene Geldbörse mit einigen Goldstücken. Diese hatte sein Vater aus dem Krieg mitgebracht, und sie sollten eine Aussteuer für Lys sein.

Einer Eingebung folgend hob Stephen den Deckel der Truhe hoch. Obenauf lag eine warme Decke für den Winter. Um ganz sicherzugehen, langte er tief in die Truhe hinein, bis seine Finger die Geldbörse berührten. Erleichtert rutschte er dann die Stiege hinunter und ließ sich auf den Lehmboden fallen. Da bemerkte er auf einer Bank vor der Wand die Überreste einer Mahlzeit, bestehend aus Brot und Bier. Also war Odo hier gewesen und wieder fortgegangen. Die Laterne hing nicht mehr an ihrem Haken. Vielleicht hatte er das Haus verlassen, um zu sehen, wo Lys blieb. Ein Stück weiter die Alte Landstraße hoch lebte eine recht liederliche Familie; wahrscheinlich war wieder ein Kind aus der großen Schar krank, und Lys war dort von der Dunkelheit überrascht worden und wartete nun darauf, daß ihr Stiefvater sie abholte.

Bei diesem Gedanken verspürte Stephen Erleichterung, ging nach draußen und ließ die Tür hinter sich offen. In der Ferne sah er schon den hin und her tanzenden Lichtschein einer Laterne. Das mußte Odo sein. Als das Licht sich näherte, rief Stephen laut: «Halali». Er bekam keine Antwort. Er rief noch einmal, doch niemand antwortete. Das Flackern der Laterne kam ständig näher, und er konnte das glucksende Geräusch durchnäßter Schuhe hören. Der Stiefvater war jedoch allein.

«Wo ist Lys?» fragte Stephen schnell.

Odos Stimme klang mürrisch. «Wie soll ich das wissen? Sie ist schon vor einer Weile fortgegangen.»

«Wohin? Zum Kuhhirten?»

Odo schob sich an Stephen vorbei ins Haus. «Sie ist nun einmal nicht da. Herrje, ist mir kalt!» Er stocherte mit dem Zeh in der Feuerstelle. «Mach geschwind die Bierkrüge voll! Ich will mir nicht den Tod holen wegen der Launen eines dickköpfigen Frauenzimmers.»

«Launen? Was ist los?»

«Nichts, soviel ich weiß – außer daß dieses dumme Mädchen keine Ahnung hat, was gut für es ist. Wenn du's unbedingt hören willst, Lys ist in Todesangst davongerannt, weil ich gesagt habe, es sei höchste Zeit, daß sie heiratet.»

«Heiratet?» Stephen konnte sich das entsetzte Gesicht von Lys gut vorstellen. «Sie ist doch noch ein Kind! Es ist zu früh!»

«Wo ist Lys?» fragte Stephen

Der Stiefvater, ein gedrungener, o-beiniger Mann, dessen Schultern vom Pflug herabgedrückt waren, schaute ihn mit einem Grinsen an. «Es ist nicht an dir, dies zu beurteilen. Für manche ist es nie zu früh.»
Stephen stieg das Blut in den Kopf. «Um Himmels willen, was ist geschehen?» Odo nahm einen großen Schluck aus seinem Krug, prustete und spuckte. «Immer mit der Ruhe, junger Mann. Nichts ist geschehen, außer, daß ich einen guten Ehemann für das Mädchen gefunden habe.»
Stephen hielt den Atem an. «Du hast – wen – gefunden? Einen guten Ehemann?»

«Ja, Rick aus dem Steinbruch ... eine gute Partie für so manches Frauenzimmer.»
Rick. Stephen kannte ihn gut, diesen großen, feisten Mann, der so alt wie Odo war, schwarze Zähne hatte und Arme, die herunterbaumelten wie bei einem Affen. Außerdem stank er schlimmer als ein Schweinestall. «Nein!» schrie Stephen. «Du wirst Lys nicht mit einem solchen Grobian verheiraten! Sie ist schließlich nicht dein Kind!» Dann durchfuhr ihn ein Gedanke. «Wo ist sie überhaupt? Ist sie etwa schon bei ihm?»
Mit ein wenig mehr Nachsicht antwortete Odo: «O nein, wir rufen doch den Pfarrer, bevor wir sie übergeben. Rick hat sich heute morgen bemüht, ihre Gunst zu gewinnen. Seine Mutter ist tot, er hat niemanden mehr, daher sagte ich, daß er sie haben kann, wenn er möchte. Er kam mit mir zum Essen, und sie hatte Fleischpasteten gebacken. Vielleicht hat ihn das völlig für sie eingenommen, denn er sagte sofort, daß sie seine Frau werden soll und daß er sie im nächsten Monat heiraten wird. Aber wahrhaftig, man hätte meinen können, sie sei ein Klosterfräuchen; sie stand bloß da mit offenem Mund und starrem Blick, dann lief sie zur Tür hinaus, und seitdem habe ich sie nicht mehr gesehen.»
Stephen bebte vor Zorn. «Du kannst nicht mit ihr machen, was du willst, und sie wie ein Stück Vieh herumstoßen!» rief er. «Ich erinnere dich daran, daß ihr Vater Mylords Diener gewesen ist, und ich schwöre dir, daß ich dafür sorgen werde, daß Mylord dir auf die Schliche kommt!»
Odo rappelte sich langsam hoch, den Bierkrug drohend in der Hand.
«Laß nicht Mylord den Herrn über mich spielen, du kleines Biest, oder ich prügele dir die Seele aus dem Leib! Wer hat euch beide denn aufgezogen ... arme Rangen, die ihr gewesen seid, hm? Eure Mutter war mir eine gute Frau, und weil ich sie schätzte, hab' ich um ihretwillen zwei so starrsinnigen Bälgern eine Heimstatt gegeben. Aber nun, da sie nicht mehr ist, habe ich keine Veranlassung, euch hier zu behalten. Das Mädchen hat sich prächtig entwickelt, und ich habe es einem Ehrenmann versprochen, der es zu seiner Frau nehmen wird; das ist eine gute Sache für ein Ding, das nicht einmal

das Hemd auf dem Leibe sein eigen nennen kann. Was dich betrifft, so mach' dich fort, ehe du den Teufel unter mein Dach bringst! Oder hast du geglaubt, ich wüßte nichts von deinen Besuchen bei dem alten Weib da oben? Es heißt, daß sie eine Hexe ist, und da wird wohl etwas Wahres daran sein. Mach' dich fort, damit ich dich los bin! Hier ist kein Platz mehr für dich. Ich will wieder heiraten.»

Er zündete erneut die Laterne mit einem brennenden Kienspan an, ergriff einen Eimer und ging schwerfällig hinaus, um die Ochsen zu tränken. Die Tür ließ er offenstehen.

Von dieser neuerlichen Wende der Ereignisse fast betäubt nahm Stephen einen Stock aus der Ecke und verließ das Haus. Eines war ihm völlig klar: Er mußte Lys finden.

Es war eine finstere Nacht, aber im Lichtschein, der durch die offene Haustür fiel, konnte Stephen die Umrisse der Baumstämme und das Schimmern des Wassers in den Furchen auf der Straße erkennen. Er stapfte dahin und hielt immer wieder an, um laut und vernehmlich sein Signal zu geben. Seine Stimme hallte durch das Tal, doch als einzige Antwort hörte er nur die Eulen rufen. Da schlug die Haustür zu, und jede Spur von Licht erlosch. Pechschwarze Finsternis umgab Stephen. Ohne Laterne konnte er seinen Weg nicht fortsetzen.

Er verharrte still, lauschte angespannt und versuchte, Ordnung in seine verworrenen Gedanken zu bringen. Er hatte Lys zum letzten Mal gesehen, als er sie am Fuße des Berges zurückließ. Danach war sie jedoch zu Hause gewesen, denn erst nach dem Abendessen hatte Rick sie verschreckt. Wo mochte sie sich hingewandt haben, als sie davonlief? Wahrscheinlich war sie zur Schule geflohen, um ihn zu suchen, aber er hatte kein Lebenszeichen von ihr gesehen oder gehört.

Dann ließ ein plötzlicher Gedanke Stephen das Blut in den Adern stocken. In Mylords Bericht über die Umstände, wie Templar getötet worden war, hatten die feigen Gehilfen sich vor *etwas* gefürchtet, das sich in der Nähe des Rehbocks befand. Sie sagten, es hätte den Kopf eines Mädchens gehabt. Templar war darauf zugesprungen, und William hatte den Schrei eines Kindes gehört. Stephen stand wie angewurzelt, als ihn das Entsetzen übermannte. Die Geschichte

schien zusammenzupassen. Lys hatte ihn das letzte Mal gesehen, als er bergauf geklettert war. In ihrer Not hatte sie versucht, ihm zu folgen. Dabei war sie in die Nähe des Rehbocks gelangt. Zu dieser Zeit befand Stephen sich schon mit Bolingbroke auf dem Reitpfad. Sie hatten die Jäger gesehen, die bergaufwärts schritten.
Stephen drehte um und stolperte zum Haus zurück. Er lief blindlings gegen Bäume und glitt in morastigen Pfützen aus. So viel war klar: Es war Gilles, der den Jagdhund erlegt hatte. Aber wo steckte Gilles? Wo hatte er seinen Unterschlupf? Nur er vermochte Stephen zu sagen, ob Lys tot oder lebendig war.
Zunächst benötigte er eine Laterne. Ohne Licht konnte er keinen Schritt weiter gehen. Der Streit mit Odo war Stephen nun nicht mehr wichtig. Wenn Odo seine Geschichte hören würde, käme er mit, um den Berg abzusuchen.
Stephen gelangte zu der verschlossenen Haustür und schob den Riegel hoch. Gott sei Dank hatte Odo ihn nicht ausgesperrt. Drinnen wurde er von einem ohrenbetäubenden Schnarchen begrüßt. Sein Stiefvater lag mit offenem Mund auf dem Bett, und in der Luft hing der üble Geruch von Met. Odo war völlig betrunken. Voller Abscheu starrte Stephen ihn an. Seine Mutter hatte immer gesagt, daß Odo irgendwo einen geheimen Vorrat hätte. Das Zeug wirke schnell, brauche jedoch Stunden, um in seiner Wirkung nachzulassen. Von Odo war daher keine Hilfe zu erwarten.
Die Laterne lag neben der Feuerstelle. Zu Stephens Entsetzen war die Kerze darin ausgebrannt. Wo bewahrte Lys die Kerzen auf? Er hatte kürzlich zugesehen, wie sie einige hergestellt hatte, indem sie Hammelfett ausließ, Binsen hineintunkte und diese dann aufhing. Er suchte verzweifelt, jedoch ohne Erfolg. Allein und ohne Licht konnte er nicht hoffen, den Weg bergauf zu finden. Dann dachte er zum ersten Mal wieder an Tom von der Mühle. Tom hatte gesagt, daß der Mond spät aufgehen würde. Alles, was Stephen nun übrigblieb, war, bis zum Mondaufgang zu warten. Er lehnte die Tür so an, daß er hinaussehen konnte, ging zu seinem Farnbett und setzte sich darauf, mit dem Rücken gegen die Wand gelehnt. Was immer auch geschehen mochte, er durfte nicht einschlafen.
In der Stille fiel ihm ein, daß er noch kein einziges Gebet gesprochen

hatte. Das war sehr dumm, da nur Gott ihm helfen konnte. Stephen begann sogleich mit den vertrauten Gebeten, dem «Vaterunser» und «Gegrüßet seist du, Maria», dann fuhr er mit dem Miserere fort: «Erbarme Dich meiner, o Gott.» Das schien so zu der Situation zu passen, daß er wieder und wieder die ersten Worte vor sich hin sagte: «Erbarme Dich . . . erbarme Dich . . .» Aus tiefstem Herzen dämmerte ihm die Erkenntnis, daß alles seine Schuld war. Wenn er nicht die alte Meg besucht hätte, wäre Lys ihm nicht gefolgt. Daß sie nun irgendwo verletzt, mit Schmerzen, vielleicht sogar tot lag, war nur, weil er alle Warnungen mißachtet hatte.

Stephen wußte nun ohne jeden Zweifel, daß das Böse seine Hand im Spiel hatte. Die alte Meg war eine Hexe, was immer er auch gedacht haben mochte, bevor er in jenem ersten Augenblick, als ihm in der unbeleuchteten Hütte etwas durch Mark und Bein ging, diese Gewißheit erlangte. Er hatte schon den Entschluß gefaßt, nicht mehr zu Meg zu gehen, und nun war es zu spät; das Unglück war geschehen. Doggetts Worte kamen ihm wieder in den Sinn: «Eine Hexe steckt mit dem Teufel im Bunde . . .» Das war die Wahrheit. Hexen waren böse, und durch ihn hatte das Böse nun seine Hand ausgestreckt und Lys gepackt.

Während Stephen unverwandt auf das viereckige Stück samtweicher Dunkelheit in der geöffneten Tür schaute, schien seine Angst größer zu werden. Er versuchte, sich einzureden, daß das «Kind» in der Nähe des Rehbocks nicht Lys gewesen war, obwohl er die ganze Zeit über sicher wußte, *daß* sie es war. Sein Kopf fühlte sich schwer an; er konnte nicht mehr denken. Aber sein Puls pochte unaufhörlich. Bum, bum, bum . . . wie das Summen von Wat. Da waren plötzlich überall Augen; das Pochen beschleunigte sich und wurde zum dröhnenden Stampfen von Hunden, die auf ihn losjagten. Irgendwo, ganz weit weg, hörte er Lys rufen . . . rufen . . . rufen . . . Plötzlich fuhr Stephen hoch und war mit einem Schlag hellwach. Im Türeingang war mattes, graues Licht zu sehen, der Morgengesang der Vögel erfüllte die Luft. Er träumte nicht; irgend jemand rief tatsächlich . . . es mußte Tom sein. Stephen schalt sich dafür, eingeschlafen zu sein, und eilte hinaus.

Zuerst konnte er niemanden entdecken. Als sich seine Augen jedoch an die Helligkeit gewöhnt hatten, gewahrte er eine hohe Gestalt am Fuße des Berges, wo der Wald anfing. Mit klopfendem Herzen erkannte er Gilles den Bogenschützen. Stephen sprang über einen Wassergraben und rannte den farnbewachsenen Hang hinauf. Die Stimme des Bogenschützen war jetzt ganz nahe, sie klang gedämpft und beruhigend.

«Sachte, mein Junge, bring dich nicht um. Deine Schwester ist in Sicherheit. Ich bin gekommen, weil sie mir gesagt hat, daß du dir um sie Sorgen machen würdest.»

«Wo ist sie? Ist sie verletzt?»

«Sie hat keine gebrochenen Knochen, nur eine Menge Kratzer und ist krank vor Angst. Ich habe sie dorthin hinaufgetragen –» er deutete mit dem Kopf in Richtung des Berges. «Es scheint, daß sie versucht hat, dir zu folgen – sie hatte dich fortgehen gesehen – und sie war gerade bei dem toten Rehbock angelangt, als der Hund den Berg hinaufgesprungen kam. Sie tat das Schlimmste, was sie tun konnte, und lief fort, was den Hund auf ihre Spur lenkte. Sie stolperte und stürzte mitten in das dornige Gestrüpp. Durch Gottes glückliche Fügung kam ich gerade zu diesem Zeitpunkt des Weges, um den Rehbock fortzutragen – das war gewiß ein Wunder. Wenn sich mein Kommen verzögert hätte, wäre sie tot. Ich schwitzte, daß mein Pfeil das Mädchen und nicht den Hund treffen könnte, doch ich wagte nicht, tatenlos zuzusehen. Das wild gewordene Tier hätte sie sonst angefallen . . .»

«Wo ist Lys?» fragte Stephen erneut.

«Bei der alten Meg. Ich habe sie dorthin gebracht. Die alte Meg wird sie schneller als sonst jemand heilen. Aber sie jammert die ganze Zeit nach dir. Sie hat vor irgend etwas anderem noch Angst, nicht nur vor dem Hund; ich weiß nicht, wovor.» Seine Stimme bekam nun einen etwas fröhlicheren Klang. «Oh, beinahe hätte ich vergessen, sie bittet darum, daß du ihr den Umhang und die Schuhe und alle Kleider, die sonst noch bereit liegen, bringst. Alles, was sie anhatte, ist in Fetzen. Geh nun und hol die Sachen. Ich warte auf dich.»

Stephen verlor keine Zeit. Es war nun hellichter Tag, und er ging auf Zehenspitzen durch das Haus, um Odo nicht zu wecken. Die Stiege knarrte, als er die Stufen hochging; dann ergriff er ein Paar von den alten Schuhen seiner Mutter, die Lys mit Stroh ausgestopft trug, nahm den blauen Umhang vom Nagel und von der Wäscheleine ein Hemd, einen alten Rock und einen Kittel und trug die Sachen zu seinem Ranzen. Der lag immer noch dort neben der Feuerstelle, wo er ihn bei seiner Ankunft hingeschleudert hatte. Er stopfte alles hinein bis auf den Umhang, den er sich über die Schulter warf. Dann machte er sich eilig wieder auf den Weg und schloß leise hinter sich die Tür.

Der Bogenschütze ging voran. Keiner von beiden sprach ein Wort. Stephen war zu benommen, um nachzudenken. Es hatte den Anschein, als wollte der Himmel ihm einen Streich spielen. Vor kurzem hatte er noch einen feierlichen Eid geleistet, niemals wieder zur alten Meg zu gehen, und nun war Lys durch seine Schuld in ihre Hände geraten.

Auf der Höhe brachen die ersten blassen Sonnenstrahlen durch das Laub. Gilles wartete, damit Stephen ihn einholen konnte.

«Ich habe dich gestern im Wald gesehen, kurz bevor das Gewitter anfing», bemerkte er.

Stephen nickte. «Ich war dabei, als du den Rehbock erlegt hast. Das war ein unglaublich geschickter Schuß. Hast du die Jagdgesellschaft gesehen? Mylord hätte mich beinahe erwischt – und dich vielleicht auch. Ich warne dich, er hat geschworen, dich dafür zu hängen.»

Der Bogenschütze lachte. «Das hat er allen Vogelfreien geschworen! Viele von ihnen sind daher weitergezogen. Ich aber bin wie eine Katze; ich habe neun Leben. Doch es bekümmert mich, daß ich den Hund töten mußte. Es war ein schönes Tier. Sieh, da ist der tote Baum! Wir sind schon fast da.»

Die von dem Specht bewohnte, verdorrte Buche war weißer denn je. Überhaupt schien im Morgenlicht alles ganz anders auszusehen. Der Weiher glänzte wie polierter Stahl und spiegelte die alte Hütte, die auf der gegenüberliegenden Seite stand. Die Tür war weit geöffnet, damit die Sonne hineinscheinen konnte. Beim Klang der Stimmen kam die alte Meg zum Vorschein, und ihr runzliges Gesicht verzog sich zu einem Lächeln.

«He, Stephen, das Kind weint nach dir.» Sie wackelte mit dem Kopf

Alles sah anders aus

hin und her, als würde sie von einem Baby sprechen. «Geh hinein und liebkose es. Das ist es, was ihm fehlt.»
Lys lag auf einem tiefen Farnbett, und ihr Kopf war von feuchten, grünen Pflastern und modrig riechenden Umschlägen bedeckt. Alles, was Stephen von ihrem Gesicht sehen konnte, war rot und blau geschwollen von Beulen und vom vielen Weinen. Er kniete sich neben das Bett, und Lys klammerte sich schluchzend an ihn. In Bruchstücken wiederholte sie die ganze lange Geschichte, die er schon kannte, angefangen bei dem Streit mit Odo und dem fürchterlichen Rick. Während Stephen sich bemühte, Lys zu trösten, kämpfte er innerlich mit sich selbst, was zu tun sei. Wohin konnten sie gehen? Sie hatten im Dorf keine Verwandten, denn die Eltern waren aus Mylords Ländereien hierher gezogen. Wenn er Lys zum Pfarrer bringen und ihn um Hilfe bitten würde, so wie es andere Leute taten, wenn sie in Not waren, käme die ganze Wahrheit heraus, und er wäre

ruiniert. Denn dafür, daß er Umgang mit einer Hexe pflegte und dies auch noch bewußt verheimlicht hatte, würde er sicherlich seinen Platz in der Schule verlieren, und seine ganze neue strahlende Zukunft wäre zunichte.

Aber wie konnte er andererseits Lys bei der alten Meg lassen – mit dem Bewußtsein dessen, was er gestern erfahren hatte? Stephen fühlte sich völlig hilflos, daß er es beinahe als Erleichterung empfand, als ihn die alte Meg beiseite schob. Sie brachte eine Schüssel und einen Holzlöffel, und während sie Stephens Platz neben dem Bett einnahm, begann sie, Lys gut zuzureden, sang leise vor sich hin, blies die Suppe, um sie zu kühlen, und fütterte Lys Löffel für Löffel. Allmählich trockneten die Tränen, und Lys nahm, mit den Augen auf die alte Meg geheftet, die Suppe zu sich, so wie Stephen sie vor vielen Jahren das Essen nehmen sah, das ihr die Mutter gereicht hatte.

Während Stephen zuschaute, wurde er mehr und mehr verwirrt. Dies war Meg, so wie er sie in Erinnerung hatte, als er selbst verletzt gewesen war. Der gestrige Tag mit seinen Schatten schien verflogen, doch er war Wirklichkeit gewesen, hatte nicht nur in seiner Einbildung existiert. Unbewußt seufzte Stephen so schwer, daß sich die alte Meg nach ihm umdrehte.

«Psch, mein Junge, sei nicht so niedergeschlagen. Das Mädchen befindet sich auf dem Wege der Besserung. Ein paar Stunden noch, und du kannst sie mit nach Hause nehmen.»

Bei diesen Worten brach Lys erneut in Tränen aus.

«Ich will nicht fort, ich will nicht fort», rief sie. «Er wird mich mit diesem Mann verheiraten! Ich traue mich nicht, nach Hause zu gehen. Zwing mich nicht, Bruder! Ich werde fortlaufen. Ich tu' alles, aber ich schwöre, ich gehe nicht wieder nach Hause.»

Da verlor Stephen die Geduld. «Das ist ja alles schön und gut», rief er, «aber was willst du machen? In deinem Hemdchen im Wald umherirren? Du bist kein feines Fräulein, das sich aussuchen kann, wen es heiraten will. Lauf zum Pfarrer in deinem Kummer, und auch er wird dich heißen, Odo zu gehorchen, und Dame Alice würde dasselbe tun. Sei ein braves Mädchen, komm nach Hause! Wenn Odo merkt, wie sehr du dich sträubst, wird er vielleicht nachgeben. Ich

bin ja auch noch da, um mich um dich zu kümmern.» Aber das waren leere Worte. Stephen wußte es und Lys ebenso. Sie klammerte sich verzweifelt an die alte Meg.
«Laß mich bei dir bleiben, niemand wird mich hier finden. Ich werde kochen, putzen, alles tun, was du willst, wenn du mich nur hier bleiben läßt.»
Ein kalter Schauer lief Stephen den Rücken hinunter. *Das* durfte nicht geschehen! «Du kannst nicht hierbleiben», erklärte er ohne Grund, am Ende seiner Weisheit angelangt. Er schaute auf Lys hinunter, die nun zärtlich von den Armen der alten Meg umschlossen war. «Mylord kommt, um nach den Vogelfreien zu suchen; du wirst Meg in schreckliche Gefahr bringen, wenn man dich hier findet. Man wird Meg gefangennehmen, weil sie einem Flüchtling Unterschlupf gewährt hat.»
Plötzlich meldete sich Gilles, der die ganze Zeit über schweigend an der Tür stehengeblieben war, zum ersten Mal zu Wort. «Was würdest du dazu meinen, wenn das Mädchen als Dienstmagd zu den Stiftsdamen nach Goring geht?»
Stephen sah ihn verständnislos an. «Zu den Stiftsdamen?»
«Ja, zu den Kanonissen im Priorat von Goring. Die Chorschwestern dort sind adliger Abkunft, sie werden von Laienschwestern bedient, denen wiederum Dienstmägde zur Seite stehen. Dort würde das Mädchen gut behandelt werden, und niemand käme auf die Idee, dort nach ihr zu suchen.»
Lys hörte zu weinen auf, doch Stephen war ungläubig.
«Aber würden sie Lys bei sich aufnehmen?»
«Das könnte ich in die Wege leiten. Ich bin dort gut bekannt und genieße das Vertrauen der Kellermeisterin, jener Nonne, die für die Lebensmittel Sorge trägt. Die Damen haben eine Vorliebe für Wildbret, und wenn ein Reh erlegt ist, so halte ich es nur für einen Akt der Nächstenliebe, daß ich den Nonnen einen Teil davon abgebe. Und gerade jetzt habe ich einen Rehbock! Was sagst du nun? Soll ich fragen?»
«Ist es weit nach Goring?»
«Ein halbes dutzend Meilen, mehr nicht. Es ist leicht erreichbar, aber weit genug entfernt, um der Aufmerksamkeit zu entgehen. Unter

den Fittichen von Mutter Kirche wäre das Mädchen in Sicherheit.»
Stephen wandte sich an Lys. «Hast du gehört, Kind? Was meinst du? Möchtest du zu den Nonnen?»
Sie nickte so heftig, daß Gilles lachte.
«Es scheint, wir haben das Richtige gefunden. Bring deine Salben und Kräuter her, Meg; mach das Mädchen, so schnell du kannst, gesund! Ich muß noch den Rehbock zerteilen, bevor ich nach Goring aufbreche und dort meine Bitte vorbringe. Und säubere deinen Topf, Mütterchen, es gibt frischen Wildbraten!»

Die Schulglocke

Ein verhängnisvoller Hausputz

Stephen aß ein Stück Brot, trank ein Schüsselchen Molke und machte sich dann auf den Rückweg talwärts. Er hoffte, noch vor dem Läuten der Schulglocke in Ewelme einzutreffen. Obgleich er dankbar war, Lys in Sicherheit zu wissen, ahnte er, daß ihm Unannehmlichkeiten bevorstanden. Gewiß würde es endlose Fragen geben, und er hatte nicht die geringste Idee, wie er sie beantworten sollte.

Erstens: Wenn Lys nicht zurückkäme, ginge Odo bestimmt zu Pfarrer Saynesbury. Der Pfarrer würde sofort nach ihm schicken, und was sollte er dann sagen? Wenn ihm keine zufriedenstellende Erklärung einfiel, würde der Pfarrer zetern, und das ganze Dorf würde sich auf die Suche begeben. In Pfarrer Saynesburys Gemeinde durften Mädchen nicht einfach verschwinden.

Überdies wußte Odo offensichtlich von der alten Meg. Wenn er wiederholte, was er gestern abend gesagt hatte, gingen alle schnurstracks zur Hütte der alten Meg und fänden Lys dort in ihrem Versteck. Das wäre nicht auszudenken. Stephen wagte nicht, sich auszumalen, was sie der alten Meg antun könnten; auf jeden Fall aber würde Gilles gefangengenommen werden, weil er den Rehbock gewildert hatte, und er selbst müßte sich in Grund und Boden schämen. Und alles wäre umsonst gewesen, denn Lys würde zu Odo zurückgeschickt und mit dem Steinhauer verheiratet werden. Es war bekannt, daß der Pfarrer die Mädchen seiner Gemeinde gerne zum frühestmöglichen Zeitpunkt heiraten ließ. Er wäre daher bestimmt auf Odos Seite.

Stephen zitterte vor Übermüdung und Traurigkeit und hielt an, um, mit dem Rücken gegen einen Baumstamm gelehnt, verzweifelt hin und her zu überlegen. Was er brauchte, war irgendeine glaubhafte Geschichte, um den Suchtrupp so lange aufzuhalten, bis Lys in Goring in Sicherheit war. Wenn sie erst einmal in dem Kloster wäre, würde der Pfarrer sie gewiß nicht zurückholen. Natürlich würden ihm viele Fragen gestellt werden, und er würde in der gleichen Gefahr wie zuvor schweben, aber Lys wenigstens wäre in Sicherheit.

Von Verzweiflung getrieben begann Stephen, eine Geschichte zu erfinden. Eine alte Base seiner Mutter lebte in der Nähe von Abingdon. Wenn er die anderen glauben machen konnte, daß er Lys im Wald gefunden und sie dorthin gebracht hatte, würden ein oder zwei Tage vergehen, bevor irgend jemand Anstalten machte, sie zurückzuholen. Der Pfarrer hatte immer viel zu tun, und Odo hatte allen Grund, Lys nicht in Gegenwart einer Vertrauten ihrer Mutter gegenüberzutreten.

Stephen stieß einen Seufzer der Erleichterung aus; diese Geschichte erschien ihm gut, sie war es wert, ausprobiert zu werden. Er blieb noch eine Weile stehen, um sich die Einzelheiten zurechtzulegen. Natürlich war alles ein Netz von Lügen, aber wenn er Lys retten wollte, mußte er lügen. Bei dem folgenden Gedanken blieb ihm jedoch fast das Herz stehen. *Das* war es also, was dabei herauskam, wenn man sich mit dem Teufel einließ; der Teufel war der Vater der Lüge.

Dieser Gedanke erinnerte ihn wieder an die Frage bezüglich der alten Meg. Stand sie wirklich mit dem Teufel im Bunde? Wenn ja, dann hatte er etwas Schreckliches getan, als er Lys bei ihr zurückließ. Vielleicht waren ihr Körper und ihre Seele durch seine Schuld schon verloren. Doch genauso schnell, wie dieser Gedanke aufgetaucht war, nahm ein anderer seinen Platz ein. Stephen sah wieder das Bild der alten Meg vor sich, wie sie ihren Arm um Lys gelegt hatte und

sie mit diesem Ausdruck von Wärme und Zärtlichkeit auf ihrem runzligen Gesicht fütterte. Konnte denn jemand so Liebevolles böse sein? Konnte jemand Böses Mitleid empfinden? Das war die Frage. Wenn Meg dem Teufel dienstbar war, wie kam es dann, daß sie so freundlich, so sanft und so gütig war?
Der Kopf fing Stephen an zu schwimmen. Plötzlich fühlte er, daß er erwachsen war. Er war kein Junge mehr, sondern ein Mann, er war sich selbst überlassen und für Lys verantwortlich. Es gab niemanden, der ihm helfen konnte. Er mußte selbst entscheiden. So riß er sich zusammen und setzte seinen Weg bergabwärts fort.

Bei Stephens Ankunft im Dorf läutete die Schulglocke immer noch, und als er um eine Ecke bog, kam gerade eine Gruppe von Reitern aus dem Torhaus des Schlosses heraus. Er drückte sich in den Schatten eines Pfeilers. An der Spitze ritt Mylord zusammen mit dem Kaplan Master Simon Brayles. Einen Augenblick lang stand Stephens Herz still. War das der angedrohte Streifzug durch das Bergland? Da bemerkte er zu seiner Erleichterung, daß Mylord unbewaffnet war. Er trug ein dunkles Gewand; um den Kopf hatte er kunstvoll eine an den Rändern bogenförmig ausgezackte Kragenkapuze geschlungen, und von den Schultern wehte ein Reitumhang. Die vier bewaffneten Reiter, die ihm folgten, hatten Satteltaschen, und einer führte ein schwer beladenes Packpferd am Zügel. Offenbar begab sich Mylord auf eine Reise.
Als Stephen unter das Vordach der Schule trat, hatte die Glocke gerade aufgehört zu läuten. Sein Herz klopfte laut. Ob die Fragerei gleich losgehen würde? An diesem Morgen hätte Pfarrer Saynesbury am Lehrerpult stehen müssen. Doch mit einem Blick stellte Stephen fest, daß dort der alte Ferry, der Küster, war, ein netter, kleiner Mann, kahlköpfig bis auf eine angegraute Krause dünner Haare. Was hatte das zu bedeuten? War der Pfarrer schon von Odo gerufen worden? Stephen zwang sich zur Ruhe, machte eine Verbeugung und murmelte auf Lateinisch seinen Reuespruch für die Verspätung. Der Küster schaute ihn an, und seine Augen glänzten.
«Hast du schon das Neueste gehört?» fragte er. «Der Pfarrer ist zum Schloß gerufen worden. Der Graf von Warwick ist in Frankreich

verstorben, und Mylord reitet nach Westminster.* Dame Alice beratschlagt mit dem Pfarrer bezüglich eines Requiems und eines Trauergesangs – als Zeichen der Ehrerbietung. Und natürlich hat Master Brayles Mylord begleitet, so daß die Erledigung des Ganzen wie üblich wieder an uns hängenbleibt.»

Eine Gruppe von Reitern kam aus dem Torhaus

Stephen war jetzt nicht mehr wie ein Bogen gespannt. Er wußte zwar nicht, wer der Graf von Warwick war, aber wenn der Pfarrer alle

* Der heutige Stadtbezirk von London war ehemals eine Stadt in der Grafschaft London. Dort befand sich die alte Königshalle, der Palace of Westminster, der bis zur Regierungszeit Heinrichs VIII. als königliche Residenz diente. In der berühmten Westminster Abbey, der Krönungs- und Grabeskirche englischer Könige, sind die Grab- oder Denkmäler vieler großer Engländer.

Hände voll zu tun hatte, dann könnte er für Odo weniger Zeit aufbringen.

«Wißt Ihr, ob mein Stiefvater hier gewesen ist?» Es war eine unbesonnene Frage, aber er hatte ihr nicht widerstehen können.

«Nicht, daß ich wüßte. Warum?» Der kleine Mann zwinkerte mit den Augen. «Hast du Unfug getrieben?»

Das traf beinahe genau den Kern der Sache. Stephen grinste und zog sich mit seinem Donatus in die hinterste Ecke des Klassenzimmers zurück. Er hatte sich gerade über das Buch gebeugt, als er die fröhliche Stimme des Pfarrers vernahm, die den Weg zur Schule entlang dröhnte. Einen Augenblick später öffnete sich die Tür, und alle standen auf.

Pfarrer Saynesbury hatte ein freundliches, rosiges Apfelbackengesicht, eine Figur wie ein Faß und einen rollenden Gang, der ihn mit jeder Bewegung flink um sich selbst drehen ließ. Seine Rechte hielt er immer so, als wollte er ständig seinen Segen verteilen, und seinen schlauen Augen entging nichts. Er wirbelte durch das Klassenzimmer und winkte die Kinder an die Arbeit zurück.

«Morgen feierliches Requiem für den Grafen von Warwick!» rief er Ferry zu. «Mylady wird da sein. Achte darauf, daß die Kinder sauber im Gesicht sind!» Dann stieg er mit erstaunlicher Behendigkeit die steilen Stufen zu seinem Allerheiligsten über dem Vordach empor. Stephen hörte das unmißverständliche Knarren eines Stuhls, als das Gewicht des Pfarrers darauf Platz nahm, und erinnerte sich an das Exemplar der «Canterbury-Erzählungen», das dem Pfarrer jetzt vor der Nase lag. Es würde möglicherweise als mahnender Fingerzeig dienen. Er hatte recht. Nur wenige Minuten waren vergangen, als er seinen Namen rufen hörte.

«Wo ist deine Lateinaufgabe von gestern?» fragte Pfarrer Saynesbury, als Stephen vor ihm stand. «Und heute morgen hast du dich nicht als Meßdiener zur Verfügung gestellt. Warst du krank, oder hast du nur faul im Bett herumgelegen?»

Dankbar, daß die Fragen nicht schlimmer waren, beantwortete Stephen den ersten Teil. Hastig erwiderte er, daß Dame Alice ihm Schreibarbeiten gebracht und er alles andere beiseite gelegt habe, um diese zu erledigen.

«Ja, davon habe ich gehört. Sie hat mir berichtet, daß sie dich dabei angetroffen hat, das vortreffliche Englisch ihres Großvaters in jämmerliches Latein zu übertragen.» Der Pfarrer schwieg einen Moment und ließ dann ein dröhnendes Lachen hören. «Um die Wahrheit zu sagen, du hast es geschafft. Wenn dein Latein auch jämmerlich ist, so wird deine Handschrift doch als ausgezeichnet beurteilt, und Dame Alice lobte gnädigerweise auch deine Manieren. In der Tat, du stehst hoch in ihrer Gunst.»

Stephen, dem es erst heiß und dann kalt wurde, murmelte einige Dankesworte. Er hatte eine so große Menge an Ärger erwartet, daß es ihn jetzt völlig verwirrte, gelobt zu werden. Einen Augenblick lang stellte er sich die Frage, ob es nicht klüger sei, jetzt zu beichten und dem Pfarrer alles zu erzählen, bevor es sowieso herauskam, was bestimmt noch geschehen würde. Aber das hieße, Lys ihrem Schicksal mit dem Steinhauer zu überlassen.

Pfarrer Saynesbury erledigte diese Frage, indem er fortfuhr. «Mylord ist gleichfalls mit dir zufrieden. Er hat die Ähnlichkeit mit deinem Vater bemerkt. Beide machen sich nun über deine Zukunft Gedanken. Wenn Ferry und ich den Versuch beenden, einige grundlegende Kenntnisse in deinen dicken Schädel einzuhämmern, will Mylady dich vom Kaplan Master Brayles unterrichten lassen. Beachte, daß er *Master* Brayles heißt, er ist also ein Mann mit Universitätsbildung, was ich nicht bin. Aber du mußt dich noch in Geduld fassen. Er ist mit Mylord nach Westminster geritten. Du weißt doch gewiß, warum?»

Der Pfarrer wartete auf eine Antwort, und Stephen, dem sich der Kopf drehte, erwiderte: «Ja, Sir, der Herzog von Gloucester ist gestorben.»

Der Pfarrer schlug die Hände über dem Kopf zusammen. «Der Himmel steh' uns bei! Bist du von Sinnen? Kannst du nicht Gloucester und Warwick unterscheiden? Der Graf von Warwick, der berühmte Sir Richard Beauchamp*, ist der edelste Ritter in ganz England

* Der englische Politiker, Feldherr und Diplomat Richard Beauchamp, Graf von Warwick (1382–1439), half nach dem Tod Heinrichs V. zu verhindern, daß Humphrey, Herzog von Gloucester, die Regierungsgeschäfte für den jungen Heinrich VI. übernahm. Er war auch bei der Verurteilung von Jeanne d'Arc tätig.

gewesen. Heinrich V. vertraute ihm und nur ihm allein die Erziehung seines jungen Sohnes an, unseres jetzigen Königs. Es heißt, daß er ein gestrenger Lehrer war, aber der Knabe liebte ihn. Als sein Schüler älter wurde, trat der bescheidene Warwick aus freien Stükken wieder in den Kriegsdienst in Frankreich ein, obwohl er schon in reiferen Jahren war. Dort ist er gestorben, möge Gott ihm die ewige Ruhe schenken. Es gibt nur wenige Männer wie ihn, obgleich einige gerne in seine Fußstapfen treten würden.»

Das Beauchamp-Wappen

Stephen hielt plötzlich den Atem an. Er meinte, Megs Stimme zu hören, so wie er sie gestern vernommen hatte: «Ich sage Euch, Master, ich habe den Tod im Wasser gesehen.» Der Pfarrer, der ihn von der Seite anblickte, mißverstand seine Reaktion. «Ja, mein Junge, so ist die Welt. Ich wette, daß außer Mylord noch einige andere nach Westminster eilen. Der Ehrgeiz treibt selbst den Edelmütigsten. Auch die Apostel waren nicht frei davon. Du erinnerst dich an Jakob und Johannes, die zur Rechten und zur Linken zu sitzen begehrten?»
Stephen erwiderte «Ja, Sir», und indem er dann die Bitte äußerte, die «Canterbury-Erzählungen» wieder nehmen zu dürfen, erreichte er, daß der Pfarrer ihn entließ. Zurück an seiner Bank starrte Stephen Löcher in die Luft. Es war ihm noch ein anderer Gedanke gekommen. Gestern hatte er fast eine ganze Seite Latein geschrieben, und er hatte dieses Blatt benutzt, um darin die Abschrift von Dame Alices Brief einzurollen. Er hatte beabsichtigt, den Brief zu Hause im Herd zu verbrennen, doch die Sorge um Lys hatte ihn das völlig vergessen

lassen. Bestimmt war der Brief noch in seinem Ranzen. Er blickte quer durchs Klassenzimmer zu dem Haken, an dem er ihn, der Macht der Gewohnheit folgend, aufgehangen hatte, als er hereingekommen war. Stephen verspürte den Wunsch, gleich aufzustehen und nachzusehen, aber vor aller Augen wagte er das nicht. Sein Gesichtsausdruck könnte ihn verraten. So beugte er sich weiter über seine Arbeit und betete im stillen, «Oh, lieber Gott, laß die Abschrift da sein, Maria und alle Heiligen, bitte laßt sie da sein.»

So mit einer Sorge nach der anderen belastet, mußte sich Stephen zwingen, Ruhe zu bewahren, bis die Schulglocke zur Mittagspause läutete. Erst dann schlenderte er mit beiläufiger Miene quer durch das Schulzimmer und machte sich an seinem Ranzen zu schaffen. Außer einer Handvoll Krümel jedoch und seiner alten Kapuze enthielt er nichts. Während die Kinder alle zur Vorratskammer eilten, stand Stephen wie angewurzelt da. Die Schriftenrolle konnte hinausgefallen sein, als er gestern abend den Ranzen auf den Boden geworfen und sich hingekniet hatte, um das Feuer zu entfachen; es lagen so viele Binsen auf dem Fußboden, daß dort alles mögliche verlorengehen mochte. Oder vielleicht hatte er die Rolle zusammen mit den Sachen für Lys zur alten Meg genommen; das war wohl möglich, aber nicht wahrscheinlich, denn irgend jemand hätte sie entdeckt, entweder er selbst oder Lys, Meg oder Gilles oder sogar der einfältige Wat. Heute morgen hatte die Sonne hell geschienen, wohingegen es gestern abend in Odos Haus stockdunkel gewesen war.

Mittlerweile war Stephen hungrig geworden. Er folgte den Kindern zur Vorratskammer und nahm die kleine Portion Brot und Suppe entgegen, die den Schülern täglich ausgeteilt wurde. Nachdem er aufgegessen hatte, überlegte er, wo er sich bis zum Unterrichtsbeginn verstecken konnte, um zu vermeiden, ausgefragt zu werden. Es war ein Wunder, daß Odo noch nicht aufgetaucht war; er konnte jederzeit eintreffen.

Oft pflegte Stephen in der Mittagszeit Doggett zu besuchen, aber nun mußte er auch Doggett aus dem Weg gehen, bevor er ihm nicht der Wahrheit gemäß berichten konnte, daß er die Abschrift von Dame Alices Brief verbrannt hatte.

Die Kirche war noch der beste Ort

Der geeignetste Ort schien die Kirche zu sein. Sie war leer bis auf ein paar alte Frauen, die ihre Rosenkränze beteten und Stephen keinerlei Beachtung schenkten. So ließ er sich hinter einem Pfeiler nieder. Von dort aus konnte er jeden beobachten, der hereinkam. Er bekreuzigte sich andächtig und versuchte zu beten, obwohl er beinahe Angst verspürte, dies zu tun, da er erkannte, daß er im Begriff war, einen Packen Lügen von sich zu geben. Doch er hatte um so vieles zu bitten: daß Lys in Goring ankommen möge, bevor irgend jemand nach ihrem Aufenthaltsort fragte, daß Dame Alices Brief sich in Odos Haus befinden und sein Schutzengel ihm einen Platz zeigen möge, an dem er bleiben könnte. Ihm war gerade erst bewußt geworden, daß er selbst heimatlos war. Er konnte nicht mehr zu Odos

Haus zurückgehen, ohne Lys in Gefahr zu bringen, und in der Hütte der alten Meg zu nächtigen, würde ihn nur noch tiefer in den Sumpf ziehen.

Er war fast erleichtert, die Schulglocke zum Nachmittagsunterricht läuten zu hören. Als er so ganz für sich allein in der Kirche kniete, schien es unmöglich, dem Gedanken zu entrinnen, daß alles, was sich ereignet hatte, seine Schuld war. Es hatte alles mit seinem Besuch bei der alten Meg angefangen.

Als Stephen aus der dunklen Kirche nach draußen trat, blendete ihn das Tageslicht. Das erste, was er erkennen konnte, war eine einsame Gestalt, die ihm auf dem steilen Pfad entgegenkam. Zuerst dachte er, es wäre Odo, und sein Herz hörte für einen Moment auf zu schlagen. Aber dann erkannte er Tom, der sich abmühte, mit einem Sack Mehl aus der Mühle auf dem Rücken den steilen Hang zu erklimmen. Stephens Erleichterung war so groß, daß er rief: «Hallo! Warte, ich helfe dir dabei!»

Tom ließ den Sack zu Boden gleiten und wischte sich den Schweiß von der Stirn. «Wir haben den Otter gefangen!» sagte er triumphierend. «Mein Herr hat selbst geholfen, aber er hat mir trotzdem einen Groschen gegeben. Was war mit dir los? Hast du verschlafen?»

«Gewissermaßen», antwortete Stephen. «Es tut mir leid. Wenn du heute nacht gegangen wärst, hätte ich in der Mühle übernachten können und wäre zur Stelle gewesen. Darüber hätte ich mich gefreut.» Er beschloß, offen und ehrlich zu sein. «Um die Wahrheit zu sagen, ich habe Ärger mit meinem Stiefvater und kein Dach mehr über dem Kopf.»

«Du kannst in der Mühle übernachten, wenn du möchtest», sagte Tom gastfreundlich. «Mein Herr wäre bestimmt erfreut darüber, denn die Frau einer seiner Wehrarbeiter ist krank, und wir können gegen Abend eine Hilfe gebrauchen. Du wirst bestimmt für deine Mühe ein Abendessen bekommen.»

Wenn das die Antwort auf sein kurzes Gebet war, dann drückte sein Schutzengel gewiß ein Auge zu. Freudig half Stephen den schweren Sack zur Vorratskammer zu tragen, bevor er wieder den Pfad zur Schule hinunterlief. Der alte Ferry sah ihn kommen, aber nahm keine besondere Notiz von ihm. Offenbar hatte es immer noch keinen Aufruhr durch Odo gegeben. Stephen setzte sich an seine Bank und stellte plötzlich fest, daß er sehr müde war. Die Bienen des Pfarrers summten draußen, drinnen summten die Kinder ... Stephens Kinn fiel auf die Brust.

Durch den Lärm der Kinder, die das Schulzimmer aufräumten, schreckte er hoch und blickte schuldbewußt zum Lehrerpult. Hatte der alte Ferry etwas bemerkt? Aber der Küster war gar nicht da. Zur offenen Tür flutete das Sonnenlicht herein. Stephen schaute sich um. Der alte Ferry stand unter dem Vordach und war in ein ernsthaftes Gespräch mit Odo vertieft. Für einen Moment war Stephen wie betäubt. Dann kehrten seine Lebensgeister zurück. Wenn Odo sich hier aufhielt, dann war der Weg frei, Dame Alices Brief zu holen. Welchem Ärger Stephen auch immer danach ausgesetzt sein mochte, er würde sich erst sicherer fühlen, wenn jene Abschrift in Doggetts Herdfeuer brannte. Vom Schulzimmer führte eine Tür in den Hof. Er stürzte durch sie hinaus und verschwand mitten in der Kinderschar. Außerhalb der Sichtweite vom Vordach schlug er die Abkürzung zu Odos Haus ein, den Weg über die Berghöhe. Als er dort ankam, fand er die Tür von innen verriegelt. Das war zwar ungewöhnlich, aber es beunruhigte ihn nicht. Er ging um das Haus herum zum Stall, wo die Ochsen ihn erkannten und nicht einmal aufhörten, schmatzend zu kauen. Eine der Abteilungen aus Flechtwerk, die den Stall vom Haus trennten, war lose. Er drückte sie einen Spaltbreit auf und zwängte sich hindurch.

Drinnen stand er vor Schreck wie angewurzelt. Der Boden war gekehrt worden. Selbst zu Lebzeiten seiner Mutter hatte er das Haus nicht sauberer vorgefunden. Die zentimeterhohe Schicht verrotteter Binsen war verschwunden, kaum eine Handvoll Asche war auf der Herdstelle verblieben, der große Kessel war gescheuert worden und lag zum Trocknen auf der Seite. Ein scharfer Geruch hing im Raum. Das bedeutete, daß der Kehricht ins Feuer geworfen worden war, bevor die Herdstelle gesäubert wurde. Voller Entsetzen stocherte Stephen in der dünnen Lage frischer Binsen, aber der Lehmboden darunter war blank wie ein Teller. Wenn die Schriftenrolle dort gewesen war, mußte sie zusammen mit allem anderen verbrannt worden sein.

Irgendeine Frau mußte hier gewesen sein – vermutlich Odos neue Frau.
Einer plötzlichen Eingebung folgend kletterte Stephen zur Dachkammer hoch. Dort war keine Veränderung festzustellen. Er selbst hatte den Umhang und die Sachen von der Wäscheleine genommen. Dann fiel ihm ein, in die Truhe zu sehen. Obenauf lag die Winterbettdecke flach ausgebreitet, alles andere war verschwunden. Odo hatte sich alle Schätze von Lys angeeignet.
Stephens Zorn erreichte schon fast den Siedepunkt, als einer der Ochsen leise muhte. Die anderen fielen in das Muhen ein. Es hatte einen sanften, freundlichen Ton, und Stephen wußte, was das bedeutete. Odo kam zurück. Ohne Zögern sprang Stephen die Stiege hinunter, zwängte sich durch die offene Stelle in der Trennwand aus Flechtwerk und schoß hinter das nächstliegende Gebüsch. Er hörte Odos Stimme, als dieser beruhigend auf seine Tiere einsprach. Gleich würde er merken, daß jemand eingebrochen war, aber das machte nichts. Dieser Teil des Waldes war Stephen vertraut, er kannte jeden Zoll darin, und so legte er erst eine gute Meile zurück, bevor er anhielt, um Atem zu holen.
Er hatte sich mit eigenen Augen davon überzeugt, daß der Brief zusammen mit dem alten Stroh verbrannt worden war. Die Rolle war entweder in der Nacht, als er den Ranzen hingeworfen, oder am Morgen, als er ihn wieder gegriffen hatte, herausgefallen. Irgend jemand hatte sie aufgehoben und ins Feuer geworfen. Ob es Odo oder seine Frau gewesen war, schien nicht wichtig, denn keiner von beiden konnte lesen und würde sich auch nicht im geringsten um ein Blatt Papier kümmern, das von Stephen stammte und sich im Abfall befand. Die Abschrift war so sicher verbrannt, als hätte er es selbst getan. Und was den Schatz seiner Mutter anbetraf, so konnte er im Augenblick nichts unternehmen.
Doch was Odo dem alten Ferry erzählt hatte, war eine ganz andere Frage. Er hatte sicherlich berichtet, daß Lys verschwunden war. Zusammen hatten sie gewiß den Pfarrer aufgesucht. Vielleicht war schon ein Suchtrupp unterwegs. Es war sonderbar, daß Odo nach Hause gegangen war. Vielleicht war er gekommen, um seine Laterne zu holen. Vielleicht . . .

Plötzlich wurde Stephen von Müdigkeit überwältigt und lehnte sich gegen einen Baum. Er konnte nicht mehr denken. Die einzig richtige Handlungsweise war nun, allen aus dem Weg zu gehen. Glücklicherweise würde niemand ahnen, daß er in der Mühle übernachtete. Er würde einen großen Bogen um das Dorf machen.

Kiebitze

Jak der Müller

Stephen begab sich sogleich auf den Weg und lief schnurstracks durchs offene Land zum Fluß. Zuerst ging es steil bergab, aber dann wurde die Gegend immer flacher und weitete sich schließlich zu frischen, saftigen Flußauen, die von den im Frühlingswind sich wiegenden Blüten des Wiesenschaumkrauts hellviolett getüpfelt waren. Regenpfeifer kreisten schimpfend über Stephens Kopf, als er ihre Brutplätze überquerte, aber er schenkte ihnen keine Beachtung, weil Lys nicht da war, um sich über eine Mütze voller Kiebitzeier zu freuen.

Von Odos Haus war es beinahe zwei Meilen bis zur Mühle. Stephen war schon einmal dort gewesen, um Tom zu suchen, hatte damals aber eiligst wieder kehrtgemacht und war bis zum heutigen Tag nicht wieder dorthin gegangen.

Der Rote Jak, der Müller, einer von Mylords Kriegsveteranen, war ein riesiger, barscher Mann mit einem feuerroten Bart und einer schwarzen, borstigen Augenbraue; die zweite hatte er im Krieg verloren, und übriggeblieben waren nur eine leere Augenhöhle und Narben, die zum Fürchten aussahen. Im Dorf hieß es, der Müller sei halb verrückt und ein ganz gefährlicher Kerl. Aber Mylord sei er treu ergeben und daher Mylords Widersachern ein grimmiger Feind; und Tom nannte ihn einen gütigen Herrn, wenn man lernte, seinen Grimm abzuwenden.

Stephen war ihm erst ein einziges Mal begegnet. Als er auf der Suche nach Schwanenfedern für Doggett widerrechtlich das Flußufer betreten hatte, verfolgte ihn der Rote Jak wütend, weil er einen Raubzug auf seine Brutteiche befürchtete, jene abgezäunten Wasserbekken, in denen er nicht nur Jungtiere für die Fischteiche aufzog, sondern auch Fischbrut züchtete, die als Schweinefutter und Düngemittel Verwendung fand. Diese eine Begegnung hatte damals genügt, daß Stephen sich nicht mehr in die Nähe der Mühle gewagt hatte. Heute war dies jedoch etwas anderes, und der Ruf, in dem der Rote Jak stand, hatte sein Gutes. Keiner der Dorfbewohner kam jemals der Mühle nahe, und so war Stephen dort vor allzu neugierigen Augen sicher.

Nichtsdestotrotz fing sein Herz schneller zu schlagen an, als er sich der Baumreihe näherte, die die Insel, auf der die Mühle stand, abschirmte. Es gab an dieser Stelle mehrere Inseln, die alle von Seitenarmen des Flusses gebildet wurden und von Schilf und Weiden überwuchert waren. Das Rauschen des Wassers schwoll stetig an, und dann und wann erhaschte Stephen einen kurzen Blick auf die vorüberhüpfenden, weißen Schaumkronen.

Der Müller stand allein auf dem diesseitigen Ufer und hob schwere Mehlsäcke in einen Lastkahn, als ob es bloß Brotlaibe wären. Stephen verlangsamte seinen Schritt. Der Müller bemerkte ihn erst, als die untergehende Sonne seinen Schatten ins Gras warf. Da drehte sich der Rote Jak mit einem grunzenden Laut des Erschreckens schnell herum.

Der Müller warf schwere Mehlsäcke in den Kahn

«Wer bist du?» fragte er und musterte Stephen von Kopf bis Fuß. «Ihr Heiligen im Himmel, du bist doch nicht etwa der Hilfsarbeiter, den Tom versprochen hat? Ich meinte einen *kräftigen* Burschen, nicht ein Kerlchen mit einer Schreibfeder hinterm Ohr. Wozu bist du denn nütze? Hast du schon einmal eine Verschlußklappe am Wehr geöffnet, wenn das Wasser von hinten anströmt? Das ist, als ob ein Pferd bockt.» Er unterbrach sich, und indem er die Hände zu einem Trichter formte, brüllte er: «Tom! Tom!»

Er machte einen solchen Lärm, daß die Teichhühner unterhalb des Ufers schrill kreischend aufflogen und über das Wasser glitten.

Tom erschien und sprang behende über eine schmale Holzplankenbrücke. «Ihr habt gesagt, Herr, beschaff mir *irgend jemanden*», erklärte er ohne jede Verlegenheit. «Wenn Stephen und ich zusammenarbeiten, sind wir einem starken Mann ebenbürtig.»

«Wohl mehr einer Kaulquappe», brummte der Müller. «Wenn er ertrinkt, bin ich nicht dafür verantwortlich. Aber immerhin . . . vielleicht ist er besser als gar niemand. Er kann wenigstens Ausschau nach Schiffen halten. Nimm ihn mit und befrei ihn von diesem verdammten Zeug. Für heute hab ich von Schreiberlingen genug! Und aufgepaßt, mein feiner Lateinschüler, deine Gelehrsamkeit wird dir nicht das Leben retten, wenn du meinen Stauspiegel senkst!»

Mit dem heimlichen Wunsch, doch niemals hierhergekommen zu sein, folgte Stephen Tom über die auf und nieder hüpfende Planke. Sie führte über den schäumenden Sturzbach aus dem Mühlgraben. Auf der anderen Seite stand der Kornspeicher, ein großer, aus geteertem Holz erbauter Schuppen.

«Du kannst deine Sachen hier ausziehen», ermutigte ihn Tom. «Gürte nur dein Hemd, so wie ich es tue. Mehr brauchst du nicht. Deine nackten Zehen haben auf dem nassen Holz besseren Halt als deine Schuhe.»

«Was ist ein Stauspiegel?» fragte Stephen ängstlich. «Er sagte, daß er mir eine Tracht Prügel gibt, wenn ich ihn senke.»

«Scher dich nicht drum. Er rast vor Wut wegen irgendeines dicken, vornehmen, gelehrten Herrn, der gekommen ist, um eine Extra-Durchfahrt für einen Lastkahn voller Bücher stromaufwärts nach Oxford zu befehlen. Wohlgemerkt, er hat dies befohlen . . . dem hartgesottensten Müller am ganzen Fluß etwas befohlen! Und was die Sache noch schlimmer macht, der Bursche hat gesagt, er käme im Auftrag von Herzog Humphrey – das ist das Gleiche, als würde man ein rotes Tuch vor einem Stier schwenken; warum, weiß ich nicht ... irgendein langgehegter Groll aus dem Krieg, vermute ich ... Aber denk an meine Worte: Es wird eine Menge Ärger geben, wenn dieses Schiff kommt.»

Stephen nahm das alles begierig auf. Er wußte, wer der dicke, vornehme, gelehrte Herr war, aber es erschien ihm klüger, den Mund zu halten.

«Du hast mir immer noch nicht erzählt, was ein Stauspiegel ist», wiederholte er.

«Das ist die angestaute Wasserhöhe im Mühlbach, die dafür sorgt, daß das Mühlrad sich dreht. Wenn das Wehr zu lange geöffnet ist, sinkt die Höhe des Oberwassers, und es braucht seine Zeit, bis sich der Wasserspiegel wieder hebt. Es gibt immer Streit zwischen den Müllern und Schiffsherren, weil beide das Wasser für ihre Arbeit brauchen. Ich habe schon erlebt, wie da die Köpfe aneinandergeraten sind! Doch beeil dich jetzt. Bist du immer noch nicht fertig? Wenn ein Schiff kommen sollte und keiner hat aufgepaßt, werden wir beide eine Tracht Prügel beziehen!»

Stephen, der nun sein Hemd um die Hüften gegürtet trug, folgte Tom zu der schmalen Insel, auf der das Mühlenhaus und der Kornspeicher standen. Hinter ihnen rauschte der Mühlbach, und vor ihnen war jetzt ein zweites, ohrenbetäubendes Wasserrauschen zu hören. Am Rand des Wehrs, das quer ins Flußbett eingebaut war, brach sich die Strömung wie an einer Klippe, und der Gischt wirbelte hoch und zerstob.

«Das ist eine der größten Fallhöhen am ganzen Fluß», rief Tom, so als ob er sich dessen rühmen könnte. «Es bedeutet für jedes Schiff eine echte Gefahr, mit den Stromschnellen fertig zu werden.»

«Wozu braucht man denn überhaupt ein Wehr?» rief Stephen zurück. «Kann der Fluß nicht sich selbst überlassen werden?»

Tom schüttelte energisch den Kopf. «Man muß den Wasserstand auf der gleichen Höhe halten, sonst würde es Untiefen im Fluß geben, und er wäre für die Schiffahrt nutzlos. Du stehst jetzt auf dem

Das Wehr

Damm des Wehres. Halt dich fest und schau einmal über den Rand hinüber!»

Stephen klammerte sich an das Geländer einer langen, wackligen Brücke, die den Wellenkamm überspannte. Als er vom Pegel des Oberwassers auf der einen Seite zu den Strudeln einige Fuß unterhalb des Wehres blickte, konnte er den Druck des anströmenden Wassers unter seinen Füßen spüren.

«Wie wird das Wehr geöffnet?» stieß er atemlos hervor.

«Das ist das Schwierige an der ganzen Sache! Tief unten im Wasser ist ein Sockel, auf dem die Dammbalken aufgesetzt sind. Zwischen ihnen befinden sich Klappen, die sogenannten Verschlußklappen, die durch diese Hebestangen hier angetrieben werden. Um die Klappen zu öffnen, mußt du einige der Hebestangen hochziehen. Dann fließt das Wasser durch die Öffnung hindurch, und sobald der Pegel auf beiden Seiten etwa gleich ist, wird das stromaufwärts fahrende Schiff hochgehoben, und das stromabwärts fahrende schießt die Stromschnellen hinunter. Faß einmal einen solchen Hebebalken an,

damit du weißt, wie es sich anfühlt. Nein! Um Himmels willen, wir dürfen ihn nicht so einfach hochziehen, sonst geht uns der Stauspiegel nicht ungestraft verloren!»
Stephen war dankbar, loslassen zu dürfen. Der Rote Jak hatte recht gehabt, als er meinte «wie ein bockendes Pferd».
«Du weißt nun, wie es sich anfühlt», grinste Tom. «Aber mach dir keine Sorgen; deine Aufgabe ist es, Ausschau nach Schiffen zu halten, die stromaufwärts oder -abwärts fahren. Sie werden am Ufer anlegen und dir zurufen. Alles, was du zu tun hast, ist, *uns* zu holen. Ich gehe jetzt, um dem Müller mit den Brutteichen behilflich zu sein. Da ist heute morgen ein Hecht herumgeschwommen; es wird verheerend sein, wenn er unter die Fischbrut gerät.»
Der kleine Steg hüpfte auf und nieder, als Tom sich an Stephen vorbeizwängte und zur Mühle lief.

Stephen stand nun alleine da, hielt das Geländer umklammert und starrte ins Wasser. Trotz des Wehrs schien nach all den Aufregungen dieses Tages endlich eine wunderbare Ruhe eingekehrt zu sein. Zwei Stockenten glitten pfeilschnell über die Oberfläche des Wassers und ritzten eine silberne Linie ein. Über seinem Kopf machten die Mauersegler und Schwalben Jagd auf Fliegen. Dort oben in den Bergen, die nun so weit weg aussahen, war Lys fürs erste in der Obhut der alten Meg sicher. Odos Haus war noch weiter weg; und Ewelme selbst lag unsichtbar versteckt. Niemand wußte, wo er war; im Augenblick war Frieden.
So viel hatte sich an einem einzigen Tag ereignet, daß es unmöglich schien zu glauben, daß erst vierundzwanzig Stunden vergangen waren, seit er aufgeregt nach Hause gegangen war, um Lys von all seinen Neuigkeiten zu erzählen. Ein Fremder hatte ihm einen Platz in Oxford angeboten; Dame Alice hatte ihm ihre Schreibarbeit anvertraut, und Mylord hatte die Ähnlichkeit mit seinem Vater bemerkt und ihm sogleich ein Zeichen seiner Gunst gewährt. Und dann hatte sich alles mit einem Schlag geändert. Odo war zum Feind geworden. Lys lag in der Hütte der alten Meg im Bett, und er fürchtete sich vor dem, was geschehen könnte, wenn sie dort gefunden würde. Und was noch schlimmer war: Er hatte die verhängnisvolle Abschrift von

Dame Alices Brief verloren – denn obgleich er sich einredete, daß Odo sie verbrannt hatte, lauerte tief in ihm doch ein nagender Zweifel.

Stephen bemühte sich, ganz bewußt zu vergessen, daß er am nächsten Morgen den Problemen wieder ins Gesicht sehen mußte. Odos Zusammenkunft mit dem alten Ferry konnte nur bedeuten, daß die Abwesenheit von Lys nun ein öffentliches Geheimnis war. Ferry hatte gewiß dem Pfarrer Mitteilung gemacht, und der Pfarrer würde die Wahrheit wissen wollen. Stephen legte den Kopf auf die Arme und gähnte. Er war sehr müde. Was auch kommen mochte, er konnte nicht mehr denken.

Eine Stimme, die von der Insel zu ihm herüberschallte, weckte ihn wieder auf. Es war die Müllerin, eine adrette, kleine Frau mit grauen Haaren, die unter eine blütenweiße Haube gesteckt waren. Während sie ihm zuwinkte, lachte sie. Stephen kletterte vorsichtig von der Brücke hinunter und ging zu ihr hin.

«Bist du Stephen Rudd?» fragte sie. «Herrje, wie die Jahre doch vergehen! Als ich dich zuletzt gesehen habe, da warst du noch ein kleiner Bub, der am Rockzipfel seiner Mutter hing, Gott hab sie selig. Komm jetzt und iß. Es gibt eine Forelle und Gerstenbrot für dich, wenn du magst.»

Und ob Stephen mochte! Er folgte ihr am Kornspeicher vorbei zum Mühlenhaus, das den ruhigeren Teil des Mühlbaches überschaute. Am Ufer, das von der Abendsonne golden beschienen wurde, saß der Rote Jak rittlings auf einem Baumstamm und nagte seinen gebratenen Fisch ab, der noch am Holzspieß steckte. Er grunzte Stephen recht freundlich zu, während seine Frau im Haus verschwand und kurz darauf mit einer weiteren Portion Fisch auf einer Unterlage von Schwarzbrot erschien, gefolgt von Tom, der einen Krug Bier und einen Korb mit kleinen Gerstelaiben trug.

«Hier, mein Junge», sagte die Müllerin fröhlich. «An die Arbeit, du mußt doch hungrig sein!»

Stephen brauchte kein langes Zureden, denn sie konnte kaum ahnen, wie hungrig er war. Er lehnte sich gegen eine gestutzte Weide, und indem er eine Forelle am Kopf und an der Schwanzflosse festhielt, trennte er fein säuberlich die Rückengräte heraus. Als er das letzte bißchen Bratfett von seinen Fingern leckte und dann aufschaute, bemerkte er, daß der Rote Jak, dessen narbenbedeckte Gesichtshälfte nun im Schatten lag, ihm wahrhaftig zugrinste.

«Nimm einen Schluck Bier, um alles hinunterzuspülen», forderte er Stephen auf. «Ich habe nicht gewußt, daß du John Rudds Sohn bist. Er war mein Waffenbruder in Orléans; wir kämpften Seite an Seite. Wie ergeht es dir denn jetzt bei diesem Bauernkerl, seit deine Mutter nicht mehr ist? Es war schade, daß sie einen solchen Grobian heiraten mußte.»

Stephen erkannte seine Chance und ergriff die Gelegenheit beim Schopf. Er habe Odo verlassen, erwiderte er, und sei nun auf der Suche nach einer Bleibe, wo er nach der Schule seinen Unterhalt verdienen könne.

«Du kannst hier essen und schlafen, bevor du etwas Besseres findest», sagte der Müller sogleich, «auch wenn wir zu ungebildete Leute sind, um mit euch Bücherwürmern zu verkehren. Sag mal, wo du doch im Haus Gottes bist, wie geht es denn diesem alten Haudegen Doggett? Seine Schlauheit hat ihm ja eine hübsche Behausung eingebracht!»

Stephen antwortete, daß Doggett guten Mutes sei. Er solle Wappenschilde an die Wände von Dame Alices neuem Söller malen.

Der Rote Jak kicherte. «Jaja, er hat sich sein Leben lang gewünscht, einen Heroldsrock zu tragen. Ich erinnere mich, daß wir nach Azincourt, als er schon ein alter Hase und ich noch ein linkischer Taps war, einigen Männern aus Kent halfen, einen riesigen Haufen toter Franzosen umzuwenden. Es war Doggett, der zwischen all dem Durcheinander und dem Blut die Lilien von Frankreich auf einem Überrock entdeckte und das heraldische Zeichen entzifferte – es war niemand Geringeres als der Herzog von Orléans. Und einer der Männer aus Kent, ein Junker namens Waller, sah, daß der Körper noch atmete und zerrte den Herzog hervor, was ihm zu seinem Ruhm gereichte, wo der doch eigentlich Doggett gebührt hätte.»

«War das der französische Herzog, der hier in Ewelme Gefangener gewesen ist?»

«Genau der. Es war sonderbar, wie er und Doggett, der ihn gerettet hatte, Seite an Seite bei der triumphalen Rückkehr unseres Königs nach London marschierten. Armer Jüngling! Ich wette, es wäre ihm lieber gewesen, man hätte ihn als Toten liegengelassen, wenn er vorher gewußt hätte, wie lange er die Freiheit vermissen sollte!»

Die Müllerin unterbrach ihn. «Weil du gerade von vornehmen Leuten sprichst, mein lieber Mann, wer war denn dieser feine Herr, der dich heute vormittag in so ärgerliche Stimmung versetzt hat – der dunkelrot gekleidete, der ein Pferd am Zügel führte? Ich habe gehört, wie deine Stimme lauter wurde, als du mit ihm sprachst.»

«Feiner Herr?» rief der Müller verächtlich. «Das war kein Herr, sondern irgendein eingebildeter Gelehrter, der sich in Herzog Humphreys Namen erdreistete, einen großen Lastkahn voller Bücher durch das Wehr schicken zu wollen, ohne auch nur ein einziges Mal um Erlaubnis zu fragen. Ich sagte ihm, daß die Themse nicht Herzog Humphrey gehört und daß ich ihn samt seinen Büchern ins Wasser tauchen werde, so wie ich jeden untertauche, der mir den Wasserstand stiehlt.»

Seine Frau schüttelte den Kopf über ihn. «Mach doch nicht immer solches Gerede; die Person, die du eigentlich untertauchen willst, das ist die Hexe von Gloucester, die sogenannte Herzogin. Sie ist es, die den Herzog verdorben hat. Er war ein schöner junger Prinz, als sein Bruder Heinrich V. ihn mit einer wirklichen Prinzessin verheiratete. Aber als König Heinrich starb, da zog dieser Teufel in Frauengestalt, Eleanor Cobham, ihn in ihren Bann. Sie veranlaßte, daß er sich von seiner richtigen Gemahlin trennte, und sie hat ihn auch zu einem aufgeblasenen Prahler gemacht.»

«Das ist nur zu wahr», knurrte der Müller. «Ich könnte schwören, daß diese Bücher auch nichts anderes als Wichtigtuerei sind. Es wäre mir ein Vergnügen, die ganze Ladung dem Fluß zu übergeben.» Ärgerlich warf er seine Fischgräten einer neugierig wartenden Katze zu und streckte müde seine langen Arme aus. Doch seine scharfsinnige, kleine Frau hatte schon die Ohren gespitzt.

«Horcht! Da ruft jemand am Fluß. Tom, geh du und sieh nach. Vielleicht wartet ein Schiff.»

Während ihr Mann brummig entgegnete, daß er nach Sonnenuntergang für niemanden das Wehr öffnen würde, rannte Tom davon und kam alsbald atemlos zurück, um zu berichten, daß dort ein Kahn warte, der unverzüglich stromabwärts fahren wolle. Aufgeregt fügte er hinzu, daß das Schiff für den Herzog von Gloucester bestimmt sei, der in Eile nach Westminster geritten war und sich seine Sachen nachschicken ließ.

Wütend sprang der Rote Jak auf. «Schon wieder dieser Laffe? Bin ich denn ein Leibeigener, daß ich vor ihm krieche? Erst seine Sachen, dann seine Bücher – immerfort was anderes, ohne auch nur ein einziges Mal an meinen Stauspiegel zu denken. Bei Gott, eines Tages werde ich es ihm zeigen . . .»

«Eines Tages, aber nicht jetzt», sagte seine gute Frau sanft. «Laß uns damit fertig werden, solange es noch hell ist.» Und als er mit großen Schritten davonging, hielt sie die beiden Jungen zurück. «Geht zum Wehr und haltet euch bereit», flüsterte sie. «Er wird das Schiff dieses Mal passieren lassen, aber Gott bewahre uns vor dem nächsten!»

Mit einem wissenden Grinsen lief Tom voran. Stephen, der ihm folgte, dachte an Mylord von Suffolk, der auch nach Westminster geritten war. Beide, so schien es, waren darauf bedacht, in ein Paar Fußstapfen zu treten.

Sogleich erschien der Rote Jak und brummte einige Befehle, die nur Tom verstehen konnte. Aber Stephen machte es Tom gleich und packte tapfer eine Hebestange. Der Müller half mit seinen großen Fäusten, und zu Stephens Überraschung ließ sich die Klappe leicht bewegen. Sie und drei weitere wurden seitwärts geöffnet, und das Oberwasser flutete wie ein Sturzbach durchs Wehr. Der dunkle Schatten des Kahns glitt schneller und immer schneller heran, bis er in einer Gischtwolke vorüberschoß. Stephen atmete auf, als das Schiff die Stromschnellen im Unterwasser überwunden hatte und seine Geschwindigkeit verringerte. Das alles war so aufregend, daß er erst, als er im Dachboden des Kornspeichers ein Bett aus Spreu vorfand, merkte, wie weh ihm sämtliche Gliedmaßen taten.

Tom, dem Muskelkater nichts Fremdes war, schlief sofort ein, doch Stephen lag todmüde, aber hellwach auf dem Rücken. Seine Gedanken sprangen von einem Problem zum anderen. Was sollte er um alles in der Welt morgen dem Pfarrer sagen? Ferry hatte bestimmt Odos Nachricht verbreitet. Ob man Lys schon bei der alten Meg gefunden hatte? Glaubten sie etwa, daß Lys von der Hexerei angesteckt war? Was war überhaupt Wahres an diesen verwünschten Hexen, die in jedem Winkel lauerten? Da gab es diese neue, die Hexe von Gloucester, von der er niemals zuvor gehört hatte. Und da war die französische Hexe Jeanne d'Arc, die beim Tod seines Vaters ihre Hand im Spiel hatte. Und da gab es noch eine andere französische Hexe, die Mutter des jungen Königs, Königin Katharina, die Witwe von Heinrich V. Sie hatte im Schloß zu Wallingford gewohnt; Stephen hatte sie oft gesehen, als er noch ein kleiner Junge war, und nun hieß es, daß sie eine Hexe sei. Und es gab noch eine andere Königin, die alte Königin Johanna von Navarra. Stephen wußte nicht, wer sie war, außer daß sie eine Gönnerin von Sir Thomas Chaucer gewesen sein mußte, da sie ihm Ländereien vermacht hatte, die nun Dame Alice gehörten. All das hatte ihm Doggett erzählt, weil sie ein seltenes Wappen hatte, das wie eine große Spinne aussah. Doggett hatte es gezeichnet, und es *war* eine Spinne. Vielleicht war die Spinne eine Hexe . . .

Plötzlich merkte Stephen, daß Tom ihn schüttelte.

«Was ist?» stieß er hervor. «Ich habe geträumt.»

«Geträumt, sagst du?» brummte Tom. «Du hast das ganze Haus zusammengeschrien. Was ist dir?»

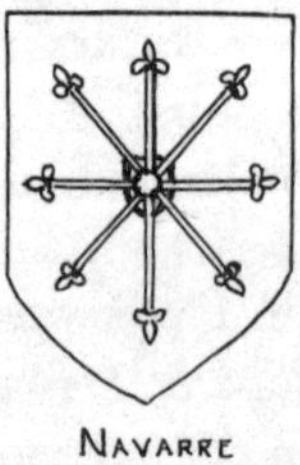

Das Navarra-Wappen

«Ich habe von Hexen geträumt», sagte Stephen müde. «Es war ein böser Traum. Ist es wahr, was glaubst du? Ist die Welt voller Hexen?»

Tom schlüpfte wieder in sein Bett. «Das Gerede über die Hexe von Gloucester hat dich wohl beunruhigt», bemerkte er altklug. «Und was die Hexen anbetrifft, so sagt doch das Vaterunser: Erlöse uns von dem Bösen. Das beten wir immer, daher nehme ich an, daß es stimmt. Ich habe von einer Hexe in der Nähe von Abingdon gehört, wegen der die Kühe keine Milch geben. Meine Großmutter sagt, daß oben im Wald eine Hexe lebt, die ins Wasser schaut, um die Zukunft zu deuten; aber sie braut auch einen Heiltrank, der vielen Leuten guttut, also kann sie nicht *ganz* böse sein. Meine Großmutter sagt, daß ihre Hühneraugen-Salbe wie keine zweite wirkt. Sie hat einmal welche von ihr auf dem Markt in Wallingford gekauft.»

Er gähnte laut, und bald verrieten seine regelmäßigen Atemzüge, daß er eingeschlafen war. Stephen lag nun still da und wälzte sich nicht länger hin und her. Als er zum zweiten Mal einschlummerte, hatte er noch Toms Worte im Ohr: «Sie schaut ins Wasser, um die Zukunft zu deuten.»

COBHAM

Das Cobham-Wappen

«Was hast du mit der Abschrift gemacht?»

Trotz seiner schlechten Träume wachte Stephen früh auf. Er verließ die Mühle noch vor Sonnenaufgang, dankbar für die Einladung, am Abend zurückzukehren.

Selbst zu dieser Stunde waren der Rote Jak und Tom am Wehr beschäftigt. Zwei Schiffe warteten schon darauf, stromaufwärts zu fahren, und drei weitere, schwer beladen mit Steinen für den Bau des neuen College* in Eton, waren zur Durchfahrt stromabwärts bereit. Der Müller war bei bester Laune. Er vermochte alle fünf Lastkähne, zwei aufwärts und drei abwärts, auf einen Schlag passieren zu lassen, indem er nur ein einziges Mal die Klappen am Wehr öffnete. So ging ihm nur dieses eine Mal der Stauspiegel verloren, aber er konnte fünfmal die Gebühr einstecken.

Stephen erklomm mühsam den Berg, und mit jedem Schritt wurde es ihm schwerer ums Herz. Trotz all der kleinen Wunder, die zu seiner Rettung geschehen waren, ging ihm nicht aus dem Kopf, daß er noch keine Geschichte erfunden hatte, die den Fragen des Pfarrers standhalten würde.

* Gemeint ist das 1440/41 von Heinrich VI. gegründete Eton College, die berühmteste Schule Englands. Noch heute gehen Teile des Gebäudekomplexes auf das 15. Jahrhundert zurück.

Aber das größte Wunder sollte sich noch ereignen. Stephen kam früh genug an, um die Vorbereitungen für das feierliche Requiem des Grafen von Warwick zu treffen. Kaum waren der Altar geschmückt und die Kerzen alle angezündet, da erschien auch schon Dame Alice mit einigen Mitgliedern ihres Haushalts; die Betbrüder bildeten ihre übliche Formation; die Feierlichkeiten wurden ohne besondere Vorkommnisse durchgeführt; und am Ende stand Stephen dem Pfarrer in der Sakristei gegenüber. Dieser lächelte ihm zu – und sagte kein Wort.

Dann machte Stephen sich langsam auf den Weg zur Schule, und seine Knie zitterten, als ob er schon verhört und verurteilt worden sei. Er konnte es kaum noch länger ertragen, ging in das Schulzimmer hinein und setzte sich an seine Bank. Es war noch früh. Mit Ausnahme des alten Ferry war das Klassenzimmer leer. Mit eigenen Augen hatte Stephen Ferry ins Gespräch mit Odo vertieft gesehen. Nun würde es geschehen.

Und der Küster verließ auch schon sein Pult, um auf Stephen zuzugehen. «Ich habe an dich gedacht, seit ich gestern abend deinen Stiefvater getroffen habe. Sag einmal, wie wird es dir ergehen, wenn er wieder heiratet?»

Stephen starrte den Küster mit offenem Mund an. «Heiratet . . .», wiederholte er.

«Das weißt du doch, oder? Er ist zu mir gekommen, um das Aufgebot zu bestellen.» Dann gab Ferry einen Laut der Ungeduld von sich und schlug sich aufs Knie. «Wahrhaftig, mein Kopf ist ein Sieb. Gerade habe ich mit dem Pfarrer gesprochen und es ihm nicht berichtet . . . Was ist das für eine junge Frau? Es scheint, sie kommt aus Brightwell. Ist sie hübsch?»

Stephen war bemüht, seine Stimme nicht zittern zu lassen: «Ich habe sie noch nicht gesehen. – Hat Odo mich oder meine Schwester erwähnt?»

«Mit keinem einzigen Wort; darum habe ich mich ja gefragt, wie es dir wohl ergehen mag. Ich wollte dich gestern abend schon sprechen, aber ich wurde zum Schloß geschickt, um einige Botschaften zu überbringen. Wirst du nun von zu Hause weggehen?»

«Ich bin bereits weggegangen. Ich wohne in der Mühle. – Der Rote

Jak hat mir Unterkunft gegeben; er kannte meinen Vater.» Die Worte waren kaum heraus, als Stephen sie auch schon zurück wünschte. Die nächste Frage würde nun sein: Wo ist dann deine Schwester? Sie wurde jedoch nicht gestellt.

Der alte Ferry nickte indes. «In der Mühle? Das ist eine gute Idee, vorausgesetzt, du bist bereit, den Starrsinn des Roten Jak zu ertragen. Ich nehme an, deine Schwester wird der neuen Frau im Haus ein wenig zur Hand gehen, bis sie auch einen Ehemann bekommt. Wenn die Braut aus Brightwell stammt, so wird die Hochzeit wohl dort stattfinden . . . aber nur ein Stehkonvent, da bin ich sicher. Wenn sie nicht mehr Frömmigkeit als er besitzt, dann werden beide wahrscheinlich keine Brautmesse haben wollen. Ich wage sogar zu behaupten, daß wir die beiden hier nicht oft zu Gesicht bekommen werden. Aber komm – wir müssen den Mund halten. Der Pfarrer ist bei Mylady, um einige Angelegenheiten zu regeln, und ich muß die Kinder beschäftigen.»

Stephen stützte sich mit den Armen auf seine Bank auf und konnte das alles kaum begreifen. Urplötzlich hatte sich sein Alptraum in Nichts aufgelöst. Odo hatte außer über seine bevorstehende Hochzeit nichts verlauten lassen. Vielleicht schämte er sich darüber, wie er Lys behandelt hatte, oder noch wahrscheinlicher war, daß er sich die Schätze von Lys angeeignet hatte, wohl wissend, daß Stephen dies niemandem erzählen konnte, ohne sich und Lys zu verraten. Nun war das einzig Notwendige, daß Lys nach Goring ging. In tiefer Ergriffenheit über die Vielzahl an Wundern schloß Stephen die Augen und betete so inständig, daß er meinte, Gott mit etwas beauftragen zu wollen. Gewiß würde es früher oder später Fragen wegen Lys geben, doch wenn noch eine geraume Zeit verstrich, ehe sie ihm gestellt würden, könnte er antworten, daß Lys Dienstmagd im Kloster sei, und dann wäre alles gut.

Mittags beschloß Stephen, Doggett zu besuchen. Da er bisher keinen Fragen bezüglich des Verbleibs von Lys ausgesetzt gewesen war, konnte er nun vielleicht auch Fragen bezüglich des Briefs entgehen.

Doggett, der infolge seines Alters kälteempfindlich geworden war, saß auf einem Schemel am Feuer und aß Suppe und Brot. Er hob eine seiner buschigen Augenbrauen, nickte Stephen zu und löffelte alles

aus, was in der Schüssel übriggeblieben war. Dann schmatzte er mit den Lippen, reichte Stephen die Schüssel und den Löffel und deutete auf den Topf.
«Nimm dir», sagte er. «Auch wenn du ein Taugenichts bist, wirst du wohl nicht nein sagen können.» Listig wartete er, bis Stephen den Mund voll hatte, und fragte dann: «Warum bist du nicht gekommen, um mir zu erzählen, was mit Dame Alices Brief passiert ist? Was hat sie gesagt? Ist er nur versehentlich dorthin geraten?»

Doggett aß Suppe und Brot

Stephen, der wegen der heißen Suppe kaum ein Wort vorbringen konnte, nickte nur und prustete: «Ja, und sie war überglücklich, den Brief wiederzusehen.»
«Ich wette, daß sie das war», kicherte Doggett. «Hat sie dich gefragt, ob du ihn abgeschrieben hast?»

«Nein; daran hat sie offenbar gar nicht gedacht.»
«Was hast du dann mit der Abschrift gemacht? Ich habe dir doch gesagt, daß du sie herbringen sollst, damit wir sie verbrennen.»
«Sie ist bereits verbrannt», erwiderte Stephen ohne Zögern. «Ich war so spät dran, daß ich geradewegs nach Hause gegangen bin. Mylord kam zornentflammt ins Schloß zurück. Weißt du, daß Templar totgeschossen worden ist?»
«Niemand kann hier leben, ohne so etwas mitzubekommen. Was hat Mylord gesagt? Im Dorf munkelt man, es sei Hexerei gewesen.»
Stephen entschloß sich unvermittelt, Doggett die ganze Geschichte über Lys zu erzählen, wie sie auf der Flucht vor Odo von Templar zu Boden geworfen worden war, wie Gilles zu ihrer Rettung den Hund getötet und sie dann zur alten Meg gebracht hatte, damit sie dort gesund gepflegt und vor Odo und dem Steinhauer beschützt würde.
Doggett saß da, hörte zu und runzelte die Stirn. «Ich werde dein Geheimnis nicht verraten», sagte er, «aber die ganze Sache gefällt mir nicht. Eine alte Hexe taugt nicht zur Amme für ein kleines Mädchen. Du hast Lys möglicherweise vor einer unglücklichen Ehe bewahrt, aber nur um sie dem Teufel auszuliefern.»
«Die alte Meg ist nicht dem Teufel dienstbar, das kann ich beschwören. Du solltest einmal sehen, wie sie mit Lys umgeht; sie ist so gütig und sanft wie eine Mutter. Und Gilles will bei den Nonnen in Goring eine sichere Bleibe für das Kind beschaffen.»
Aber Doggett schüttelte immer noch den Kopf. «Dann bitte ihn, dies schnell zu tun, und wenn das Mädchen dorthin geht, dann geh mit ihm, um es dort sicher abzuliefern. Ich traue diesen Vogelfreien nicht.»
Im gleichen Augenblick läutete die Schulglocke; doch als Stephen auf die Tür zuging, rief ihn der alte Mann zurück.
«Da nun deine Abschrift verbrannt ist», sagte er, «paß darauf auf, daß du sie nie wieder erwähnst. Wenn Dame Alice bemerkt, daß du den Brief abgeschrieben hast, würde sie Höllenqualen leiden, auch wenn die Abschrift bestimmt verbrannt ist. Und wenn jemand zu leiden hat, dann besser du als sie. Wenn es sein muß, nimm Zuflucht zur

Lüge.» Er seufzte. «Ich wäre in jedem Fall froh zu wissen, daß der Brief ihre Tochter Salisbury sicher erreicht hat. In falschen Händen könnte er tödlich wie eine Giftschlange sein.»

Stephen kehrte mit Gewissensbissen in die Schule zurück. Hatte er Doggett gegenüber klar genug ausgedrückt, daß er nicht mit eigenen Augen gesehen hatte, wie die Abschrift verbrannte? Obwohl es natürlich keinen Zweifel daran geben konnte; den Händen von Odos neuer Frau würde gewiß nichts entgehen.

Als erstes mußte er nun Lys aufsuchen. Wie mochte es ihr gehen? Was sollte aus ihr werden? Ob es dem Bogenschützen wohl gelungen war, ihr eine Bleibe bei den Stiftsdamen zu verschaffen? Und wenn ja, wie bald würde sie dorthin gehen können?

Sobald die Nachmittagsschule aus war, schlüpfte Stephen davon in Richtung des Berglandes. An der Stelle, an der der Rehbock tot zu Boden gestürzt war, war das Gestrüpp immer noch flachgedrückt. Jetzt schien jedoch die Sonne und hinterließ unzählige Lichtflecken im Wald. Es dauerte nicht lange, da hatte er den silberweißen Baum des Spechts erspäht. Vorsichtig rief er «Halali», sein übliches Signal für Lys. Zu seiner großen Freude vernahm er ihre Antwort ganz in seiner Nähe. Ihre Stimme klang klar und fest, und als er um den Weiher herumging, sah er sie auch schon ihm zur Begrüßung entgegeneilen. Abgesehen von ein paar Beulen und Kratzern strotzte sie vor Gesundheit.

«Was hat Meg mit dir gemacht?» staunte er und hielt sie eine Armbreit von sich weg, um sie zu betrachten. «Es ist doch erst zwei Tage her, daß du dem Tod nahe gewesen bist.»

«Meg ist wundervoll», rief Lys. «Nie ist jemand so gut gewesen. Sie hat mich eingesalbt und unaufhörlich gepflegt. Dann hat sie mich dreimal in den Weiher getaucht und in die Sonne zum Trocknen gelegt. Es war wie ein Wunder! Doch hör zu, das Beste habe ich dir noch nicht erzählt: Ich gehe in das Kloster! Die Stiftsdamen haben gesagt, daß sie mich aufnehmen. Ich soll in der Küche arbeiten. Gilles hat das zuwege gebracht. Er kam gestern abend und hat gesagt, daß er mich am Sonntag dorthin bringen würde.»

Stephen erinnerte sich an Doggetts Worte. «Ich werde dich beglei-

Die Stelle, an der der Rehbock geschossen worden war

ten», sagte er schnell. «Ich bin dein Bruder. Ich muß wissen, wo du untergebracht bist.»
«Das hast du schön gesagt», ertönte plötzlich die Stimme der alten Meg hinter ihnen. Sie stand im Türeingang und hielt Lys ihre Hand hin. «Bist du mit unserem Werk zufrieden? Das Mädchen ist brav gewesen und hat alles getan, was man es hieß. Vergangene Nacht hat es fest wie ein Säugling geschlafen und ist heute morgen gesund aufgestanden. Aber wie ich sehe, hast du schon alle Neuigkeiten gehört. Nun bist du an der Reihe, uns deine Geschichte zu erzählen.»
Alle Anspannung und alle Trübsal waren nun plötzlich von ihm genommen, und Stephen setzte sich in die Sonne, den Rücken gegen die Hauswand gelehnt. Jetzt war wieder jene friedliche Ruhe eingekehrt, um derentwillen er so oft hierhergekommen war. Er berichtete, daß er in der Mühle wohne und daß Odo, der bald heiraten würde, weder ihn noch Lys erwähnt hätte. Er habe die Aussteuer von Lys gestohlen, aber gewiß sei es klüger, darüber Stillschweigen zu bewahren, bis Lys im Kloster in Sicherheit wäre.
Lys klatschte in die Hände. «Ich brauche keine Aussteuer mehr», rief sie. «Ich werde doch eine Küchenmagd sein!»
«Und eine tüchtige obendrein», unterbrach sie die alte Meg. «Den

ganzen Morgen über konnte ich sie kaum halten. Sie hat den Boden mit Harke und Besen saubergekehrt, und Wat hat den ganzen Dreck fortgebracht. Die Stiftsdamen werden sich gewiß über eine so arbeitswütige Magd freuen. Überzeuge dich selbst!»
Stephen blickte gehorsam über ihre Schulter und entdeckte zu seiner Überraschung, daß aller Unrat verschwunden war. Auch die tief herabhängenden Spinnwebnetze, der Kot unter dem Sitzbalken der Eule und die Knochen zwischen den durchweichten Binsen waren fort, und als das Sonnenlicht in die Hütte fiel, wurde Stephen wieder an den Frühjahrsputz bei Odo erinnert. Darauf schoß ihm ein Gedanke durch den Kopf.
«Als du gekehrt hast», sagte er zu Lys, «hast du da zufällig ein paar fest zusammengerollte, beschriebene Blätter gesehen? Ich habe nämlich eine Lateinaufgabe verloren, als ich deine Sachen brachte.»
Lys schüttelte den Kopf. «Ich habe sorgfältig gekehrt. Der Fußboden war völlig blank, als ich frisches Farnkraut hingestreut habe. War es eine große Schriftenrolle? Wirst du Ärger deswegen haben?»
«Ach, es ist nicht so wichtig», erwiderte er schnell, denn es erschien ihm klüger, kein großes Aufhebens deswegen zu machen. «Sicherlich habe ich sie bei Odo verloren, und sie ist dort ins Feuer gewandert.» Und zum allseitigen Vergnügen beschrieb er nun die Änderungen, die bereits durch Odos zukünftige Frau eingetreten waren. Nachdem er vereinbart hatte, Lys und Gilles am Sonntagmorgen nach dem Gottesdienst dort, wo die Alte Landstraße sich gabelte, zu treffen, verabschiedete er sich fröhlich. Den Treffpunkt konnte er nicht verfehlen, denn es war dort, wo er sich von Master Bolingbroke getrennt hatte.
Stephen machte sich flink auf den Weg; er ging jedoch nicht am Baum des Spechts vorbei, sondern schlug einen steileren Pfad ein, der geradewegs hinunter zur Benson-Mühle führte. Als er sich auf der anderen Seite des Weihers noch einmal umdrehte, um Lys und der alten Meg einen letzten Blick zuzuwerfen, spürte er in sich eine Woge der Dankbarkeit. Seine Gebete waren übergebührlich erhört worden. Bis Sonntag waren es nur noch zwei Tage, und danach würde er der Wahrheit gemäß sagen können, daß seine Schwester Dienstmagd bei den Kanonissen im Priorat zu Goring sei.

Auf dieser Seite des Berglandes sah der Wald ganz anders aus. Es gab wenig Unterholz, und die hohen Buchen erhoben sich von einem golden und bronzefarben schimmernden Laubteppich. Hier und da waren tiefe Gruben, in denen sich die Blätter sammelten und bei jedem Windstoß raschelnd aufwirbelten.
Stephen war noch nicht weit gegangen, als ihm plötzlich ein übler Gestank auffiel. Ob es ein totes Wild war? Aus purer Neugier machte er ein paar Schritte zur Seite und sah nach. Ein einziger Blick genügte, um die Ursache festzustellen. Der Gestank kam aus einer kleinen Grube, die zur Hälfte mit Abfall gefüllt war. Offenbar war dies Wats Hinterlassenschaft. Dort warf er wohl die Überreste der Tiere hin, die er gehäutet hatte.
Angewidert wandte sich Stephen ab, als ihm etwas Weißes ins Auge stach, das aus einem Haufen kürzlich abgeladenen Unrats lugte. Er hielt sich die Nase zu und sprang in die Grube hinein, um es herauszuholen. Es war ein Fetzen Papier mit seiner eigenen Handschrift. Als er sie entzifferte, entdeckte er, daß es nicht Dame Alices Brief, sondern die abgerissene Ecke der lateinischen Übersetzung war, in die die Briefabschrift eingerollt gewesen war.
Wie toll wühlte er nun mit einem Stock in dem Haufen herum, aber er konnte nichts weiter finden. So kletterte er nach oben zurück, um frische Luft zu holen und nachzudenken. Lys war so sicher gewesen, daß sie sorgfältig gekehrt hatte, und jetzt das . . . Er ging langsam weiter bergabwärts und war sehr besorgt, so wie ein Hund um seinen Knochen bangt. Doch am Fuße des Berges angelangt, hatte er bereits eine Erklärung gefunden, die überzeugend schien. Die Schriftenrolle mußte herausgefallen sein, als er seinen Ranzen neben Odos Feuerstelle geworfen hatte. Dabei war eine Ecke abgerissen, und die andere war im Ranzen hängengeblieben und zwischen den Kittel und die Schuhe von Lys geraten. So hatte es sich zugetragen; eine andere Erklärung gab es nicht.
Zu dem Zeitpunkt, als Stephen das Ufer des Flusses erreichte, war er völlig von diesem Hergang überzeugt. Nur ein einziger Gedanke beunruhigte ihn noch. Im Gegensatz zu Odo konnte die alte Meg lesen und schreiben.
Der Fluß lag friedlich in der Abendsonne, und Mücken tanzten in

großen Schwärmen durch die Luft. Morgen würde es schönes Wetter geben. Ob es wohl bis Sonntag andauern mochte? Stephen schritt zügig voran. Leider schlängelte sich hier der Fluß; das vergrößerte die Entfernung. Aber er hatte einen freien Blick auf die Mühle und das Wehr. Irgend etwas schien dort vor sich zu gehen. Der Schaum war sehr weiß, so als ob das Oberwasser über die Ufer trat. Mehrere Kähne hatten unterhalb des Dammes angelegt, und bald konnte Stephen wütende Stimmen hören. Die Schiffsherren stritten offenbar mit dem Roten Jak, weil er sie nicht passieren lassen wollte.

Plötzlich entdeckte er Tom, der ihm entgegenlief.

«Komm schnell», rief Tom; «du verpaßt sonst alles.»

Stephen fiel etwas ein. «Ist der Lastkahn mit den Büchern angekommen?»

«Ach was, Bücher! Es ist die Herzogin Eleanor höchstpersönlich, die aus Oxford mit einem goldenen Schiff gekommen ist, während diese Burschen hier darauf warten, stromaufwärts zu fahren. Die Herzogin hat Boten vorausgeschickt, um königliche Rechte anzumelden. Der Rote Jak und die Wehrarbeiter sind erzürnt. Er hat einen so hohen Stauspiegel gehabt und schwört nun, daß er sich freuen würde, sie wie jede andere Hexe untergehen oder schwimmen lernen zu sehen. Komm schnell. Wir brauchen jeden Mann.»

Die beiden beeilten sich, und Stephen hielt nur einmal an, um seinen Schulkittel beiseite zu werfen, bevor er geschickt über die Planke sprang.

Der Rote Jak, der zusammen mit einigen Fährmännern in die Arbeit vertieft war, stand auf der Wehrbrücke und blickte unverwandt stromaufwärts. Das Schiff habe sich verspätet, tobte er, es sei in Long Wittenham aufgehalten worden, weil der Müller dort ein Dummkopf sei, der nicht mit seinem Wehr umzugehen verstünde. Aber gut, grinste er, und sein Narbengesicht verzog sich dabei, wenn das Schiff hier zerschellen würde, müßte Wittenham die Schuld auf sich nehmen.

Plötzlich brüllte Tom: «Achtung!» Stromaufwärts erschien ein vergoldeter Bug um eine Krümmung des Flusses, dicht gefolgt von vergoldeten Ruderblättern, die sich blitzschnell durchs Wasser bewegten. Selbst aus dieser großen Entfernung konnte Stephen den flatternden Wimpel erkennen – einen weißen Schwan an einer Kette, das Abzeichen des Herzogs von Gloucester. Als das Schiff ganz in Sicht schwenkte, ließ die Sonne die Farben sowohl seiner Verzierungen als auch der bunten Gewänder seiner Passagiere aufleuchten. Einer der Reisenden, eine Dame, die in Hellgrün und Silber gekleidet war und eine blendend weiße Haube trug, saß höher als die übrigen. Stephen ahnte sogleich, daß dies die Herzogin Eleanor sein mußte, die «Hexe von Gloucester», Master Bolingbrokes «gnädige Herrin». Stephen beobachtete sie gespannt, während das Schiff beiseite drehte und darauf wartete, daß der Müller sein Wehr öffnete. Der Rote Jak brüllte einen Befehl und warf sich mit den anderen

Das Schiff schwenkte in Sicht

Wehrarbeitern ins Zeug, um mit Hilfe der Hebebalken nicht nur ein oder zwei Verschlußklappen, sondern das gesamte Wehr über seine volle Breite zu öffnen.

Mit Donnergetöse ergoß sich das Oberwasser als ein gewaltiger, schäumender Sturzbach durch das geöffnete Wehr. Ob jemand wohl in diesem reißenden Strom überleben mochte? Stephen, der bemüht war, auf der Brücke das Gleichgewicht zu halten, fühlte plötzlich, wie er selbst mitgerissen wurde, aber da packte ihn jemand, und er kam wieder zu sich und stellte fest, daß er kopfüber ans Geländer angeklammert hing. Während er sich verzweifelt festhielt, schoß das Schiff unter ihm hindurch. Seine Ruder waren nun eingelegt, und die Passagiere drängten sich schreiend aneinander. Ihre Münder standen weit offen, doch ihre Angstschreie verloren sich im Tosen des Wassers.

Für den Bruchteil einer Sekunde gewahrte Stephen, daß die Hexe von Gloucester zu ihm hochstarrte. Ihr kupferrotes Haar wehte unter der Haube hervor. Ihr Gesicht war kalkweiß und ihre vor Entsetzen weit aufgerissenen, grünen Augen trafen für einen Moment die seinen.

Im Nu war alles vorüber, und das Schiff schwamm wieder sicher auf dem Unterwasser. Die Ruderer ließen die vergoldeten Ruderblätter in die Dollen gleiten. Stephen sah dem Schiff nach, und erst jetzt wurde ihm bewußt, daß er in dem wahnwitzigen Tumult flüchtig den Blick eines beleibten, in Maulbeerrot gekleideten Herrn erhascht hatte. Aus der Entfernung konnte er nun feststellen, daß er sich nicht geirrt hatte. Unter den Gefolgsleuten der Herzogin, dicht neben ihr, saß Master Bolingbroke.

Die ganze Nacht über träumte Stephen von rauschenden Wassermassen, und beim Erwachen war sein erster Gedanke, daß er einen ganzen Tag mit dem Roten Jak vor sich hatte. Es war Samstag; an diesem Tag hatten die Schulen geschlossen, damit die Kinder ihren Eltern bei der Feldarbeit helfen konnten. Bis jetzt hatte Stephen immer mit Odo gearbeitet, hatte Vögel verscheucht, Pflugscharen gereinigt, den Kuhstall ausgemistet oder mühsam erlernt, eine Ackerfurche zu pflügen. Und nun, da er von Odo befreit war, schien es

ihm eine selbstverständliche Pflicht, seinen Unterhalt in der Mühle zu verdienen.
Heute war es auf dem Fluß ruhig. Es war Markttag in Wallingford, und so kamen nur kleine Boote, um Leute nach Wallingford hin oder von dort zurück zu bringen. Der Rote Jak war in heiterer Stimmung, schwatzte mit Nachbarn, die ihre Barken am Ufer entlang trugen, oder ließ bei jedem Öffnen des Wehrs etwa ein Dutzend von ihnen an seichten Stellen passieren. Stephen wurde mit Tom zu den Brutteichen geschickt, um diese zu säubern. Das stellte sich als recht mühselige Arbeit heraus, da die sich dort ansammelnden Fischschuppen sorgfältig aussortiert werden mußten für die Hausierer, die sie kauften, um daraus Rosenkranzperlen zu fertigen.
Als der Rote Jak nicht mehr in Sicht war, richtete sich Stephen auf, um seinen Rücken gerade zu strecken, und sprach seine Gedanken laut aus.
«Was hätte den Roten Jak wohl erwartet, wenn der Herzogin gestern abend etwas zugestoßen wäre?» fragte er Tom.
Dieser brummte: «Da mußt du nicht mich fragen. Er führt sich immer erst als starker Mann auf und fängt hinterher an nachzudenken.»
«Aber wenn er sogar das Leben der Herzogin riskieren würde, was könnte er dann erst mit den Büchern machen?»
«Warum legst du so großen Wert auf Bücher?» fragte Tom leichthin. «Wozu sind die denn nütze? Dieser dicke, gelehrte Herr war übrigens gestern in dem Schiff. Hast du ihn gesehen? Ich wette, daß der Rote Jak ihn bemerkt hat, und das wird seinen Unmut ganz schön auf die Spitze treiben.»
«Alle Weisheit der Welt steht in Büchern geschrieben», behauptete Stephen feierlich. «Sie sind kostbarer als Gold. Wir müssen diesen Lastkahn irgendwie retten.»
«Das kannst du gerne versuchen, wenn du den Mut dazu hast; ich werde jedoch nicht meine Haut riskieren. Nur mit der Ruhe – ich verspreche dir: Sobald ich erfahre, daß das Schiff kommt, wenn du nicht da bist, tue ich mein Bestes, es dich wissen zu lassen. Dann wirst du die Bücher retten – wenn du kannst.»

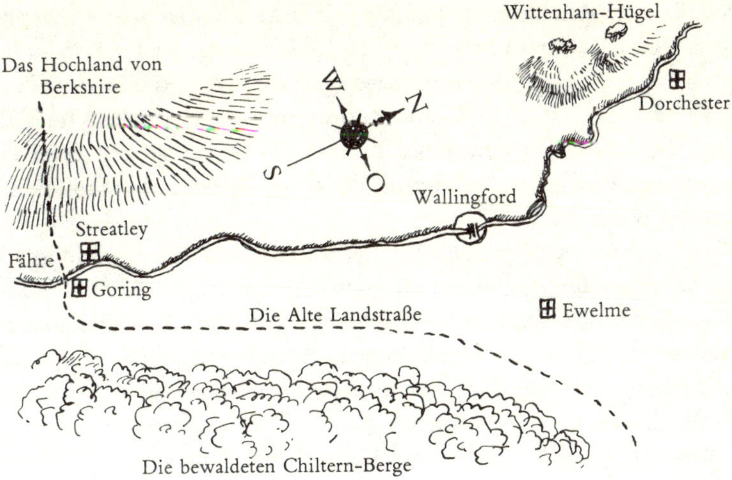

Die Alte Landstraße

Die Küchenmagd

Der Sonntag war für Stephen als Lateinschüler kein Ruhetag. Zuerst fand der Frühgottesdienst statt, der feierlich bei Kerzenschein vom Pfarrer und den Betbrüdern gesungen, nicht bloß gesprochen wurde wie an gewöhnlichen Wochentagen. Alle Gemeindemitglieder nahmen daran teil, und jene, die von weit her kamen, machten sich einen vergnügten Tag daraus; sie banden ihre Gäule an der Kirchhofsmauer fest und teilten das von ihren Freunden und Verwandten mitgebrachte Essen oder verschlangen ihr eigenes Mahl, bis es Zeit für den Pfarrgottesdienst war. Auch dieser hatte mit Prozession, Predigt und Gesang aus voller Kehle einen so würdevollen Rahmen, wie eben jeder dazu beizutragen imstande war. Stephens Aufgabe war es, die Kerzen anzuzünden, sowohl die vielen, die in Haltern rund um den Lettner oder auf dem großen Rad steckten, das von der Decke herabhing, als auch natürlich die großen auf dem Altar. Darüber hinaus hatte er das Weihwasser zu tragen, wenn Pfarrer Saynesbury durch die Kirche schritt und den Teufel aus seiner Gemeinde austrieb; und er mußte am Ende der Messe den großen Korb mit dem geweihten Brot halten, aus dem sich jeder ein Stück nahm zum Zeichen der brüderlichen Liebe, die alle miteinander verbinden sollte.

Nach der Messe hatte Stephen jedoch frei bis zum Abendgottesdienst, der während des Sommers zusammen mit der Komplet, dem Nachtgebet, stattfand und allen Gläubigen gerade genügend Zeit ließ, vor Einbruch der Dunkelheit in Frieden nach Hause zu gehen. Der Pfarrer brachte den Tag damit zu, die Alten und Kranken zu besuchen, während die übrige Gemeinde sich daran ergötzte, ein Schwätzchen zu halten oder Zielscheibenschießen und Spiele auf dem Anger zu veranstalten. Stephen rechnete sich aus, daß er es schaffen konnte, in der verfügbaren Zeit nach Goring hin und wieder zurückzulaufen, vorausgesetzt, Lys und Gilles ließen ihn nicht warten.

Er eilte aus dem Dorf und die Anhöhe hinauf, und zu seiner großen Erleichterung entdeckte er die beiden auch schon in der Ferne am vereinbarten Treffpunkt. Gilles hatte ein kleines, zottiges Pony dabei, damit Lys aufsitzen konnte, wenn sie müde wurde. Sieben Meilen waren ein weiter Weg für ein Mädchen, das kurz zuvor noch krank gewesen war. Doch fürs erste, sagte Gilles, gehe er voran, damit die Geschwister sich ungestört unterhalten könnten. Es mochte vielleicht eine Weile dauern, bis sie wieder Gelegenheit dazu hätten.

Als Stephen mit Lys allein war, verstummte er. Es wurde ihm plötzlich bewußt, daß sie nun wirklich fortging. Seit dem Tod ihrer Mutter waren sie immer zusammengewesen. Nun würde er niemanden mehr haben. Er warf verstohlen einen Blick auf Lys, die neben ihm einhertrippelte. Obgleich er so ernsthaft gebetet hatte, daß die Stiftsdamen in Goring Lys aufnehmen würden, wäre es ihm jetzt lieber, wenn sie ein wenig traurig dreinsähe.

Doch die Sonne schien von einem wolkenlosen Himmel, und Lys war guter Dinge. Sie schwatzte munter davon, wie die alte Meg ihren Umhang geflickt und Wat die alten Schuhe ihrer Mutter repariert habe; er habe die Sohlen angenäht und sie mit weichem Kaninchenfell gefüttert, und sie zupfte Stephen am Ärmel und streckte einen Fuß vor, damit er es sehen konnte.

Geistesabwesend nickte er. Er hatte etwas ganz anderes im Kopf.

«Hör zu», sagte er gereizt. «Du erinnerst dich . . . diese Lateinaufgabe, die ich verloren habe – bist du todsicher, daß ich sie nicht bei der alten Meg liegen ließ? Ich habe eine Ecke davon zwischen den alten Binsen in der Abfallgrube gefunden.»

Lys schaute ihn verwundert an. «Da weiß ich aber nicht, wie sie dorthin geraten ist. Ich habe dir doch erzählt, daß ich es gewesen bin, der den Boden gekehrt hat. Ich hätte sie nicht übersehen.»

Doch Stephen war immer noch beunruhigt. «Wäre es möglich, daß die alte Meg sie aufgehoben hat? Sie kann, wie du weißt, lesen und schreiben.»

«Ja, gewiß *weiß* ich, daß sie das kann – und sie kann auch rechnen. Ich hab's gesehen, als der Kaufmann gestern da war.»

«Kaufmann? Was für ein Kaufmann?»

«Ich glaube, es war der, der die Felle kauft. Kommt er aus London? Er war wie ein feiner Herr gekleidet.»

«Wie sah er aus?» fragte Stephen, mit einem Mal hellhörig geworden. «War es ein kräftiger, großer Mann mit einem dicken Nakken?»

«Ja, genau so sah er aus. Er war ganz in Rot gekleidet und trug etwas Goldenes an einer Kette, und sie haben beide gerechnet. Aber ich habe nicht viel gesehen. Die alte Meg hat mich hinausgeschickt, um trockenes Anbrennholz zu sammeln, und als ich wieder zurückkam, war er schon fort.»

Stephen klopfte das Herz bis zum Hals. Er hatte keinen Zweifel daran, daß der Kaufmann Bolingbroke gewesen war. Angenommen, nur angenommen, die Abschrift von Dame Alices Brief wäre in Megs Hütte gewesen . . . Ihm wurde ganz schwindlig, als er sich daran erinnerte, was Doggett über die Folgen gesagt hatte, die eintreten würden, wenn dieser Brief in falsche Hände geriet. Lys jedoch bemerkte nicht die plötzliche Veränderung an ihm, sondern hüpfte weiter neben ihm her und plauderte selig, bis sie sich unvermittelt

umdrehte und ihrem Bruder ins Gesicht sah. «Bruder, was würdest du sagen, wenn ich Nonne in Goring werden würde?»
Stephen, den ihr Geplapper in Wut versetzte, fuhr sie an: «*Du*? Eine Nonne? Du hast den Verstand verloren! Die Nonnen in Goring sind Kanonissen, Damen von hohem Stand. Du gehst dort als Küchenmagd hin und wirst noch Prügel beziehen, wenn du so kühne Gedanken hegst!»
Doch Lys blieb gelassen. «Aber ich werde Nonne», sagte sie bestimmt. «Die alte Meg hat es im Wasser vorausgesehen, und sie hat mich gerufen, damit ich es selbst sehe. Sie blickte unverwandt in den Weiher, so wie sie es jeden Tag tut, und sagte, ich solle mich so weit darüber beugen, bis ich mein eigenes Gesicht sehe . . . und da war *ich* mit einem weißen Wimpel* und einem weißen Schleier. Tragen die Nonnen in Goring weiße Schleier?»
Stephens Zorn wurde immer größer. Die alte Meg; Hexerei; Bolingbroke; Dame Alices Brief; all das war böse, und er und Lys waren darin verwickelt. Er fuhr sie wieder an.
«Das hast du geträumt!» schrie er. «Entweder war es ein Traum, oder du bist verhext!»
«Ich hab' es nicht geträumt. Es war hellichter Tag, und die Sonne schien. Seither bin ich so glücklich. Oh, Bruder, schau nicht so verärgert drein! Es kann doch nichts Falsches daran sein, wenn Gott mich zur Nonne bestimmt hat.»
«Gott offenbart nichts im Wasser; nur der Teufel tut so etwas. Die alte Meg ist eine Hexe; das weiß doch jeder. Gott möge mir verzeihen, daß ich dich bei ihr gelassen habe. Hast du gebetet?» Er packte sie am Handgelenk. «Kannst du überhaupt noch beten? Tu' es auf der Stelle. Sag das Vaterunser.»
Lys fing zu weinen an. «Natürlich habe ich gebetet; jeden Abend und jeden Morgen habe ich gebetet.»
«Ja, gut, dann sag das Vaterunser; jetzt sofort, laß mich hören . . . los: Vater unser . . .»
Er packte sie noch fester, weil sie am ganzen Körper zitterte. Voller

* Bezeichnung für den breiten Schulterkragen der Nonnentracht, der Brust und Hals bedeckt.

Angst wand sie sich unter Tränen hin und her. «Vater uns, der Du bist im Himmel, geheiligt sei . . . sei . . .» Sie stieß einen schrillen Schrei aus. «Ich kann . . . ich kann mich nicht erinnern . . .!»
Stephen ließ unsanft ihren Arm los. Es war also geschehen. Lys war verhext. Der Teufel hatte Besitz von ihr ergriffen. Jedermann wußte, daß das Aufsagen des Vaterunsers dafür der Prüfstein war. Lys stand hilflos schluchzend da, während Stephen wie versteinert war und kein Wort mehr hervorbringen konnte. Plötzlich vernahm er die Stimme von Gilles.
«Was ist los? Ist mit dem Mädchen etwas? Wein' doch nicht so, mein Kind. Was ist dir denn geschehen?»
Lys stürzte sich ihm mit einem Tränenstrom entgegen.
«Sie ist verhext», sagte Stephen grimmig. «Die alte Meg hat sie verhext; sie hat sie im Weiher Zeichen sehen lassen. Ich habe Lys aufgefordert, das Vaterunser zu sagen, aber sie kann sich nicht mehr an den Wortlaut erinnern . . . Sie kann sich nicht an das Vaterunser erinnern! Das ist der sichere Beweis, daß sie verhext ist.»
«Du würdest dich auch nicht erinnern, wenn du so verängstigt wärst», erwiderte Gilles und legte seinen Arm um Lys. «Ruhig, mein Kind, ruhig; zerbrich dir nicht das Herz. Dein Bruder hat Angst um deine Seele, weil er dich liebt; er ist es, der Trost braucht. Hör auf zu weinen, und tu, was er möchte. Wenn er ein Vaterunser hören will, dann sag es auf – komm, nur um ihn zu beruhigen.»
Zitternd begann Lys von vorn. Diesmal kam sie schluchzend und schluckend bis zum Ende. Der Bogenschütze sah Stephen an. «Komm wieder zu dir», sagte er. «Hier ist kein Teufel, sondern ein verschrecktes, kleines Mädchen. Du bist noch nicht erfahren genug, um das Böse vom Guten unerscheiden zu können. Ich werde dir sagen, wie es zu unterscheiden ist, obgleich dies nicht, wie du bemerken wirst, meine eigene weise Erkenntnis ist: ‹An ihren Früchten werdet ihr sie erkennen.› Das ist der Prüfstein. ‹Erntet man etwa von Dornen Trauben oder von Disteln Feigen?› Vor drei Tagen war dieses Kind hier dem Tod nahe . . .», er hob Lys auf das Pony. «Sieh es dir jetzt an; du hast zweifellos die Frucht einer guten Arbeit vor dir.»
Gilles ging weiter voran und hielt Lys mit einer Hand fest. Stephen

Stephen folgte in kurzer Entfernung

folgte in kurzer Entfernung. Was Gilles gesagt hatte, war die Wahrheit. Die Heilung von Lys und die Verheißung ihrer Zukunft, das war beides der alten Meg zu verdanken. Andererseits war da aber nicht nur das In-den-Weiher-Blicken, das einer Erklärung bedurfte, sondern auch das Zeichen im Feuer. Es war nun eindeutig, daß Bolingbrokes Besuch an jenem Gewittertag kein Zufall gewesen war. Lys hatte verkündet, daß er auch gestern dort gewesen sei.

Sogleich mußte Stephen wieder an Dame Alices Brief denken. Ob es möglich war, daß die alte Meg ihn aufgehoben und Bolingbroke übergeben hatte? Der bloße Gedanke daran ließ ihm das Blut in den Adern stocken. Was er sich auch einzureden versuchte, nichts konnte das Geschehene zum Guten wenden. Wenn es sich so zugetragen hatte, dann hatte der Teufel seine Hand im Spiel, und Stephen war sein Werkzeug gewesen.

Während er so für sich allein dahinlief, kam ihm der Weg endlos vor. Die Alte Landstraße, die nun nicht mehr von Bäumen gesäumt war, schlängelte sich bergauf, bergab durch das sanft gewellte Land und war nur mehr ein ausgetrockneter Pfad, an dessen Rändern Gras und Blumen wuchsen. In einer Entfernung von etwa einer Meile zeigte eine glitzernde Dunstwolke den Verlauf des Flusses an. Dahinter ragte eine blaue Hügelkette auf, die an die Chiltern-Berge stieß. Zwischen diesen wie zwei geballte Fäuste aufeinandertreffenden Höhen war nur ein schmaler Spalt, durch den sich der Fluß hindurchzwängte. Stephen wußte, daß Goring in dieser Schlucht lag. Die Sonne brannte vom Himmel herunter, er hatte Kopfweh und wünschte sich, ob zu Recht oder Unrecht, daß er Lys nicht gescholten hätte, jetzt, wo er im Begriff war, sich von ihr zu verabschieden. Mit einer gewissen Erleichterung entdeckte er, daß Gilles mit Lys auf dem Pony im Schatten eines Baumes auf ihn wartete.

«Horch!» rief Gilles. «Vor uns liegt das Ziel unserer Reise. Wenn du es auch noch nicht sehen kannst, so kannst du es doch schon hören: die Glocken des Priorats zu Goring.»

Da Stephen bemerkte, daß Lys wieder fröhlich war, hielt er gehorsam an. Das Läuten dauerte nicht lange; es bestand nur aus drei verschiedenen Tönen, und eine der Glocken hatte einen Sprung, doch die windstille Luft trug den Klang klar und deutlich zu ihnen herüber.

«Direkt unter uns ist der Fluß», sagte Gilles in heiterer Stimmung. «An seinem Ufer steht das Kloster.»

«Müssen wir den Fluß überqueren?» fragte Stephen, dankbar, daß der vorherige Ärger wieder vergessen war.

Gilles schüttelte den Kopf. «Nein; auf der andereren Seite liegt Streatley, das, wie es heißt, seinen Namen von der Alten Landstraße* bekommen hat, die dort den Fluß in einer Furt oder mit einer Fähre überquert und dann den Berg dahinter hochführt. Goring liegt diesseits.»

Das Kloster mit seinem viereckigen Kirchturm, seiner hohen Begrenzungsmauer und seinem Torhaus befand sich zwischen dem

* Unübersetzbares Wortspiel zwischen (engl): street (sprich: stri:t; Straße) und Streatley (sprich: stri:tli).

Dorf und dem Ufer des Flusses. Gilles klopfte auf eine eisenbeschlagene Tür, und als sie sich öffnete, ergriff Lys schweigend Stephens Hand.

Die Türhüterin, eine dicke, alte Frau, begrüßte Gilles fröhlich.

«Ah, da seid Ihr ja», sagte sie. «Ist das die Magd, die Ihr bringen wolltet? Sie sieht ganz danach aus, obwohl ihr ein bißchen mehr Fleisch auf den Knochen nicht schaden würde. Kommt herein und bindet das Pony an. Die Stiftsdamen sind beim Chorgebet, aber die Kellermeisterin hat mir die Nachricht hinterlassen, daß ich Euch zur Küche führen soll. Sie wird nicht lange fort sein.»

Gilles drückte Stephen das Halfter in die Hand, als sie einen kopfsteingepflasterten Hof betraten, der wie der Außenhof eines jeden großen Hauses von einer Reihe niedriger Gebäude umschlossen war. Die alte Frau deutete auf einen Platz im Schatten, wo Stephen das Pony anbinden konnte; dann verschwand sie mit Gilles und Lys durch eine Tür weiter weg. Ganz in der Nähe befand sich ein Brunnen mit einem dazugehörigen Eimer. Stephen machte sich daran, Wasser zu schöpfen, um die Pferdetränke zu füllen und gleichzeitig auch seinen eigenen Durst zu stillen. Kurz darauf erschien Gilles und winkte.

Er hieß Stephen, klar und deutlich zu antworten, wenn er etwas gefragt wurde, und ging voran in eine große Küche mit einer Feuerstelle, die die Länge einer ganzen Wand einnahm und mit zahlreichen Haken, Bratspießen und Kesseln ausgestattet war. An einem Tisch, der augenscheinlich aus dem Stamm eines zerborstenen Baumes gefertigt worden und vom häufigen Schrubben ganz ausgebleicht war, saß eine große, rundliche Nonne mit einem weißen Habit und einem schwarzen Schleier. Gilles flüsterte Stephen zu, daß dies die Kellermeisterin sei, und hieß ihn, sich hinzuknien.

Die Kellermeisterin schaute erst ihn an, dann Lys, die neben ihr stand, und schließlich Gilles.

«Das ist also der einzige Verwandte der Magd? Er ist noch recht jung, um eine so schwere Verantwortung zu tragen. Sag mir, mein Junge, ist es wahr, daß deine Eltern beide tot sind und du allein für dieses Mädchen verantwortlich bist? Und weiter sag mir, ob du wünschst, sie hier im Haus der Kanonissen des Heiligen Augustinus zu lassen, damit sie alle Arbeiten verrichtet, die wir ihr auftragen, und uns in allem ergeben Gehorsam leistet? Denk gut darüber nach, bevor du antwortest.»

Stephen blickte zu Lys hinüber, und ihre Augen waren klar und glänzend auf ihn geheftet. Sie jedenfalls zweifelte nicht. Also antwortete Stephen stolz: «Ja, ehrwürdige Frau» und stand auf, um mit seinem Namen ein Stück Pergament an der Stelle zu unterzeichnen, die ihm die Kellermeisterin zeigte. Sie lächelte den beiden zu und riß das Pergament in einer wohl bedachten Zickzacklinie entzwei. Dann reichte sie Stephen eine Hälfte.

«Das ist der Lehrbrief für das Mädchen», sagte sie. «Er verpflichtet sie, uns für die Dauer eines Jahres dienstbar zu sein. Wenn sie nach Ablauf dieser Zeit wünscht, uns zu verlassen, mußt du uns dies zurückbringen, und wir fügen die beiden Hälften wieder zusammen, um den Vertrag für nichtig zu erklären. Damit ist die Angelegenheit erledigt. Nun wirst du noch etwas essen, bevor du dich wieder auf den Weg machst, und es soll die erste Aufgabe deiner Schwester sein, dich bei Tisch zu bedienen.» Sie wandte sich dem Bogenschützen zu und strahlte. «Wir haben eine Pastete, die Ihr unbedingt kosten müßt, guter Gilles; sie verdankt Euch ihre Fleischfüllung.»

Sie klatschte in die Hände, und eine kleine Schar von Küchenmägden, angetan mit Wimpeln und großen, weißen Schürzen, huschte herbei. Sie schienen aus dem Nichts aufzutauchen und brachten Brot, Käse, einen Krug Bier und die Hälfte einer riesigen Wildpastete. So viele Mädchen auf einen Schlag machten Stephen verlegen. Er versuchte, an ihnen vorbeizusehen, und entdeckte, daß sie eine Tür halboffen stehen gelassen hatten, durch die er in den Klosterhof schauen konnte.

Er sah nicht viel größer aus als der kleine Kreuzgang im «Haus Gottes» in Ewelme, doch hier waren die Bögen aus blendend weißem Stein, anstatt aus dunklen Holzbalken. In der Mitte befand sich ein ähnlicher viereckiger Platz, auf dem die Sonne ein ähnliches Muster von Licht und Schatten hinterließ. Plötzlich erschallte ein Gesang durch das Gewölbe, so als ob die Kirchentür geöffnet worden sei. Der Gesang brach ab, und an seiner Stelle war jetzt das rhythmische

Geräusch von Schritten zu hören, als die Stiftsdamen vom Chorgebet zurückkehrten und jeweils zu zweit gesenkten Blicks durch den Kreuzgang kamen. Die Kellermeisterin machte einer der Küchenmägde ein Zeichen, und diese schloß geschwind die Tür, doch zuvor hatte Stephen bemerkt, daß alle Novizinnen, die die Prozession anführten, weiße Schleier trugen.

Als die Zeit des Abschieds gekommen war, schien Lys immer noch heiter und gelassen zu sein. Stephen war es, der es als schwierig empfand, auf Wiedersehen zu sagen. Eine Woche zuvor hatte er noch eine Schwester und ein Zuhause sein eigen nennen können, auch wenn dieses Zuhause ein wenig behaglicher Ort gewesen war. Nun war Lys fort, und er hatte kein Zuhause mehr – so sehr er sich auch einredete, daß er glücklicherweise in der Mühle willkommen sei.
Die Nachmittagssonne brannte vom Himmel herunter, und Gilles schlug vor, einen anderen Weg für die Rückkehr zu wählen. Er kenne einen Pfad durch den Wald, der ein Stück hinter Goring von der Alten Landstraße abzweigte. Er sei recht schmal, und sie müßten hintereinander gehen, aber immerhin blieben sie so im Schatten.
Sie bogen auf halbem Wege bergaufwärts ab. Der Pfad war sehr steil, aber wunderbar kühl. Gilles führte das Pony am Zügel und ging voran; seine langen Beine ermöglichten ihm, behende zu klettern. Stephen mußte sich anstrengen, um ihm zu folgen, doch nach einer Weile verlangsamte er sein Tempo wieder. Solange er Gilles zwischen den Bäumen sehen konnte, brauchte er nicht zu fürchten, sich zu verirren. Obwohl der Pfad von der Straße her nicht einsehbar war, konnte er ihm leicht folgen, und er fragte sich, ob die Vogelfreien ihn während der Zeit, als noch so viele von ihnen in den Wäldern versteckt lebten, geschaffen hatten. Er begann, sich Marksteine einzuprägen wie zum Beispiel eine Gruppe hoher Eichen inmitten der Buchen, Senken im Kalkgestein, die halb mit Wasser gefüllt waren, und plötzliche Steigungen, die es hoch und wieder hinunter ging, sowie gelegentliche Ausblicke auf die fernen, vertrauten Wittenham-Hügel.
Aber so leicht dem Pfad auch zu folgen war, so sehr schien er sich doch in die Länge zu ziehen. Stephen wurde mehr und mehr von

Müdigkeit gepackt. Die Zeit, seit er die Mühle verlassen hatte, kam ihm unvorstellbar lang vor. Doch während sein Körper ermattete, wollte sein Geist nicht ruhen. Wie Fledermäuse in der Dämmerung schossen seine Gedanken umher und gönnten ihm keinen einzigen friedlichen Augenblick. Von Lys zu Odo, von Odo zu Ferry, von Ferry zu Doggett, von Doggett zu Dame Alices Brief, von da wieder zu Bolingbroke, von Bolingbroke zur alten Meg und dem Zeichen im Feuer und dem Weiher – und wieder zu Lys zurück, bis er nicht mehr weitergehen konnte und sich auf den Boden setzte, den Rükken gegen einen Baumstamm gelehnt.

Kurz darauf hörte er Gilles rufen, doch seine Stimme versagte, und bald kam der Bogenschütze zurück, um sich nach Stephens Verbleib zu erkundigen.

«Aber, mein Junge, du bist ja völlig erschöpft», sagte er. «Ich hätte daran denken müssen, daß du schon lange Zeit auf den Beinen gewesen warst, als wir aufbrachen. Jetzt steig auf das Pony; es wird dich zumindest von deinem Gewicht entlasten.»

Stephen schämte sich ein bißchen, als er sich von Gilles auf das Pony gehoben fühlte, so wie Lys am Morgen hochgehoben worden war. Gilles neben sich wissend, trottete das Pony weiter und weiter, bis sie zu einem steilen Abhang gelangten, der von dichtem Gestrüpp überwuchert war und Stephen irgendwie bekannt vorkam. Er warf ängstliche Blicke um sich.

«Wohin gehen wir?» fragte er. «*Nicht* zur alten Meg heute abend?»

Gilles lachte ihm zu. «Nein; heute abend nicht zur alten Meg», wiederholte er. «Wenn ich nun sage, daß ich dich mit zu *meiner* Behausung nehmen werde, dann kannst du daran vielleicht das Vertrauen ermessen, das ich in dich habe. Ich verspreche dir, daß nur wenige diese kennen.»

Stephen blickte den Abhang hinunter und wußte plötzlich, wo er war. Unten sah er ein Wirrwarr von alten, efeubewachsenen Mauerresten, über die sich Büsche neigten. Das waren die Ruinen der Mönchsklausen von Swyncombe. Niemals zuvor war er ihnen so nahe gewesen. Als das Pony sich nun vorsichtig seinen Weg abwärts suchte, konnte Stephen erkennen, daß ein Winkel zwischen den Mauern ein notdürftiges Strohdach hatte. Auf dem Boden vor der offenen Tür befanden sich eine Herdstelle aus Feuersteinen, ein Aschehaufen und ein Kochtopf.

«Nun bin ich dir auf Gedeih und Verderb ausgeliefert», sagte Gilles scherzhaft. «Komm herein und ruh dich auf dem Bett aus, während ich ein wenig Wasser aus dem Brunnen schöpfe.»

Stephen sah sich in der kleinen Klause um. In all der Zeit, während der er die Wälder durchforscht hatte, hatte er nichts von ihrer Existenz gewußt. Es war ein noch ärmlicherer Ort als die Hütte der alten Meg. Das Dach bedeckte nur einen Teil des Inneren, und durch die verfallenen Mauern drangen die Sonnenstrahlen hindurch. Doch die Wände waren weiß getüncht und der Boden sauber gekehrt; es befanden sich ein ordentliches Farnbett mit einer verschlissenen Schaffelldecke und ein Holzschemel darin. Über dem Bett hing ein kleines Kreuz mit einer Christus-Figur. Stephen erkannte das knorrige und gewundene Holz, aus dem es geschnitzt war. Das Kruzifix war ganz offensichtlich ein Werk von Wat.

Das niedrige Farnbett federte, als Stephen sich darauf niederließ. Er konnte nur das Zwitschern der Vögel und das Rascheln der Blätter hören und fühlte sich plötzlich in Sicherheit. Als Gilles mit einem Krug Wasser zurückkehrte, schaute Stephen zu ihm hoch.

«Muß ich wieder fortgehen?» fragte er. «Kann ich nicht hier bei dir bleiben?»

«Du bist sehr müde», antwortete Gilles sanft. «Und weil deine Schwester fort ist und du kein Zuhause mehr hast, meinst du, daß dir alles genommen ist. Aber glaub mir, dein Mut ist immer noch da. Das Leben liegt vor dir, damit du es in deine Hände nimmst. Jetzt trink ein wenig Wasser und leg dich eine Weile hin. Es ist noch viel Zeit bis zum Abendgottesdienst.»

Als Stephen nach Ewelme zurückging, entdeckte er an seiner Ferse viele Blasen, und er erreichte das Dorf, nur eine Minute bevor Pfarrer Saynesbury die Kirche betreten wollte. Stephen merkte, daß der Pfarrer ihn scharf ansah, aber erst, als er gerade im Begriff war, sich nach der Vesper und der Komplet wieder davonzuschleichen, hörte er, daß sein Name gerufen wurde. Nach einem schnellen Blick auf das Gesicht des Pfarrers versagten ihm seine Knie fast den Dienst.

«Wo ist deine Schwester, Stephen?» Sir John Saynesburys Stimme

klang streng. «Ich habe heute mit deinem Stiefvater gesprochen. Er sagt, daß du sie seiner Obhut entrissen hättest und sie irgendwo versteckt hältst. Gesteh auf der Stelle, was geschehen ist.»
Mit besonderer Anstrengung bemühte sich Stephen, seine Stimme nicht zittern zu lassen.
«Sie ist in Goring, Sir . . . bei den Nonnen . . . als Küchenmagd.»
«Bei den Kanonissen?» Der Pfarrer war sichtlich erstaunt. «Ist das wahr? Wie kam es dazu? Wer hat sie dorthin gebracht? Du willst mich doch nicht glauben machen, daß die Stiftsdamen ein unbekanntes junges Ding ohne jede Empfehlung bei sich aufgenommen haben – und dazu noch von einem hergelaufenen Schuljungen?»
Stephen hatte plötzlich eine Idee, griff tief in die Tasche seines Kittels und zog das abgerissene Stück Pergament hervor, das die Kellermeisterin ihm gegeben hatte. Pfarrer Saynesbury prüfte es genau.
«Das ist ja wirklich ein Dienstvertrag! Aber du hast mir immer noch nicht erzählt, wie du daran gekommen bist. Kennen *dich* die Stiftsdamen in Goring? Komm schon, warum tust du so heimlich?»
Stephen überlegte schnell. Um jeden Preis mußte er die alte Meg da heraushalten. «Da ist ein Bursche, Sir, der aus der Nähe von Swyncombe stammt; er sorgt für ihre Speisekammer . . .»
Zu Stephens Überraschung hörte der Pfarrer auf, die Stirn zu runzeln.
«Der für ihre Speisekammer sorgt? Nun sehe ich klar! Du meinst den Burschen, der Gilles der Bogenschütze genannt wird. Die Leute reden über ihn, weil er ein Geächteter ist, obwohl er deswegen nicht unbedingt ein Sünder sein muß; und es ist nicht Teil meiner priesterlichen Pflichten, Geächtete zu verfolgen. So werde ich dich nicht weiter ausfragen; doch denk daran, Stephen, das Bergland ist kein Spielplatz für dich. Nicht alle, die dort hausen, führen ein tugendhaftes Leben. Aber Gott sei Dank ist das Kind in guten Händen. Und was ist mit dir? Ferry hat mir berichtet, daß du in der Mühle eine Bleibe gefunden hast. Das ist gut so. Eines Tages gibt es vielleicht etwas Besseres für dich.»
Er hob seine Hand zum Segen, und dann machte Stephen sich auf seinen letzten mühseligen Weg. Doch in seine Gedanken war endlich Ruhe eingekehrt. Lys war in Sicherheit, und der Pfarrer wußte

wo. Im Augenblick gab es nichts, was er bezüglich Dame Alices Brief hätte unternehmen können, außer unaufhörlich zu beten, daß er tatsächlich verbrannt worden und nicht in die Hände von Bolingbroke gelangt war. Was die alte Meg anbetraf, so war sie zu Lys gut gewesen, und er war ihr dankbar dafür. Doch sie *war* eine Hexe, und er beschloß, nie wieder zu ihr zu gehen.

Er schlief die ganze Nacht ohne Unterbrechung, und am nächsten Morgen kam er zu spät zur Schule. Er sagte sich, daß Pfarrer Saynesbury wohl eine Ausnahme machen würde, und die Bestrafungen des alten Ferry gaben keinen Anlaß zur Besorgnis.

Bei Stephens Ankunft sagten die Kinder gerade ihre Aufgaben auf, und er ging geradewegs zum Pult des alten Ferry, um sein «Mea culpa»* vorzubringen. Der Küster sah ihn überrascht an. «Stephen? Ich dachte, du wärst im Schloß. Dame Alice hat heute morgen ausrichten lassen, daß sie dich sofort sprechen muß.»

* (lat.): Meine Schuld.

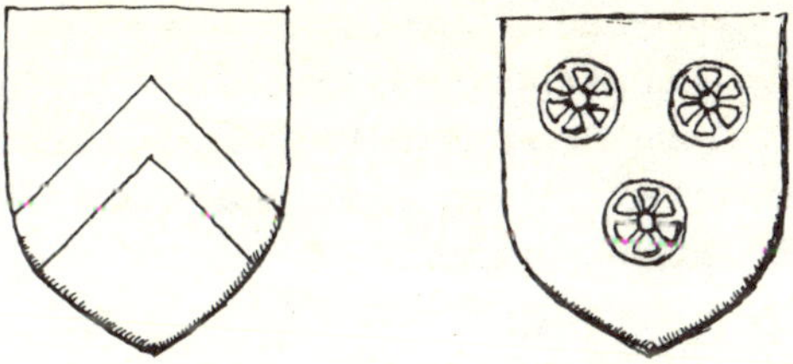

STAFFORD ROET

Das Stafford- und das Roet-Wappen

Das Schloß

Stephen bekam weiche Knie. Er wußte sofort ohne den leisesten Zweifel, warum nach ihm geschickt worden war. Der Brief war der Grund. Bolingbroke hatte keine Zeit verloren, und das Unglück, das Doggett vorausgesagt hatte, war schon über Dame Alice hereingebrochen. Warum sie dies mit ihm in Verbindung brachte, darüber wagte er nicht nachzudenken. Was würde nun als nächstes geschehen? Ob es für sie und für Mylord großes Mißgeschick bedeuten mochte? Was konnte er tun? Was sollte er sagen? In diesem Augenblick empfand er, daß er froh wäre zu sterben, wenn sein Tod die Rolle, die er dabei gespielt hatte, auszulöschen vermochte.

Der Torhüter sagte ihm, daß Dame Alice in ihrer Gartenlaube sei. Er deutete auf einen Bogengang, der aus einer hohen Hecke herausgeschnitten war. Stephen, der sich vor all den bösen Vorahnungen ganz elend fühlte, machte sich auf den Weg.

Hinter der Hecke lag ein Garten, der hübsche, rechteckige Beete hatte und von gepflasterten Wegen geviertteilt wurde. Genauso wie beim letzten Mal, als Stephen sie gesehen hatte, saß Dame Alice mit Fräulein Jane da und sortierte Stickseide. Und genauso wie damals stürzten ihm auch wieder die kleinen Hunde bellend entgegen. Jetzt beachtete er sie jedoch nicht. Er schritt geradewegs auf Dame Alice zu und stand mit gesenktem Kopf vor ihr. – Ihre Stimme klang sanft wie eh und je. «Du bist aber hurtig gekommen, Stephen. Ich wollte nicht, daß du deine Arbeit unterbrichst. Aber laß gut sein; ich komme gleich zur Sache. Jane, achte du auf Belle, sie beißt gerade auf der blauen Stickseide herum.»

Dame Alice sah unbekümmert aus

Das alles hörte sich nicht nach Verärgerung an. Stephen wagte einen schnellen Blick. Dame Alice sah heiter und unbekümmert aus. Er beobachtete ihre zarten, schlanken Finger, die flink einen Strang des Seidengarns aufwickelten.
«Ich hatte heute morgen eine Unterredung mit Pfarrer Saynesbury», begann sie. «Er erzählte mir von der Heirat deines Stiefvaters, durch die du heimatlos geworden bist. Gott sei Dank ist deine Schwester gut untergebracht, aber wie steht es um dich?»
Verdutzt murmelte Stephen etwas über den Roten Jak und die Mühle. Sie lächelte.
«Der Rote Jak ist wohl kaum der rechte Lehrer für dich. Mylord und

ich haben bereits beschlossen, dich um deines Vaters willen zu fördern; Mylord war sehr von deiner Ähnlichkeit mit deinem Vater berührt, und es ist unsere Absicht, daß du hier wohnst, uns als Hausschreiber dienstbar bist und deine Ausbildung unter der Aufsicht unseres Kaplans, Master Simon Brayles, fortsetzt. Master Simon ist mit Mylord nach London geritten, und so sollte alles bis zu seiner Rückkehr offen gelassen werden. Aber da du nun kein Zuhause mehr hast, habe ich entschieden, daß du sofort hierher kommst.»

Stephen konnte kein Wort herausbringen. Wie sollte er diese besondere Gunsterweisung annehmen und hier im Schloß wohnen mit dem Wissen um das, was er getan hatte? Er würde immerzu auf heißen Kohlen sitzen und darauf warten, daß die Entdeckung ihn wie ein Schlag träfe. Was hatte er zu tun? Sollte er wie ein Bauernlümmel «Nein» sagen zu ihrer Großmut . . .? . . . die Wahrheit gestehen? . . . oder annehmen und als Verräter unter ihrem Dach wohnen?

Sie schaute auf und sah sein Gesicht.

«Warum bist du so verwundert, mein Junge? Ich dachte, Pfarrer Saynesbury hätte schon seit längerem davon gesprochen. Das einzig Neue daran ist, daß du gleich kommen sollst, ehe Master Simon zurückkehrt. Es gibt viel für dich zu tun. Bylton, der Haushofmeister, hat für die Niederschrift der Haushaltslisten keine Hilfe außer dem Knaben Barnabas.» Sie zwinkerte Stephen zu. «Er ist ein guter Junge und willig, aber ich würde ihm nicht einmal meine Listen zur Abschrift geben, wie du sicher noch weißt.»

Stephens Herz klopfte laut. Das war seine Chance. Er brauchte nur zu sagen: «Edle Herrin, erinnert Ihr Euch an den Brief, der zwischen den Listen steckte . . .?» Doch sein Mund war wie ausgetrocknet; die Worte wollten nicht fließen.

Ohne seine Antwort abzuwarten, fuhr Dame Alice fort. «Bis Master Simon zurückkehrt, kannst du deine lateinischen Grammatikaufgaben zum Pfarrer bringen . . .», wieder schaute sie ihn zwinkernd an, «oder vielleicht möchtest du deine Latinisierung der ‹Canterbury-Erzählungen› fortsetzen? Und eines noch: Der alte Doggett ist dabei, die Wände meines Söllers zu bemalen; ich möchte, daß du ihm jede erdenkliche Hilfe zukommen läßt. Er ist ein zu alter Mann, um noch auf Leitern zu klettern. Aber nun gehst du zum Haushofmeister, er erwartet dich schon; und ich werde dem Müller Nachricht geben, daß du eine neue Bleibe gefunden hast.»

Mit dieser verwirrenden Fülle von Anweisungen verließ Stephen Dame Alice. Er war dankbar zu entkommen. Den Weg zur Vorratskammer, wo er den Haushofmeister finden würde, kannte er, und für einen Augenblick blieb er außer Sichtweite sowohl des Herrenhauses als auch des Gartens stehen, um einen klaren Kopf zu bekommen.

Im Schloß zu wohnen war eine so wundervolle Vorstellung, daß er sie kaum fassen konnte. Doch gerade jetzt, in Verbindung mit seiner Furcht, daß Bolingbroke in den Besitz des Briefes gelangt sein könnte, schien diese Aussicht eher ein Zeichen, daß ihm der Teufel auf den Fersen folgte.

Was sollte er nur tun? Doggett hatte gewarnt, daß Dame Alice Höllenqualen ausstehen würde, wenn sie wüßte, daß der Brief nicht nur gelesen, sondern auch abgeschrieben worden war. Doggett glaubte selbst, daß die Abschrift verbrannt war, und hatte bisher noch nie etwas von Bolingbroke gehört. Es war unmöglich, ihm oder Dame Alice die Wahrheit zu sagen. Stephen konnte fast Doggetts Stimme hören: «Wenn jemand zu leiden hat, dann besser du als sie.» Das entschied alles. Er mußte so weitermachen wie bisher und den Druck, der auf ihm lastete, ertragen. Also riß er sich zusammen. Er hatte dem Haushofmeister einige Befehle zu überbringen und sich danach zu Doggett in den Söller zu begeben. Aber da war gerade der Haken! Ob Doggett wohl weitere Fragen stellen würde? Oder hatte er in der Aufregung über seine Arbeit die ganze Sache schon vergessen?

Stephen fand Will Bylton, den Haushofmeister, im Hof der Küche. Er überwachte gerade die Zerteilung eines geschlachteten Schweins. Als die einzelnen Bratenstücke nach seinem Belieben zurechtgeschnitten und unbeschadet in Salzlake eingelegt waren, wandte er seine Aufmerksamkeit Stephen zu und musterte ihn von oben bis unten, so wie er zuvor das Schwein begutachtet hatte. Er habe bereits viel Gutes über ihn gehört, sagte er. Der Pfarrer habe erzählt, er sei

folgsam, und Dame Alice habe erklärt, daß er eine schöne Handschrift hätte. Das sei etwas, wofür man dem Himmel danken könne. Barnabas, der andere Schreiber, könne nicht zwei und zwei zusammenzählen, und wenn er die Haushaltslisten schriebe, könnten diese genau so gut Heiligenlitaneien darstellen.
Stephen lachte pflichtgemäß, und der Haushofmeister überschüttete ihn sogleich mit einem ganzen Katalog von Anweisungen. Stephen solle mit Barnabas das Bett teilen, und zwar in der Kammer vor der Tür zum Gemach des Kaplans. Er müsse den Schneider im Dachboden über der Waffenkammer aufsuchen, der ihn mit Mylords Livree ausstatten würde – und auch mit neuen Beinkleidern; seinen Schulkittel könne er jedoch behalten. Neben all dem, was Mylady ihm auftrug, sei es seine Hauptaufgabe, Buch zu führen und jene Listen neu zu schreiben, mit denen Barnabas Schindluder getrieben hatte. Und dann sei da noch Doggett im Söller, ein weiterer unter Myladys besonderem Schutz; vielleicht solle Stephen besser sofort zu ihm gehen? Ob er denn den Weg wisse?
Stephen bejahte und lief durch den Gang zwischen den hölzernen Trennwänden in die leere Halle hinein.
Kaum hatte er die kleine Treppe erreicht, die zum Söller hochführte, da ließ ihn ein lautes Niesen direkt hinter ihm auffahren. In einer abgeschirmten Ecke saß ein Junge an einer Bank, die mit Federn und Papier übersät war. Da ein Niesen dem anderen folgte, vergrub er sein Gesicht in den Händen, und das gefährlich plazierte Tintenhorn ergoß seinen Inhalt in einem dünnen, schwarzen Rinnsal.
Stephen sprang zu Hilfe, packte die Seiten, bevor sie alle schwarz übergossen waren, während der Junge immer noch schniefend seinen Ärmel in die Tinte tunkte und seine Finger vorn am Kittel abwischte.
Mit tränenfeuchten Augen sah er zu Stephen hoch.
«Ich schwöre, das Tintenhorn ist verhext», meinte er. «Es läuft über, sobald ich nur einen Atemzug mache. Ich bin Barnabas, und du bist sicherlich Stephen. Mylady erzählte, daß du kommen würdest und daß du wie ein richtiger Schreiber zu schreiben verstehst. Benutzt du einen Federkiel? Ich kann ganz gut mit einem Griffel auf einer Wachstafel schreiben, aber keine Feder will mir gehorchen.»

Stephen legte die Blätter auf den sauberen Teil der Bank zurück. Ein schneller Blick verriet ihm, daß, wenn er nicht Obacht gäbe, sich das ganze Durcheinander sogleich über ihn ergießen würde.

«Man hat mich geheißen, zu Doggett zu gehen», sagte Stephen. «Schau, da ist Tinte auf deinem Ärmelaufschlag. Wisch sie fort, sonst hast du sie nachher überall.»

Er eilte zurück zur Treppe, und erst als er zu dem Ledervorhang gelangte, fiel ihm ein, daß er die Begegnung mit Doggett fürchtete. Er schob den Vorhang beiseite und blieb voller Staunen über das, was er vor sich sah, stehen.

Die Stirnwand war mit nassem Putz bedeckt, auf dem schwungvolle Linien aufgemalt waren, die einem verästelten Baum glichen. An den Ästen hingen Wappenschilde, von denen einige erst in Umrissen, andere hingegen schon in leuchtenden Farben zu erkennen waren. Stephen entdeckte den Burghersh-Löwen mit den zwei Schwänzen, die drei Löwenköpfe der De la Poles sowie einige spitze Ecken, die den Anfang zum Montacute-Wappen darstellen mußten. Doggett befand sich in der Mitte des Zimmers, seine grauen Haare standen wirr zu Berge, sein Gesicht war mit Farbe bespritzt, aber seine alten Augen glänzten so blank wie die eines Terriers.

«Da bist du ja endlich», rief er. «Ich dachte schon, du hättest mich im Stich gelassen.»

«Ich habe Lys zum Kloster gebracht», erwiderte Stephen. «Sie ist dort als Küchenmagd aufgenommen worden.»

«Gut», meinte Doggett geistesabwesend. «Nun, was sagst du *dazu*?»

Stephen stieß beinahe einen Seufzer der Erleichterung aus. Ganz offensichtlich war Doggett an nichts anderem als an seinem Kunstwerk interessiert. «Es ist wunderschön», rief er aus. «Erzähl mir, wie du es gemacht hast.»

Doggett konnte der Versuchung nicht widerstehen.

«Der Maurer trägt erst den nassen Putz auf, aber nur so viel, wie ich an einem Tag fertigstellen kann. Er steht auf einer Leiter und zeichnet die Umrisse der Äste und der blanken Schilde auf. Ich male danach die Wappen aus; dafür bin *ich* verantwortlich. Sie sollen Mylords und Myladys Vorfahren zeigen. Sieh! Mit dem De-la-Pole-Wappen und dem Burghersh-Wappen bin ich schon fertig.

Das Bild eines Baumes

Du kannst dich an den beiden leeren Schilden da oben versuchen, das sind Stafford und Roet. Sie traut mir doch in der Tat nicht, wenn ich auf eine Leiter klettere . . . als ob ich ein Tattergreis sei!»
«Stafford und Roet», wiederholte Stephen. «Kenne ich sie denn?»
«Wenn du Augen im Kopf hast, dann ja. Beide sind im Kirchenfenster zu sehen. Stafford – goldener Untergrund mit einem roten Winkel – für Mylords Mutter; Roet – drei Räder, erst zwei und dann eins, wieder golden und rot. Das ist doppelsinnige Heraldik, ein Wortspiel nämlich mit ‹roue›, dem französischen Wort für Rad.»
«Aber die drei Räder sind doch das Chaucer-Wappen», sagte Stephen, froh, Doggett weiter ablenken zu können. «Auf dem Grabstein von Sir Thomas stehen sie für Chaucer.»
Doggett fing zu kichern an. «Das ist ja das Komische. Der alte Sir Thomas benutzte die drei Räder, als ob sie das Wappen seines Vaters gewesen wären, wohingegen sie in Wirklichkeit das seiner Mutter waren. Sie hieß Philippa Roet und war die Tochter eines flämischen

Ritters. Ihre Schwester wurde – ohnehin spät genug – mit dem alten John von Gaunt verheiratet, und so ist Dame Alice eine Cousine der Beauforts . . . denk nur mal – eine Verwandte des Kardinals! Roet ist also das Bindeglied mit dem Königshaus, und daher wurde dieses Wappen bis zum heutigen Tag für Chaucer verwendet.»

«Aber wie sieht dann das Chaucer-Wappen aus?»

Doggett legte seine Finger an die Nasenspitze. «Ich glaube, es gibt gar keines», antwortete er mit verhaltener Stimme. «Der Vater des alten Sir Thomas, Geoffrey Chaucer, war der Sohn eines Weinhändlers. Obgleich er sich einen Namen gemacht hat, glaube ich persönlich, daß er nur das Abzeichen eines Kaufmanns hatte.»

Er nickte wissend, und Stephen nickte zurück. Chaucer oder Roet; Räder oder Kaufmannszeichen, das machte doch kaum einen Unterschied. Stephens Absicht war es, Doggett vom Thema des Briefes abzubringen.

Und Doggett, der einmal angefangen hatte, war nur allzu bereit fortzufahren. «Wohlgemerkt, auch die De la Poles waren nur Kaufleute, die aus Hull kamen und die königlichen Geldtaschen füllten», fuhr er leise fort. «Es ist überall die gleiche Geschichte. Chaucer, Beaufort, De la Pole, alles große Namen heute, aber wo steckte einer von ihnen, möchte ich gerne wissen, als mein Großvater seinen Bogen in Crécy* spannte?»

* Gemeint ist der französische Ort Crécy-en-Ponthieu nördlich von Abbéville (Somme). Hier besiegten die Engländer unter Eduard III. während des Hundertjährigen Krieges am 26. August 1346 das überlegene französische Ritterheer Philipps VI. Dieser Sieg kam durch eine zukunftsweisende Taktik (defensiv kämpfende, abgesessene Ritter und Langbogenschützen) zustande; er bewies die Überlegenheit der mit Langbogen bewaffneten Infanterie über das mittelalterliche Ritterheer.

Das Königswappen und das Gloucester-Wappen

Eine silberweiße Schildumrandung

Das Leben im Schloß war so gänzlich anders als alles, was Stephen jemals zuvor kennengelernt hatte, daß er fast meinte, in einem fremden Land zu sein. In der Kammer vor der Tür zum Gemach des Kaplans schlief er zum ersten Mal in seinem Leben in einer richtigen Bettstatt, die er mit Barnabas teilte. Das Bett bestand aus dicken Säcken voller Heu, die täglich aufgeschüttelt wurden, und groben, grauen Wolldecken. Die Mahlzeiten nahmen sie in dem Vorratsraum ein. Dort wurden für die Schreiber, die sich nicht unter das Küchenpersonal mischen sollten, kleine Bierkrüge und dicke Scheiben knusprig-frischen Brotes aus dem Backofen, belegt mit Käse, Speck oder Stockfisch, bereitgestellt.

Das magenfüllende Mittagessen wurde jedoch von allen Dienstgraden des Haushalts gemeinsam in der großen Halle eingenommen, und Dame Alice hatte den Vorsitz. Sie saß mit den beiden jungen Fräulein und ihrer Kammerfrau am oberen Ende an einer Tafel, die auf einem Podest erhöht stand. Fräulein Eleonore Dorn war eine gebildete, würdevolle Dame, und sie hatte von Will Bylton, dessen Witze vor niemandem haltmachten, den Spitznamen «Der Dorn im Fleische» erhalten.

Jeden Morgen schnappte sich der Haushofmeister Stephen als einzig verfügbaren, zuverlässigen Schreiber und scheuchte ihn von einer

Arbeit zur anderen, bewaffnet mit Wachstafeln, auf denen er drinnen wie draußen Notizen von jeder Einzelheit des Haushalts zu vermerken hatte. Da mußten die Gewichtsangaben sowohl für die Scheffel Mahlkorn, die zur Mühle geschickt wurden, als auch für die Säcke Mehl, die an ihrer Stelle zurückkamen, überprüft werden. In den Ställen mußte notiert werden, welche Pferde vom Hufschmied beschlagen worden waren, und auf dem Bauernhof, wie viele Kühe gekalbt und wie viele Hühner sich den Hals hatten umdrehen lassen. Das alles wurde vom Gutsverwalter kontrolliert und danach in die Haushaltslisten eingetragen, die aus langen Pergamentstreifen bestanden. Sie wurden fest zusammengerollt und dann anscheinend für immer in einer Truhe unter dem Regal im Vorratsraum verstaut. Nachdem diese Aufgabe erledigt war, mußten die tintenbekleckten Aufzeichnungen von Barnabas neu abgeschrieben werden. Das stellte sich als eine Geduldsprobe heraus, denn sie waren alle völlig durcheinandergeraten und reichten von einer wichtigen Eintragung wie zum Beispiel der Wiederherrichtung von Mylords Rüstung nach der neuesten Mode bis hin zu einer Nebensächlichkeit wie der Anzahl von Kerzen, die in einer Nacht heruntergebrannt waren, oder den Pfennigen, die der Barbier aus Wallingford erhalten hatte, der gerufen worden war, um die Wäscherin zur Ader zu lassen, als sie in Ohnmacht fiel.

Diese Schreibarbeiten waren für sich betrachtet recht langweilig, aber genau das kam Stephen sehr gelegen. Er hatte kein Verlangen danach, jemandem aus dem Dorf zu begegnen und peinliche Fragen zu beantworten, und mehr noch war er darüber erfreut, auf diese Weise jede zufällige Begegnung mit Bolingbroke zu vermeiden, falls der Master aus Oxford sich noch in der Umgebung aufhalten sollte. Die einzige Gelegenheit, bei der es sich als notwendig erwies, Mylords Grund und Boden zu verlassen, war in den frühen Morgenstunden, wenn Stephen und Barnabas die Damen zur Kirche geleiteten und deren Gebetbücher und Kissen trugen, da während der Abwesenheit von Master Brayles keine Messe in der Schloßkapelle stattfand.

Zwei oder drei Wochen vergingen, ohne daß dieser Frieden durch irgend etwas gestört worden wäre. Die Haushaltslisten waren fast auf dem neuesten Stand, und Stephen begann, sich zu fragen, was er wohl als nächstes tun müßte, wenn Master Brayles nicht bald wiederkommen würde, um ihn zurück zum Unterricht zu beordern. Doch bis jetzt gab es weder von Mylord noch von seinem Kaplan ein Lebenszeichen. Dann schlug plötzlich das Wetter um. Der Sonnenschein der ersten Maitage wich einer kühlen Witterung mit vielen Niederschlägen, die mehr dem Februar glich. Der Bach im Dorf, an dem die Brunnenkresse wuchs, wurde zum reißenden Strom, den niemand zu überqueren wagte außer Doggett, der in geliehenen Halbstiefeln erschien, die mit einer Schnur zugebunden waren, und einem weiten, mottenzerfressenen Umhang mit Kapuze, der den Feldzug in Azincourt überlebt hatte. Er war der Held des Tages, und Dame Alice beschloß, daß für Fräulein Jane und Fräulein Philippa die Zeit gekommen sei, Unterricht in Heraldik zu nehmen. Jede vornehme, gebildete Dame müsse mit den Regeln der Wappenkunde vertraut sein, und hier sei eine gute Gelegenheit, diese zu lernen. Doggett war in seinem Element, und Stephen sah sich herbeizitiert, um die Unterschiede zwischen einem Schildhaupt, einem Querbalken, einem Schrägbalken, einem Winkel und dem Rest der neun einfachen Heroldsfiguren zu erläutern.

Die neun einfachen Heroldsstücke

Eines Morgens traf Doggett mit noch glänzenderen Augen als üblich ein. Als der Unterricht vorüber war und die Schülerinnen vom «Dorn» fortgeleitet wurden, winkte er Stephen zu, legte seinen Zeigefinger auf die Lippen und wisperte aufgeregt:

«Wie gefallen Mylady die neuesten Nachrichten?»
«Nachrichten? Welche Nachrichten?» fragte Stephen erstaunt.
«Die Nachrichten bezüglich Mylord natürlich! Sind sie noch nicht bis hierher gedrungen? Der junge Nye kam gestern abend vorbei. Er hatte dem Prior in Wallingford ein Weinfaß auf seinem Schleppkahn gebracht, und danach hat er seinen Vater im Haus Gottes besucht. Er sagt, daß die Stadt zwar von Gerüchten wimmele, aber für dieses eine könne er sich verbürgen: Die für den Friedensbeschluß mit Frankreich geplante Versammlung soll sehr bald in der Nähe von Calais abgehalten werden. Der Kardinal will zusammen mit dem französischen Herzog den Vorsitz übernehmen. Mylord sollte sie begleiten, weil es, wie jedermann behauptet hat, seine Idee gewesen war. Aber plötzlich ist er raus aus der Sache und soll in England zurückbleiben. Herzog Humphrey triumphiert. Was ist bloß geschehen? Weißt du es? Ist das alles wahr? Hatte Mylord Kenntnis davon?»
Stephen schüttelte den Kopf. Tief in sich spürte er plötzlich einen Schauder der Angst, aber er unterdrückte die Empfindung, indem er sich versicherte, daß selbst in Bolingbrokes Händen der Brief bis zum jetzigen Zeitpunkt noch nicht so viel Schaden angerichtet haben könnte. Schlechte Nachrichten reisen geschwind; Dame Alice wäre die erste gewesen, die davon erfahren hätte, und sie war bis jetzt heiter und gelassen.
Sie war auch noch heiterer Stimmung, als sie ein paar Tage später nach Stephen schickte. Da der Söller noch nicht fertiggestellt war, fand er sie in einem kleinen Vorzimmer, das zum «Großen Kabinett», Mylords Privatgemach, führte. Das Kabinett war der stattlichste Raum im ganzen Schloß, es hatte ein prächtiges Bett mit Vorhängen, das Mylord wichtigen Gästen überließ. Das Vorzimmer war hingegen klein und dunkel, und die Damen und die beiden kleinen Fräulein drängten sich mit ihrer Handarbeit um das winzige Fenster.
Nachdem Stephen seine Verbeugung gemacht hatte, wies Dame Alice auf ein Pult, auf dem sich Schreibzeug, eine brennende Kerze in einem Halter und ein Stapel staubiger Pergamentrollen befanden.

«Ich habe eine Aufgabe für dich», sagte Dame Alice mit einem Lächeln. «All diese Schriftstücke hier betreffen geschäftliche Angelegenheiten des Gutes von Ewelme. Zu Lebzeiten meines Vaters wurden die Papiere in Ordnung gehalten, doch seit seinem Tod sind sie vernachlässigt worden. Sie brauchen nicht abgeschrieben zu werden, sondern es soll nur außen auf jede Schriftenrolle der Gegenstand und das Datum eingetragen werden. Verstehst du? Ich bin sicher, daß dich das nicht überfordern wird.»
Stephen glühte vor Eifer, und mit den Frauenstimmen am Fenster im Hintergrund begab er sich sogleich an die Arbeit. Die Schriftstücke enthielten augenscheinlich Angelegenheiten von großer Bedeutung wie zum Beispiel vertragliche Vereinbarungen über die Verpachtung einzelner Teile des Gutsbesitzes oder über die Anzahl der Morgen Land, die ein Pächter zu bestellen hatte; wie viele Stücke Vieh für das Schlachtfest am Michaelstag gemästet und dann für den Winter eingepökelt werden mußten; über die Höhe der Geldbußen, die einem Pächter aufzuerlegen waren, wenn sein Sohn außerhalb des Gutes arbeitete oder seine Tochter einen «Fremden» heiratete; oder über die Erlaubnis, große Stücke Holz zum Zweck von Reparaturen am Haus des Pächters zu zerkleinern.
Stephen war schon eine Zeitlang beschäftigt gewesen, als Dame Alice ihn plötzlich rief. «Es gibt kein Anzeichen dafür, daß sich die Wolken zerstreuen», sagte sie. «Vielleicht würde es helfen, die Zeit angenehm zu vertreiben, wenn du uns vorliest, während wir unsere Handarbeit machen?»
Stephen stockte der Atem. «Lesen soll ich? Laut?»
Sie lächelte ihm zu. «Ja, gewiß doch, laut vorlesen. Ich habe einmal gehört, wie du in der Kirche die Lesung abgehalten hast, und ein anderes Mal habe ich dich bei der Lektüre der ‹Canterbury-Erzählungen› ertappt. Also, was soll es denn heute sein?» Sie führte ihn zu einem Wandschrank, der mehr Bücher enthielt, als Stephen jemals zuvor in seinem Leben gesehen hatte. «Sollen wir unser Latein aufbessern, Kinder? Hier ist Ciceros ‹De Senectute›*.» Sie lachte, als von der Bank in der Fensternische laute Protestrufe erschallten. «Wie

* (lat.) «Über das Alter».

ist es dann mit ‹Troilus und Criseyde›*? – Nein, das ist für junge Mädchen ungeeignet. Ah da, ‹Gawayne und der Grüne Ritter›**, das scheint mir eine gute Wahl. Komm, Stephen, fang unverzüglich an.»

Stephen begann, stockend zu lesen, doch als er mehr und mehr von der Geschichte in den Bann gezogen wurde, verlor er allmählich seine Nervosität. Mit Ausnahme jener seltenen Blicke in die «Canterbury-Erzählungen» hatte er niemals zuvor einen Versroman gelesen, und er fing an, sich nun auf ungemütliches Wetter zu freuen. Die einzige Person, die das mißbilligte, war Doggett. Er behandelte die ganze Angelegenheit mit Verachtung, da er scharf erkannte, daß, wenn Mylord oder der Kaplan nicht bald zurückkehrten, der Junge zum Leibdiener der Damen werden würde.

Eines Morgens, als der Regen herunterprasselte, kam Bylton eilig durch die Halle und brachte einen Brief, an dem ein großes Siegel baumelte.

«Ein Brief aus Wingfield, Mylady», verkündete er. «Morton, der ihn hierher gebracht hat, hatte Befehl von Mylord, ihn Euch persönlich zu übergeben, aber er war so mit Schlamm bespritzt, daß er ihn mir anvertraut hat.»

Stephen sah, wie das Blut aus Dame Alices Gesicht wich. «Aus Wingfield? Hat Mylord London so plötzlich verlassen? Wie kommt das?» Mit gefaßter Stimme wies sie dann den Haushofmeister an, dafür zu sorgen, daß Morton, der Bote, sofort Warmbier und trokkene Kleidung bekäme. Erst als Bylton aus dem Zimmer gegangen war, wandte sie sich zum Fenster und faltete den Brief auf.

Eine ungeheure Spannung lag in der Luft. Sogar Fräulein Jane und Fräulein Philippa waren mucksmäuschenstill. Stephen verharrte mit dem Buch in der Hand und wagte nicht, sich vom Fleck zu rühren. Schließlich konnte «der Dorn» nicht mehr an sich halten.

* Gemeint ist ein von Geoffrey Chaucer 1385 vollendeter Versroman, in dem sich die Liebesauffassung des Mittelalters veranschaulicht.

** Die um 1375 entstandene Versromanze gilt neben den Werken Chaucers als das bedeutendste der mittelenglischen Literatur. Gawain ist Hauptheld der mittelenglischen Epen um Artus, den britischen Sagenkönig.

«Ich hoffe, die Nachricht gefällt Euch, Mylady?» Dame Alice drehte sich herum, und ihr Gesicht war immer noch bleich und ernst.
«Etwas ist vorgefallen, Dörnchen, obgleich Mylord sich scheut, es niederzuschreiben. Doch ich kann zwischen den Zeilen lesen. Der wesentliche Punkt ist, daß er aus der Abordnung für Gravelines bei Calais ausgeschlossen wurde – jener Abordnung, die die Bedingungen für einen Friedensbeschluß aushandeln soll. Ihr erinnert Euch, daß er der Hauptbetreiber dieser Angelegenheit war. Es war gänzlich seine Idee, dem französischen Herzog zu gestatten, als unser Sprecher aufzutreten; nach fünfundzwanzig Jahren Gefangenschaft in England kann niemand besser als er für beide Seiten sprechen. Der Plan reifte in Mylords Haus in der Lombard-Straße, als Monseigneur unser Gefangener war und der Gesandte aus Burgund dort speiste. Der Kardinal billigte das Vorhaben und schenkte Mylord sein volles Vertrauen. Als Mylord nach London ritt, um am Requiem für den Grafen von Warwick teilzunehmen, war er daher guten Mutes – trotz des traurigen Anlasses. Die Friedensverhandlung sollte bald stattfinden, und er sollte die rechte Hand des Kardinals sein – zusammen mit seinem Freund, dem französischen Herzog als Unterhändler. Sie wollten den Frieden mit nach Hause bringen. Und nun ist alles anders gekommen. Der Kardinal und der französische Herzog haben sich tatsächlich eingeschifft, Herzog Humphrey ist mit dem König in Westminster geblieben, und Mylord hat sich eilig nach Wingfield zurückgezogen. Das allein zeigt, wie die Dinge stehen.»
«Vielleicht sucht er sich durch einen angenehmen Zeitvertreib abzulenken, Mylady.»
Dame Alice lächelte schwach. «Das würde ihn nicht davon abhalten, *hierher* zu kommen. Nein, der Grund ist mir nur allzu einsichtig. Wingfield ist eine Burg, kein unbefestigter Landsitz. Es hat Mauern aus Stein und einen Festungsgraben. Wenn es erforderlich sein sollte, könnte Mylord es verteidigen. Ferner sucht er zu vermeiden, daß eine kriegerische Auseinandersetzung hier in Ewelme, meiner Heimat, ausgetragen wird. Ich kenne seine Gedanken nur zu gut! Nein, meine liebe Dorn, wir müssen uns in Geduld fassen. Betet mit mir zu Gott, unserem Erlöser, und seiner

gebenedeiten Mutter! – Wenn das Wetter wieder aufklart, wird Mylord gewiß am 12. Tag des Juni kommen. Darauf setze ich all meine Hoffnung.»

Stephen, der in Vergessenheit geraten war, stahl sich unglücklich fort. Mehr denn je fürchtete er, daß diese plötzliche Wende von dem Brief in Bolingbrokes Hand herrührte. Er versuchte, sich an den Inhalt des Briefes zu erinnern – da stand etwas über eine französische Heirat. Doch das einzige, worüber er Gewißheit hatte, war Doggetts Warnung vor dem Schaden, den Mylord nehmen würde, wenn dieser Brief in die Hände seiner Feinde gelangte.

Stephen ging furchtsam auf Zehenspitzen hinauf in den Söller. Doch wie der Zufall es wollte, hatte Doggett gerade die letzten Pinselstriche auf der Wand angebracht und konnte an nichts anderes denken.

«Jeder sagt, daß es eine großartige Arbeit sei», verkündete er und stapfte selbstgefällig hin und her. «Ich danke dir für deine Hilfe, mein Junge – jedenfalls für das bißchen, was du geleistet hast. Ich wollte, Mylord wäre hier, um es zu bestaunen, so lange die Farben noch frisch sind. Aber ich nehme an, wir müssen bis zum zwölften Juni warten.»

Stephen spitzte die Ohren. Das hatte Dame Alice schon gesagt! «Warum bis zum zwölften Juni?»

Doggett fuhr ihn an. «Schäm dich!» rief er. «Betest du nicht für deinen Vater, so wie ein Sohn es tun sollte? Es ist sein Todestag. Am zwölften Juni vor genau zehn Jahren erlitt Mylord in Jargeau seine große Niederlage. Aber dein Vater starb umsonst. Mylord war gezwungen, sich einem französischen Junker zu ergeben – den er zuerst mit seinem eigenen Schwert zum Ritter geschlagen hatte, um den Gesetzen des Rittertums Genüge zu tun – und wurde auf diese Weise ein Gefangener der Jungfrau. Seinen Platz als Geisel nahm jedoch sein Bruder ein, der in der Gefangenschaft verstarb. Mylord ließ seinen Leichnam nach Ewelme zurückbringen, wo er nun in der Kirche unter einer Grabplatte im Boden ruht. Jedes Jahr zieht sich Mylord an diesem ruhmlosen Tag hierher zurück, um derer zu gedenken, die ihm zur Seite gestanden haben. Und da fragst du mich, was am zwölften Juni ist!»

Mit so viel neuer Nahrung für seine Gedanken fand Stephen sich, so gut es eben ging, im Tagesgeschehen zurecht und bangte, was als nächstes geschehen würde. – Es war nun Ruhe eingekehrt. Die Nachricht, daß Mylord in Wingfield und nicht in London oder Frankreich war, hatte sich auf leisen Sohlen verbreitet, und alle Bewohner des Schlosses, allen voran Dame Alice, erwarteten den gewohnten Besuch im Juni.

Stephen verbrachte die meiste Zeit in dem nun fertiggestellten Söller, von dem aus eine Tür in die Kammer der Zofe und eine andere in die mit Krügen, Schüsseln und Handtüchern ausgestattete Badestube führte. In der Mitte des Zimmers stand ein großes Bett mit Vorhängen, aber es war noch Platz genug, um die von Doggett bemalten Wände zu betrachten. Die Kinder wurden nicht müde, Geschichten über die Personen und Familien zu hören, deren Wappenschilde dort in solch leuchtenden Farben dargestellt waren. Dame Alices Pult und ihre kostbaren Bücher wurden hochgetragen, denn der Raum war hell, und auf den breiten Bänken in den Fensternischen lagen bunte Kissen.

An den wenigen schönen Tagen wurden Stephen und Barnabas nach draußen geschickt, um Bewegung zu haben. Sie spielten im Park Ball, begleiteten den Falkner, während dieser einen jungen Habicht abrichtete, oder übten sich im Zielscheibenschießen. Es war recht seltsam, daß Barnabas, der nicht mit einer Schreibfeder umzugehen verstand, sich als sehr geschickt mit dem Bogen erwies – jedenfalls so geschickt, daß er Stephen zur Aufbietung all seiner Kräfte anspornte.

Als sie eines Abends mit ihren Bögen und Köchern zurückkehrten, wurden sie an der Tür von Bylton, dem Haushofmeister, empfangen.

«Der Junge von der Mühle hat nach dir gefragt», sagte er zu Stephen. «Er war in heller Aufregung, aber er wollte nicht sagen warum. Wenn du dich beeilst, kannst du ihn vielleicht noch einholen.»

Stephen lief davon, und nachdem er die Berghöhe überquert hatte, sah er Tom weit vor sich und rief nach ihm. Tom hörte ihn, und während er seine Hände zu einem Trichter formte, brüllte er:

«Die Bücher! Herzog Humphreys Bücher kommen! Ich hab' doch versprochen, dir Bescheid zu geben.»

Stephen kam atemlos bei ihm an. «Wann?» keuchte er.
«Jeden Moment; noch vor Sonnenuntergang. Ein Fährmann aus Wallingford hat die Nachricht überbracht. Solange er da war, hat der Rote Jak sie ruhig aufgenommen, aber dann hat er Gift und Galle gespuckt. So wütend habe ich ihn noch nie gesehen, aber es ist ja beinahe Vollmond. Selbst seine Frau hat Angst vor ihm.»
«Aber was kann er tun? Er wird doch nicht wagen, das Schiff zu versenken!»
«Nicht wagen?» schnaubte Tom. «Es gibt nichts, was er nicht wagt, wenn er so von Sinnen wie jetzt ist! Wenn dieser Lastkahn heute abend nicht sicher durch das Wehr gelangt, dann wird er beim Morgengrauen klaftertief im Schlamm liegen. Der Müller kennt die Strömung genau und weiß mit ihr umzugehen.»
Stephen stockte der Atem. All die prachtvollen Bücher! Irgend etwas mußte unternommen werden. «Komm», rief er. «Wir müssen Hilfe holen! Komm, beeil dich!»
Er lief bergaufwärts zurück. Tom folgte ihm dicht auf den Fersen und beteuerte, daß der Rote Jak ihn umbringen würde. Stephen nahm jedoch keine Notiz davon, sondern lief geradewegs und ohne anzuhalten durch den abgeschirmten Gang hindurch und in die große Halle hinein. Eine Dienstmagd stieß einen entsetzten Schrei aus, als sie Toms hochgebundenes Hemd und seine schlammbeschmutzten Beine sah, doch Stephen verlangsamte seine Geschwindigkeit nicht, sondern schlidderte quer durch die Halle, bis er zum Stillstand kam und Tom über ihn purzelte.
Dame Alice saß an der erhöhten Tafel, während Bylton und Fräulein Dorn Wandteppiche vor ihr ausbreiteten, damit sie sie begutachtete. Der Haushofmeister drehte sich verärgert um.
«Was soll der Lärm? Das ist hier keine Bärenhatzarena! Auf die Knie ihr beiden und bittet Mylady um Vergebung!»
Stephen beachtete ihn nicht. «Die Bücher, edle Herrin», rief er Dame Alice zu, «der Lastkahn mit den Büchern für Oxford! Er nähert sich der Mühle, und Tom sagt, daß der Rote Jak geschworen hat, die Bücher zu versenken!»
Sie schaute ihn erstaunt an. «Bücher? Was für Bücher? Meinst du etwa Herzog Humphreys und König Heinrichs Bücher aus Windsor?

Ich weiß, daß der Müller für verrückt gehalten wird, aber so von Sinnen kann er doch nicht sein?»
«Er hegt einen Groll gegen Herzog Humphrey. Er hat beinahe die Herzogin am Wehr ertränkt. Ich hab's mit eigenen Augen gesehen!» Stephen war immer noch außer Atem.
«Diese Geschichte ist überall bekannt», unterbrach ihn Bylton. «Es scheint wohl etwas Wahres daran zu sein.»
«Aber wie kann er einen großen Lastkahn versenken? Da müssen doch Schiffsleute sein, die ihn beaufsichtigen.» Sie wandte sich an Tom. «Was hat er vor, mein Junge? Sprich nur; wir werden dich in Schutz nehmen.»
Toms Stimme klang fest. «Es ist ganz einfach, edle Herrin, wenn er dazu entschlossen ist. Er läßt den Wasserstand so niedrig werden, daß das Schiff bis zum Morgen warten muß. Wenn alles auf dem Schiff schläft, läßt er seinen Stauspiegel bis zum höchsten Punkt ansteigen und öffnet dazu noch den Mühlgraben – so als ob ein teuflischer Zufall seine Hand im Spiele hätte. Der Lastkahn wird in die Mitte des Flusses getrieben, und weil er schwer ist, geht er in der reißenden Strömung wie ein Stein unter. Die Besatzung wird sich retten können, aber die Bücher werden im Schlamm versinken.»
«Gütiger Himmel, das ist wahrhaft teuflischer Wahnsinn! Bylton, wir müssen nach Hilfe aus Wallingford schicken! Aber . . .», sie schaute Tom wieder an, «was können wir in der Zwischenzeit tun? Wie können wir ihn aufhalten, bis Hilfe kommt?»
«Da gibt es nur einen Weg, edle Herrin. Das Schiff muß vor Einbruch der Dunkelheit das Wehr passieren, damit es auf dem Oberwasser in Sicherheit ist.»
Sie nickte zustimmend. «Da müssen wir nicht nur Gewalt, sondern auch List anwenden. Zuerst, Bylton, schickt Ihr einen Befehl nach Wallingford. Bleibt noch, ich muß unterzeichnen. Holt Feder und Tinte! Du, mein Junge, gehst sogleich zur Mühle zurück, damit der Müller keinen Verdacht schöpft. Tu alles, was in deiner Macht steht, um ihn zu besänftigen. Und du, Stephen, mußt deinen Verstand benutzen und ihn hinhalten, bis Hilfe kommt. Ich werde in Mylords Namen einen Brief an ihn schreiben, den du als Vollmacht mitnehmen kannst. Schnell, Papier und Feder!»

Sie saß tief in Gedanken versunken da, bis ihr Federkiele, Tintenhorn, Papier und Löschsand gereicht wurden; dann schrieb sie hastig in der ihr eigenen schwungvollen Handschrift ein paar Zeilen an den Hauptmann des Schlosses zu Wallingford. Als Bylton den Brief zum Boten trug, fing sie erneut zu schreiben an, diesmal jedoch langsamer und sorgfältiger. Zum Schluß streute sie Löschsand über das Geschriebene, und während es trocknete, las sie es laut vor.

«Du sollst wissen, was ich geschrieben habe», sagte sie zu Stephen, «damit du es dir zunutze machen kannst. Ich habe es für besser befunden, den Namen Gloucesters auszulassen, und beziehe mich nur auf die Bücher, die Oxford von König Heinrich V. vermacht, aber noch nicht dorthin transportiert worden sind, so schändlich dies auch ist. Glücklicherweise befinden sich einige von ihnen in dieser Fracht – soviel ich weiß . . . Nun hör zu, mein Junge, und mach dich dann auf den Weg.»

Der Brief lautete wie folgt:

An Jak den Müller in der Benson-Mühle

Ich grüße Euch, guter Jak, und möchte Euch einen großen Lastkahn ankündigen, der bald von Windsor stromaufwärts nach Oxford kommen wird. Dieses Schiff befördert eine Ladung wertvoller Bücher, von denen viele ein Geschenk unseres verstorbenen Oberlehnsherrn König Heinrich V., dem Gott den Frieden schenken möge, sind. Er hat sie Oxford in seinem Testament vermacht.

Es ist daher eine Ehrensache für alle, die wie Mylord von Suffolk und wie Ihr, guter Jak, unter Mylords Flagge, König Heinrich treu ergeben gewesen sind, diese Pflicht mit der gebotenen Eile und Willfährigkeit zu erfüllen, auf daß die kostbare Fracht sicher unsere Benson-Mühle passiert.

Unterzeichnet im Auftrag meines edlen Herrn
von
Alice Suffolk

Mit klopfendem Herzen lief Stephen so schnell wie möglich den Berg hinunter. Als Dame Alice ihm den Brief übergab, hatte sie mit gesenkter Stimme, so als ob es ein Geheimnis zwischen ihnen beiden wäre, gesagt: «Denk daran, was es bedeuten würde, wenn Gloucesters Büchern an unserer Mühle etwas zustoßen sollte!» Mehr brauchte es nicht, um aus Stephens Mission einen Kreuzzug zu machen. Es fiel ihm plötzlich ein, daß Bolingbroke da sein könnte, aber er schob auch diesen Gedanken beiseite. Dies hier war eine Sache von weitaus größerer Bedeutung als alles andere.

In der Nähe der Mühle wartete Tom unter einem Baum.

«Der Lastkahn kommt gerade in Sicht!» Er deutete auf eine weit entfernte, silberne Linie stromabwärts. «Gib acht! Der Rote Jak ist zu allem fähig!»

Stephen nickte und ging behutsam auf Zehenspitzen weiter. Er bemerkte, daß der Rote Jak den Wasserstand noch nicht verändert hatte, so daß das Schiff noch nicht vom Oberwasser abgeschnitten war. Noch war es nicht zu spät, den Müller von seinem Vorhaben abzubringen.

Der Rote Jak stand indes schon auf der Insel bereit und schärfte grimmig einen schweren Pflock. Die Narben auf seinem Gesicht traten so weit hervor, wie Stephen es noch nie gesehen hatte; sie waren zu dicken, aufgedunsenen, dunkelroten und weißen Striemen geworden. Bei Stephens Anblick schien sich sein finsterer Blick noch mehr zu verfinstern.

«Was willst du denn?» knurrte er. «Ich habe genug von lästigen Schreiberlingen! Mach dich fort!»

Ein schneller Blick über die Schulter zeigte Stephen, daß der Silberstreifen breiter geworden war und sich nun von einem Ufer zum anderen erstreckte. Dahinter schob sich der undeutliche Umriß des Schiffes langsam in Sicht. Es war keine Zeit zu verlieren.

«Ich komme mit einem Brief von Dame Alice», sagte er. «Sie schreibt in Mylord von Suffolks Namen an dessen getreuen Waffenkamerad. Schaut selbst und lest!»

Der Müller starrte ihn mit seinem einen Auge an. «Suffolk», schnaubte er, «noch so ein Krieger, der zum Laffen geworden ist . . . Nichts anderes höre ich als: ‹Müller, öffnet das Wehr, ich möchte stromaufwärts fahren›, oder: ‹Müller öffnet das Wehr, ich möchte stromabwärts fahren›, und mir geht jedes Mal der Stauspiegel verloren, nur weil es ihnen beliebt. Niemand hat den Strom von Blut in

Orléans aufgehalten, um Bücher passieren zu lassen.» Das dunkle Rot begann, sein ganzes Gesicht zu überziehen, und die Narben glänzten wie Seide. Stephen wurde von Entsetzen gepackt. Er sehnte sich danach auszureißen, aber die silberne Linie der Bugwelle kroch immer näher.

«Lest, was in dem Brief steht!» drängte er. «Es geht um Mylords Ehre – um die Ehre Eures Kriegsherrn!» Er hielt dem Müller den Brief hin und war mit größter Willensanstrengung bemüht, seine Hand nicht zittern zu lassen. Der Rote Jak ließ ein kehliges Knurren wie ein böser Hund hören, packte das Blatt Papier, warf einen Blick darauf und gab es Stephen zurück.

«Lies den Brief vor», brummte er. «Mein Auge ist vom Schaum verklebt.»

Der Lastkahn, ein riesiges Schiff, das tief im Wasser lag, näherte sich jetzt schnell. Über seine kostbare Fracht war eine große, bemalte Leinwand gebreitet. Stephen schaffte es, seine Stimme so weit zu beherrschen, daß er den Brief mit gespielter Ruhe vorlesen konnte. Am Schluß angekommen verkündete er: «Da seht Ihr; es sind König Heinrichs Bücher – Heinrich V.»

Der Rote Jak starrte mit seinem einen Auge auf das Schiff. «Dieser fette, herausgeputzte Prahlhans hat aber gesagt, daß es Herzog Humphreys Bücher seien.»

In jedem anderen Augenblick hätte Stephen jetzt laut gelacht. ‹Herausgeputzter Prahlhans›, das paßte treffend auf Bolingbroke. Aber der Lastkahn war nur noch wenige Meter entfernt, und der Schiffsherr hatte bereits die Hände um den Mund gelegt, um dem Müller etwas zuzurufen. Da bemerkte Stephen das königliche Wappen von England auf der Leinwand; dieser Anblick flößte ihm den Mut ein, den Müller am Handgelenk zu zerren.

«Seht!» rief er. «Die Lilien und die Leoparden! Das Wappen des Königs, das gleiche wie auf seinem Banner in Azincourt! Glaubt Ihr mir jetzt?»

Der Triumph in seiner Stimme klang überzeugend; aber kaum waren die Worte heraus, als ihm das Blut in den Adern stockte. Dieses Wappen von England war von einem breiten, weißen Rand gesäumt. Doggett würde es sofort erkannt haben. «Silberweiß umran-

det, viergeteilt ...» Das Wappen Herzog Humphreys unterschied sich durch diesen weißen Rand von dem des Königs. Beide trugen die königlichen Lilien und Leoparden, aber das Wappen des Königs hatte keine Umrandung.
Doch der Rote Jak war nicht Doggett. Stocksteif stand er da und starrte gebannt auf die bemalte Leinwand. Dann richtete er sich theatralisch auf und warf sich in die Brust.
«Dreht bei!» rief er dem Schiffsherrn zu und hob seinen Arm. «Mit dieser Fracht müssen wir besonders behutsam umgehen. Macht mit Euren Stangen fest, während wir uns beeilen, Euch durch das Wehr zu befördern.»
Doch weder Stangen noch Pferde reichten aus, um das schwere Gewicht des Schiffes zu heben. Am Mühlenkai wurde ein Flaschenzug mit Ketten und Winden befestigt, und Stephen und alle übrigen legten sich mit aller Kraft ins Zeug. Schließlich trieften sie vor Schweiß, und das Schiff schwamm sicher auf dem Oberwasser.
Stephen schlich sich unbemerkt davon und machte sich erschöpft auf den Weg bergaufwärts. Auf dem ersten Bergkamm angelangt, hielt er an, um zu verschnaufen, und sah zurück. Es war nun beinahe schon dunkel, aber er konnte auf dem gegenüberliegenden Ufer eine Gruppe schemenhafter Gestalten erkennen, die sich der Mühle näherten. Ein letzter Sonnenstrahl fiel auf blinkenden Stahl. Stephen lachte laut vor Freude. Es war die Wachmannschaft aus Wallingford.
Das Schloß lag schon im Dunkel, als er dort ankam. Beim Lichtschein einer Laterne im Durchgang öffnete Bylton die Tür, und Stephen berichtete ihm kurz, daß alles in Ordnung sei. Das Schiff habe das Wehr passiert – und zwar ohne die Hilfe aus Wallingford.
«Gut gemacht, mein Junge, wirklich gut gemacht. Die Damen haben sich zwar schon für die Nacht zurückgezogen, aber ich soll dich bei deiner Rückkehr sofort in den Söller schicken.»
Stephen tastete sich durch die unbeleuchtete Halle und dann die schmale Treppe hinauf. Hinter dem geschlossenen Ledervorhang war Licht zu sehen. Also klopfte er auf das Gewände, und als er ein Murmeln vernahm, das er für die Antwort hielt, schob er den Vorhang beiseite und trat ein.

Der Söller wurde von Kerzen auf einem Ständer erhellt, die Vorhänge am Bett waren auf drei Seiten zugezogen außer auf der vorderen, wo die Decken ordentlich zurückgefaltet waren. Dame Alice kniete in einem Hausgewand mit Pelzbesatz an einem Betpult, eingerahmt von Fräulein Dorn auf der einen und den beiden jungen Fräulein auf der anderen Seite. Sie murmelten ihre Gebete, so kniete Stephen sich auch hin, bis sie das Kreuzzeichen machten und Dame Alice sich erhob.

«Erzähl», sagte sie rasch. «Ist alles gut gegangen?»

«Ja, edle Herrin; Gott sei Dank ist alles gut gegangen.» Und während die Damen ihn umringten, erzählte Stephen die ganze Geschichte. Als er zu der Stelle mit der Leinwand und dem königlichen Wappen kam, klatschte Dame Alice erfreut in die Hände.

«Da seht ihr, Kinder, wofür der Unterricht bei Doggett gut ist! Doch, Stephen, du siehst sehr müde aus. Geh nun zu Bett, aber vorher bestell Bylton von mir, daß er dir einen Becher Wein geben soll, und zwar von meinem guten Tischwein.»

Der Fährmann

«Dieser Bursche gefällt mir nicht»

Von Dame Alices gutem Wein umnebelt schlief Stephen wie ein Klotz und wachte am nächsten Morgen zu spät auf, um seine tägliche Pflicht, Dame Alice zur Messe zu begleiten, zu erfüllen. Doch sie lächelte nur, als er sie um Vergebung bat, und meinte, daß er sich seine Nachtruhe verdient habe. Sie habe ohnehin beschlossen, daß er sich zur Belohnung ein kleines Pferd aus dem Stall nehmen und nach Goring reiten solle, um seine Schwester zu besuchen. Stephen errötete vor Dankbarkeit. Er war schon von allen Seiten mit Fragen bedrängt worden, und Fragen waren immer noch etwas, dem er auszuweichen suchte. Irgendeine Einzelheit konnte viel zu leicht auf eine andere schließen lassen.

Das kleine Pferd erwies sich als ein kräftiger Esel, und Stephen er-

reichte Goring in der Hälfte der Zeit, die er zu Fuß gebraucht hätte. Die Pförtnerin am Tor erinnerte sich noch an ihn; ebenso auch die Kellermeisterin, die Lys als eine brave, hart arbeitende Magd lobte und sagte, daß er mit ihr im Obstgarten spazierengehen könne. Der Obstgarten grenze ans Ufer des Flusses, und es sei sonnig dort.
Stephen brauchte nicht lange zu warten, bis Lys erschien. Mit ihrem langen Kittel aus grobem, grauen Wollstoff, der ungebleichten Schürze und dem weißen Häubchen, das ihre Haare verbarg, sah sie viel erwachsener aus. Sie war schüchtern, aber offenbar überglücklich, ihren Bruder zu sehen. So saßen sie stumm auf einem Baumstumpf beieinander und beobachteten den Fährmann, der nicht nur Menschen, sondern auch Pferde und leichte Karren über den Fluß stakte, und zwar an der Stelle, wo, wie Gilles ihnen erzählt hatte, die Alte Landstraße den Fluß überquerte.
Es war neu für Lys, daß Stephen nun Dame Alice im Schloß dienstbar war, und sogleich begann sie, ihn mit Fragen zu überschütten, wie es ihm denn dort ergehe, was seine Aufgabe sei und wie es um seine Zukunftsaussichten stehe? Jede seiner Antworten versetzte sie mehr und mehr in Entzücken.
«Da siehst du», rief sie, «es ist genau so gekommen, wie ich es geahnt habe! Die alte Meg hat es im Weiher vorausgesehen – mich hier im Kloster und dich als Gelehrten in Oxford.»
«Ich ein Gelehrter in Oxford? Davon hast du mir gar nichts erzählt.»
«Das habe ich nicht gewagt», erwiderte sie. «Du bist mit mir so böse gewesen, daß ich es nicht wagte, dir zu erzählen, was die alte Meg über dich gesagt hat.»
«Ich war nicht böse», antwortete er schnell. «Ich hatte Angst um dich, weil du in Gefahr geschwebt hast, von der Hexerei angesteckt zu werden, und Hexerei ist schließlich etwas Böses.»
Sie schüttelte heftig den Kopf. «Die alte Meg ist nicht böse. Nichts auf der Welt wird mich da belehren. – Sieh einmal, Bruder, sie war so gut zu mir. Niemand sonst außer unserer Mutter ist jemals so gut gewesen.»
«Sie gibt sich mit Zauberei ab», sagte Stephen starrsinnig. «Ich habe mich sehr bemüht, das Gegenteil zu glauben, aber es ist nun einmal

nicht zu widerlegen. Die Magie ist die Kunst des Teufels; das wird dir jeder bestätigen.»

«Da kann jeder sagen, was er will. Die alte Meg fügt niemandem ein Leid zu, so daß auch niemand einen Grund hätte, sie ins Gerede zu bringen. Merk dir meine Worte, Bruder, sie ist sowohl dir als auch mir eine wahre Freundin.»

Stephen fühlte sich sonderbar berührt. Bis heute war immer er es gewesen, der Gebote festgesetzt hatte, und Lys hatte gehorcht. Er entschied, daß es an der Zeit sei, das Thema zu wechseln.

«Trotz deines neuen Staates trägst du, wie ich sehe, immer noch dein altes Schuhwerk», sagte er scherzhaft.

Lys streckte einen Fuß vor und wackelte damit hin und her. «Der gute Wat hat sie so haltbar gemacht, daß die Kellermeisterin sie mich behalten ließ. Sie meinte, es sei verschwenderisch, so gute Schuhe wegzuwerfen, bevor ich aus ihnen herausgewachsen bin. Hier, sieh einmal, wie gut sie noch sind!»

Stephen nickte geistesabwesend. Er wollte Lys nach Gilles fragen, aber gerade in diesem Augenblick huschte eine andere Magd durch den Obstgarten herbei. Sie überbrachte eine Botschaft der Kellermeisterin, die besagte, daß Lys für diesen Tag genug Zeit verloren habe. Wenn ihr Bruder wieder käme, sollte er dies an einem Sonntag tun. Lys gehorchte augenblicklich, und Stephen ging zu dem Hof, wo der Esel angebunden war, dankbar, daß er auf diesem Weg keiner der Kanonissen begegnete. Die alte Frau am Tor fragte ihn, ob er etwas gegessen habe, und als er verneinte, gab sie ihm ein großes Stück Brot mit Käse, das er verschlang, während er hügelwärts ritt. Einen Augenblick lang spähte er nach dem Pfad durch den Wald, jenem, den Gilles ihn das letzte Mal geführt hatte. Er war sicher, daß er sich zurechtfinden würde, doch als er noch einmal darüber nachdachte, entschied er sich dagegen. Heute war es auf der Alten Landstraße nicht so heiß, und eigentlich wollte er weder der alten Meg noch Gilles in die Quere kommen.

Stephen genoß den gemächlichen Rückweg nach Ewelme und war mit Lys, mit sich selbst und mit der ganzen Welt zufrieden. Als er am Schloß ankam und den Esel zurück in den Stall führte, war es schon später Nachmittag. Auf dem Hof war im Schatten ein fremdes

Pferd angebunden. Entsetzt starrte er es an, denn er erkannte es nur zu gut – es hatte eine sternförmige Blesse und Zaumzeug aus karmesinrotem Leder.

Stephen versuchte sich einzureden, daß er sich irrte, und ging auf Zehenspitzen zum Hintereingang der Speisekammer, wo er auf Barnabas stieß.

«Ich habe schon Ausschau nach dir gehalten», sagte dieser. «Du sollst sofort zu Mylady in den Söller kommen. Sie hat Besuch.»

«Von wem?» Obwohl Stephen die Antwort wußte, konnte er nicht widerstehen, diese Frage zu stellen.

«Von einem Herrn aus Oxford. Beeil dich! Er ist schon eine ganze Weile da.»

Mit dem Gefühl, als ginge er zu seiner eigenen Hinrichtung, durchquerte Stephen die Halle. Am Fuß der Treppe zum Söller hielt er einen Augenblick lang an, um seine Gedanken zu ordnen. Er hatte nie im Traum daran gedacht, daß Bolingbroke und Dame Alice sich einmal gegenüberstehen könnten. Was war geschehen? Warum war Bolingbroke hier? Wollte er sie mit dem Inhalt ihres Briefes konfrontieren? Hatte er ihr gesagt, wie er in dessen Besitz gelangt war? Hatte es einen fürchterlichen Auftritt zwischen ihnen gegeben? Bolingbroke stand schließlich in enger Verbindung mit der Herzogin, und in dem Brief hatte Dame Alice die Herzogin ein besessenes Weibsbild genannt.

Aber es waren keine verärgerten Stimmen zu hören. Als Stephen sich durch den Ledervorhang schob und den Söller betrat, sah er Dame Alice und Bolingbroke gemeinsam am Pult stehen. Sie blätterten prüfend einen Stapel Bücher durch, während Fräulein Dorn mit ihrer Stickerei am Fenster saß.

Ein freundschaftliches Beisammensein war das letzte, was Stephen erwartet hatte. Er schurrte mit den Füßen, und Dame Alice sah auf.

«Ah, da ist ja der Junge. Dies, Sir, ist Stephen. Er hat Euren Dank für den sicheren Transport der Bücher verdient.»

Bolingbroke drehte sich um. Seine hellen Augen trafen Stephens Blick und hielten ihn mit der gleichen Eindringlichkeit fest wie an jenem Tag in der Hütte der alten Meg, neben der Feuerstelle.

«So», sagte er betont bedächtig. «Das ist also Stephen. Es kommt mir so vor, als habe ich ihn schon einmal gesehen. Bist du es nicht gewesen, mein Junge, der mir den Weg nach Wallingford gezeigt hat, als ich mich damals in dem Gewitter verirrte?»

Stephen, der rot bis auf die Haarwurzeln wurde, murmelte etwas und schlug die Augen nieder. Das war die Erklärung, auf der Bolingbroke bestanden hatte, als sie miteinander einen Pakt bezüglich ihres ersten Zusammentreffens geschlossen hatten. Damals war dies Stephen unproblematisch erschienen, da war seine einzige Sorge gewesen, das Geheimnis seiner Besuche bei der alten Meg zu bewahren, und Bolingbroke hatte diese Sorge mit ihm geteilt. Doch nun war alles anders. Es hatte sich herausgestellt, daß Bolingbroke mit Mylords Feinden gemeinsame Sache machte, und durch Stephens Verschulden war er in den Besitz von Myladys Brief gelangt. Und doch war er jetzt hier und täuschte Freundschaft vor, ja, erinnerte Stephen sogar ohne jeden Hehl und in Myladys Gegenwart an eine Vereinbarung zwischen ihnen beiden, die Stephen nicht in Abrede zu stellen wagte.

Dame Alice schaute vom einen zum anderen, als ob sie Unheil ahnte, doch sie sagte nur: «Jenes schreckliche Gewitter im Frühjahr? Ich erinnere mich gut daran. Mylord verlor damals seinen besten Jagdhund, und dann erfuhren wir noch vom Tod des Grafen von Warwick, Gott hab ihn selig. Mylord ist daraufhin nach London geritten und bisher noch nicht nach Hause zurückgekehrt.»

Bolingbroke lächelte, als sähe er nun seine Chance gekommen. «Wie ich hörte, hat sich Mylord von Suffolk bemüht sicherzustellen, daß der Herzog von Orléans zur Friedensversammlung nach Calais reist, obgleich *er* unglücklicherweise nicht selbst dorthin reisen kann.» Der Spott in seiner Stimme war unüberhörbar, doch er fuhr in scheinbar liebenswürdigem Ton fort: «Es heißt, daß die beiden während der Zeit von Monseigneurs Gefangenschaft in Ewelme bemerkenswert gute Freunde gewesen sind. Sie hätten viel miteinander gesprochen und gemeinsam gedichtet. Die reizvolle landschaftliche Umgebung hier scheint der Dichtkunst recht förderlich. Ob Mylord Pulteney wohl als ebenso anregend für sein Talent empfinden wird?»

Dame Alice blickte ihn erstaunt an, für einen Moment aus der Fassung gebracht. Stephen entfuhr beinahe ein Stöhnen, da er argwöhnte, daß diese Anspielungen auf den Herzog und auf das Pulteney-Anwesen direkt aus dem Brief stammten.

«Pulteney?» rief sie. «Wie kommt es, daß Ihr davon wißt?»

Er lächelte sanft. «Keiner von Euren und Mylords Umzügen kann lange Zeit ein Geheimnis bleiben, gnädige Frau – ebenso wie es bald bekannt sein wird, daß Ihr in Eurer Großmut Bücher für die neue Bibliothek stiften wollt. Sobald ich zurückkehre, werde ich die Herren der Universitätsversammlung davon unterrichten.»

Stephen konnte sehen, daß Dame Alice verstört war, dennoch reagierte sie recht wohlwollend, als Bolingbroke mit übertriebener Höflichkeit seinen Abschied nahm. Bylton wurde gerufen, um ihm in der Halle Wein zu servieren, und kurz darauf verhallte das Hufgetrappel seines Pferdes in der Ferne. Fräulein Dorn spähte aus dem Fenster.

«Dieser Bursche gefällt mir nicht», sagte sie. «Meint Ihr, er kam *wirklich* hierher, um Euch für den sicheren Transport der Bücher zu danken?»

«Ich zweifele daran», erwiderte Dame Alice ernst. «Ich schenke ihm nicht mehr Vertrauen als Ihr. Vielleicht ist er gekommen, um auszuspionieren, ob Mylord hier ist. Er schien mehr zu wissen, als mir angenehm sein kann. Wie hat er sich dieses Wissen wohl verschafft?»

Sie wandte sich zurück ins Zimmer, und ihr Blick fiel auf Stephen. «Du bist ja immer noch da, mein Junge. Hast du deine Schwester besuchen dürfen? Es ist gut, daß du heute dorthin gegangen bist. Ich habe nämlich Neuigkeiten für dich. Master Brayles kommt morgen zurück. Von nun an wird deine Zeit sehr ausgefüllt sein, denn ich wünsche, daß du dem Kaplan als Schreiber zur Verfügung stehst. Barnabas treibt Master Simon zur Verzweiflung. Er ist ein guter Junge, aber der Herrgott schafft eben Heilige nach seiner eigenen unergründlichen Vorstellung und nicht immer zu unserer Bequemlichkeit. Hier ist sogleich eine Aufgabe für dich. Ich gebe dir den Schlüssel für die große Truhe, und du kannst sofort die Gerätschaften für die Kapelle auspacken. Barnabas wird dir helfen. Er hat zugesehen, als Master Simon alles verpackt hat.»

Behutsam drückte Stephen einen großen, vergoldeten Schlüssel an sich und verließ den Söller. Die große Truhe mußte jene riesige eisenbeschlagene Kiste sein, die oben auf dem Absatz jener Treppe stand, die von der Halle zur Kapelle führte. Sie wurde zur Aufbewahrung der Meßgewänder und des Altarschmucks verwendet, wenn der Haushalt von einem Herrensitz zu einem anderen zog.

Die große Truhe

In der offensichtlichen Erwartung, gerufen zu werden, lungerte Barnabas dort schon herum. Bei der ersten Erwähnung dessen, was sie zu tun hatten, riß er Stephen den Schlüssel aus der Hand, kniete sich hin und drehte den Schlüssel im Schloß. Stephen beugte sich vor, um ihm behilflich zu sein, doch Barnabas wollte sich nicht helfen lassen. Unter Aufbietung all seiner Kräfte hob er den schweren Deckel der Truhe hoch, dessen Scharniere unter der Last ächzten. Der Deckel war sichtlich zu schwer für ihn. Ehe Stephen zupacken konnte, gab es einen lauten Krach, und Barnabas kniete mit eingeklemmten Fingern vor der Truhe und schrie vor Schmerz.
Sein Geschrei brachte den ganzen Haushalt in Aufruhr. Bylton kam mit einer Schar hinter sich angerannt; Dame Alice und Fräulein Dorn eilten vom Söller herbei. Als sie alle dorthin gelangten, hatte Stephen jedoch schon den schweren Deckel so weit hochgehoben, daß Barnabas seine Hand hervorziehen konnte. Sie war schauderhaft anzusehen, über und über mit Blut beschmiert. Barnabas fiel beinahe in Ohnmacht und wurde in Dame Alices Badestube getragen, wo Schüsseln und Krüge mit Wasser bereitstanden. Fräulein Dorn nahm sich des armen Jungen an, und alsbald rappelte er sich so weiß wie ein Laken wieder auf. Seine linke Hand war von voluminösen

Leinenbinden umhüllt. Unten im Vorratsraum schalt Bylton ihn einen unbeholfenen Tropf, dem man auch nicht die kleinste Arbeit anvertrauen könne. Barnabas wurde es prompt schlecht, und er schleppte sich ins Bett. Als Stephen sich später zu ihm gesellte, konnte er ersticktes Schluchzen hören.
«Tut es so sehr weh?» fragte er mitleidig.
Barnabas tauchte aus den Bettüchern hervor, und sein Gesicht war vom Weinen ganz geschwollen. «Das ist es nicht», wimmerte er. «Es ist nur, weil Bylton recht hat. Ich bin ungeschickt und dumm, und alles, was ich anfasse, geht schief. Aber es ist nicht mein Fehler . . .», seine Stimme wurde schrill, «. . . ich bin kein gewöhnlicher Tolpatsch, sondern auf mir lastet ein Fluch! Ich bin verhext!»
«Verhext!» erwiderte Stephen scharf. «Was sagst du da? Wieso verhext?»
«Das hat mir meine Mutter erzählt. Ich bin seit meiner Geburt verhext. Als sie mit mir schwanger war, hatte sie die Pocken, und irgend jemand hat ihr geraten, zu der alten Hexe zu gehen, die da oben bei dem Weiher wohnt. Die alte Drude hat sie irgend etwas tun heißen, ich weiß nicht was, und als meine Mutter sich weigerte, hat sie sowohl sie als auch ihr ungeborenes Kind mit einem Fluch belegt. Darum bin ich ein solcher Tropf!»
Stephen wurde ganz hitzig vor Zorn. «Hör auf, wie ein Einfaltspinsel daherzureden! Warum sollte sie dich verfluchen? Du bist ein Tropf, weil du all dieses leere Geschwätz für bare Münze nimmst! Die alte Meg würde niemals jemanden mit einem Fluch belegen, am allerwenigsten ein Baby! Sie ist gütig, sage ich dir, der gütigste Mensch, den ich je kennengelernt habe. Hör damit auf, ihr die Schuld für den Unfug, den du anrichtest, zu geben! Wenn du als Dummkopf auf die Welt gekommen bist, dann ist es nicht ihr Fehler!» Er unterbrach sich, weil Barnabas ihn mit offenem Mund anstarrte. Es schien, als hätten seine Worte ins Schwarze getroffen, denn Barnabas hörte zu weinen auf. Stephen kletterte ins Bett und lag reglos da, erstaunt über sich selbst. Er hatte sich tatsächlich für die alte Meg eingesetzt! Und mehr noch – er war nicht mehr darauf bedacht gewesen zu verheimlichen, daß er sie kannte. Was war über ihn gekommen? War er dadurch mutig geworden, daß er es gewagt

hatte, dem Roten Jak gegenüberzutreten? War es, weil Dame Alice ihn gelobt hatte? Oder war es wegen Lys?

Master Simon Brayles traf am nächsten Morgen ein. Er ritt auf einem schön gestriegelten Maultier; ihm folgte ein Diener auf einem Packpferd. Master Brayles war ein großer, hagerer Mann mit einem schmalen Gesicht, grauen Haaren und einer leisen Stimme. Stephen hatte ihn früher ziemlich oft gesehen, doch er war ihm immer aus dem Weg gegangen, weil der Schloßkaplan keine Scherze machte wie der Pfarrer, und das ganze Dorf zollte ihm Respekt.

Master Brayles auf seinem schön gestriegelten Maultier

Bei seiner Ankunft wurde er sogleich zu Dame Alice geführt. Er erschien erst kurz vor dem Abendessen wieder, bei dem er an der erhöhten Tafel das Dankgebet sprach. Während des Mahles saß er schweigend neben Dame Alice und hörte ihr höflich zu. Stephen, der an der Schreiberbank das Fleisch für Barnabas schnitt, konnte aus der Entfernung zuschauen, bis der Kaplan sich plötzlich umwandte und Stephen in die Augen sah, so als ob er sich die ganze Zeit über dessen Blickes bewußt gewesen war. Stephen schlug verlegen die Augen nieder. Eine Lektion hatte er schon gelernt. Master Brayles mochte zwar in seinem Umgangston sanft sein, aber man konnte ihn nicht täuschen.

Als das Abendessen vorüber war und die Damen sich zurückgezogen hatten, winkte der Geistliche. Stephen ging gehorsam zu ihm hin und kniete sich nieder, um seinen Segen zu empfangen. Da bemerkte er, daß Master Brayles' Kreuzzeichen klein und unauffällig war, keine großartige Geste wie das von Pfarrer Saynesbury, das die ganze Welt umfaßte. Stephen sah auf und entdeckte ein Zwinkern in den Augen des Kaplans.

«Ich habe von deiner Heldentat an der Mühle gehört. Du solltest wohl besser Heroldsschreiber werden, aber Mylady wünscht, daß ich einen Scholaren aus dir mache. Eignest du dich denn dafür? Sir John Saynesbury hat mir einmal erzählt, daß du zwar über eine Menge guten Willens verfügst, aber über abscheuliches Latein. Doch das müssen wir im Augenblick hintanstellen. Unsere erste Aufgabe ist, die große Truhe auszupacken. Ich habe gehört, daß sie schon in beklagenswerter Weise mit dem Blut eines Märtyrers befleckt ist. Komm, hol mir den Schlüssel und laß Barnabas einen Sicherheitsabstand einnehmen!»

Mit einem Mal fröhlich eilte Stephen davon. Es war, als ob ein frischer Wind durch die Halle geweht hätte.

Das Auspacken der großen Truhe beanspruchte den Rest des Tages und verwandelte das kahle Innere der Kapelle in eine Schatzkammer von strahlendem Glanz. Das Einpacken war wohl aufgrund eines geplanten Umzugs nach Donnington geschehen, der infolge Mylords plötzlicher Abreise nach London verschoben worden war. Nun jedoch würde der Haushalt aus einem Grund, den Master Brayles nicht erläuterte, bis auf weiteres in Ewelme bleiben, und so mußte die Kapelle wieder hergerichtet werden. Stephen brauchte keine Erklärung dafür. Aus der einen oder anderen Quelle wußte er nur zu gut, was sich hinter dem vermeintlich unauffälligen Rückzug auf einen Landsitz verbarg. Die Standarte des Herzogs von Gloucester wehte über ganz England, und es war für Mylord von Suffolk ein Gebot der Klugheit, dort zu verweilen, wo sie keinen Schatten warf. Stephen half dabei, zwei wunderschöne Wandteppiche aus Arras* aufzuhän-

* Stadt in Nordfrankreich, die vom 11. Jahrhundert an große wirtschaftliche Bedeutung wegen ihrer Tuchproduktion hatte.

gen. Der eine stellte das Leben der Heiligen Anna dar und der andere das Jüngste Gericht; letzterer hatte eine Umrandung, auf der gehörnte Teufel zu sehen waren, die für die Hölle Seelen wegrafften. All diese Vorbereitungen deuteten gewiß darauf hin, daß Mylord bald zurückkehren würde. Im Augenblick jedoch gab es kein Anzeichen dafür, daß Doggett recht haben könnte. Jeden Morgen fand in der Kapelle eine Messe statt, aber ansonsten nahm das Leben im Schloß seinen gewohnheitsmäßigen Gang.

Nur für Stephen beinhaltete die Rückkehr des Kaplans eine völlige Veränderung in seinem bisherigen Tagesablauf. Zum ersten Mal erfuhr er, was Arbeit war. Er hatte immer noch die Pflicht, Barnabas mit den Haushaltslisten zu helfen; und in einer Handschrift, die täglich schöner wurde, schrieb er immer noch alle Briefe, die Dame Alice ihm auftrug. Aber da der Kaplan ihn ansporнte, nahmen diese Dinge nur wenig Zeit in Anspruch. Es gab keine müßigen Vorlesestunden mehr, sondern an ihrer Stelle lange Stunden eifrigen Studierens, die er über der lateinischen Grammatik zubrachte. Die alten, fast vergessenen, eselsohrigen Seiten des Donatus erwachten zu neuem Leben.

«Du könntest auch als Schuljunge nach Oxford gehen, wenn Mylady dies wünschte», bemerkte der Kaplan. «Dort gibt es Lateinschulen für Kinder, die jünger sind als du. Aber es wäre ein Makel für Ewelme, seinen besten Schüler so schlecht vorbereitet dorthin zu schicken. Es ist nämlich sehr wichtig, daß du gute Vorkenntnisse hast. Ein Student sollte gewappnet sein – so wie ein Waffenschmied das Eisen härtet – damit, wenn er zu den sieben freien Künsten und den drei Philosophien vordringt, die Klinge seines Verstandes scharf genug ist, um sich den Weg zum Meister zu erkämpfen.»

Die sieben freien Künste und die drei Philosophien. Davon hatte Stephen schon einmal, nämlich von Bolingbroke, gehört. «Sieben Künste, Sir? Muß ich sieben Künste erlernen?»

Der Kaplan lehnte sich zurück und lachte.

«Sieben Künste sind es im ganzen, das Trivium und das Quadrivium. Aber aufgepaßt! Du *erlernst* keine Kunst, du lernst *durch* sie. Das Ziel der Künste ist, deinen Geist zu üben – so wie die Stahlklinge, von der wir sprachen. Das Trivium umfaßt drei Künste: Logik, Grammatik und Rhetorik. Mit Hilfe der Logik lernst du, klar zu denken, eine Behauptung zu prüfen und zu einem Schluß zu kommen; zum Beispiel: Wasser ist naß, deine Hand ist naß, also ist es wahrscheinlich, daß die Hand im Wasser gewesen ist. Das ist Logik. Die Grammatik ist die Kunst zu verstehen, was bereits gedacht, gesprochen oder niedergeschrieben wurde; durch sie lernst du also von den Gedanken anderer; und die Rhetorik schließlich ist die Kunst, deine eigenen Gedanken in Worte zu fassen, also auszusprechen oder niederzuschreiben, was du meinst. Logik, Grammatik und Rhetorik, diese drei bilden die Grundlage, ohne die du in einer Wirrnis von Ideen verloren wärst, so als ob du dich im Wald verirrtest.»

Sie saßen im Gemach des Kaplans auf einer Bank am offenen Fensterflügel, und Stephens Blick schweifte unbewußt zu den fernen Umrissen der bewaldeten Chiltern-Berge. Doch er war zu sehr vertieft, um darüber nachzudenken, wo er dies schon einmal gehört hatte.

«Welches sind die übrigen vier Künste, Sir, das Qua . . . Qua . . .?»

«Das Quadrivium? Das sind die Künste Geometrie, Arithmetik, Astronomie und Musik. Doch wir werden uns fürs erste auf das Trivium beschränken. Der erste Schritt ist, Latein so fließend wie Englisch lesen zu können. Alle gelehrten Bücher sind auf Latein geschrieben, und in Oxford werden auch die Vorlesungen auf Latein gehalten; in der Tat gilt es als ungeschriebenes Gesetz, daß die Studenten sich keiner anderen Sprache bedienen. So, nun zurück zu Donatus und dann weiter zu Cato. Auf diese Weise wirst du dir den Weg in die Zukunft öffnen.»

Stephen nahm wieder sein Buch und war mit einem Schlag hellwach. Zum ersten Mal machte er sich etwas aus dem Lernen. Nun erkannte er selbst in der Kirche, daß die lateinischen Wörter eine eigene Bedeutung hatten. «Dominus vobiscum», das war nicht mehr ein unverständliches Geschnatter, sondern hieß: «Der Herr sei mit Euch». Darauf wurde geantwortet: «Et cum spiritu tuo», «Und mit deinem Geiste». Es hatte alles einen Sinn. Und wenn die Reihe an ihm als Vorbeter war, die Epistel auf Lateinisch zu lesen, dann sprach er es so deutlich aus, als ob er Master Simon Cato vorlesen würde.

So vergingen die Tage wie im Fluge; und dann kam ganz plötzlich Mylord von Suffolk nach Hause.

Überall brannten Fackeln

Die Festung auf dem Berg

Tagelang hatte es ein geschäftiges Treiben im Schloß gegeben. In der Halle hing der Geruch von neuen Binsen, und überall verbreitete sich der duftige Glanz von Bienenwachs. Doch Stephen war die ganze Zeit über in sein neu erwachtes Interesse vertieft gewesen und hatte das alles kaum beachtet. Als er eines Nachts im Bett lag und fest schlief, schreckte er plötzlich in panischer Angst hoch und dachte, das Haus stünde in Flammen. Draußen waren laute Stimmen zu hören, alles war vom Widerschein brennender Fackeln hell erleuchtet. Stephen war gerade dabei, Barnabas aus dem Schlaf zu rütteln, als Master Simon vollständig angekleidet aus seinem Gemach trat.

«Feuer?» rief er aus, als er an den beiden vorbeiging. «Das ist kein Feuer! Mylord ist angekommen. Mylady hat ihn nicht vor dem Morgengrauen erwartet. Geht beide wieder ins Bett; zu dieser späten Stunde werden junge Schreiber nicht gebraucht.»

Stephen ließ sich zurück aufs Bett fallen, und Barnabas rollte sich zur Seite und fragte schlaftrunken, was denn geschehen sei.
«Mylord ist es; er kommt durch die Nacht geritten. Wir werden nicht gebraucht. Schlaf also wieder.» Dann fiel ihm etwas ein. Doggett hatte gesagt: «Um den zwölften Juni.» – «Welcher Tag ist heute?» fragte er.
Zu seiner Überraschung antwortete Barnabas umgehend.
«Es ist mein Namenstag; jedenfalls morgen ist mein Namenstag.»
«Dein Namenstag?»
«Ja, gewiß doch; am elften Juni ist der Hl. Barnabas. Mylord kommt immer zu meinem Namenstag. Ich frage mich, ob er es mit Bedacht tut. Vielleicht gibt ihm Dame Alice Bescheid.»
Obgleich es dunkel war, mußte Stephen sich das Lachen verkneifen. Barnabas war wirklich ein Einfaltspinsel. Es sah ihm ähnlich zu meinen, Mylord und Mylady richteten sich nach seinem Namenstag. Doggett hingegen hatte den wahren Grund geliefert. Und der hatte, wenn Stephen es sich richtig überlegte, mit *seinem* Vater zu tun. Derart an seine Pflicht erinnert, bekreuzigte er sich und sprach schnell ein Gebet für den Frieden seines Vaters, bevor er wieder einschlief.
Obwohl Stephen Mylords Gegenwart bemerkte, als er ihn bei der Morgenmesse in seinem Chorstuhl knien sah, fand ihre Begegnung jedoch erst im Gang zwischen den hölzernen Trennwänden statt, als Stephen auf Mylords Geheiß mit einer Wachstafel in der Hand zum Söller hinaufging, um einige Briefe niederzuschreiben. Mylord kam gerade aus der Halle, und obwohl sich Stephen flach gegen die Wand drückte, gab es kein Entrinnen. Mylord musterte ihn von Kopf bis Fuß.
«Du hier?» rief er. «Ich habe gar nicht mehr an dich gedacht. Himmel, du wirst deinem Vater mit jedem Tag ähnlicher!» Er faßte mit seinen Fingern unter Stephens Kinn. «Halt deinen Kopf hoch; dann wirst du es ihm gleichtun.»
Er drehte sich um und ging mit einem leichten Hinken zur Tür hinaus. Stephen raffte sich wieder auf und setzte seinen Weg zum Söller fort. Myladys Miene war heiter.
«Komm, mein Junge, es sind nur zwei Briefe zu schreiben, und ich

habe wenig Zeit. Mylord wartet; wir wollen auf dem Gut nach dem Rechten sehen.» Stephen lehnte sich gegen das Schreibpult und fing sogleich an. Der erste Brief war an einen Kaufmann gerichtet und handelte von bestimmten, eleganten Einrichtungsgegenständen für Pulteney, Mylords neuem Wohnsitz mitten in der Stadt. Er hatte das Haus gerade von dem Grafen von Huntingdon erworben. Stephen schrieb flink, aber nahm dennoch alle Neuigkeiten begierig auf. Also hatte Myladys Brief an ihre Tochter Erfolg gehabt, und es war kein Geheimnis mehr.

Das zweite Schreiben war noch interessanter. Es war an den Kanzler der Universität von Oxford gerichtet und machte das formelle Angebot einer Stiftung von Büchern, die Mylady alsbald durch ihren Kaplan, Master Simon Brayles, überbringen lassen würde. Nachdem Dame Alice mit der ihr eigenen, ganz bewußten, zierlichen Schnörkelschrift unterzeichnet hatte, ließ sie Stephen beide Briefe zusammenfalten und mit ihrem persönlichen Siegel versehen, was eine Gunst sei, wie sie ihm lächelnd erklärte, die sie nur wenigen Personen erweise.

Nachdem die Briefe fertig waren und Stephen sie Bylton übergeben hatte, machte er sich wieder an seine Arbeit. Master Brayles war nicht da, und zum ersten Mal, seit seine Lernbegierde neu erwacht war, befand er sich nicht in der rechten Stimmung für seine Bücher. Seine Gedanken wanderten zu Mylord, zu seinem Vater und zu der Ähnlichkeit, die Mylord entdeckt hatte. Er stand langsam auf, spreizte die Füße weit auseinander, streckte den Oberkörper heraus und hielt seinen Kopf hoch erhoben – fest entschlossen, diese Haltung zu bewahren, wenn sie Mylords Billigung fände.

Sie schien in der Tat Aussicht auf Erfolg zu haben, denn als er sich nach dem Abendessen mit Barnabas der erhöhten Tafel näherte, um eine Schüssel mit Wasser und ein Handtuch zu reichen, da wurde Mylord zum zweiten Mal auf ihn aufmerksam.

«Kannst du auf einem Pferd sitzen, mein Junge?» fragte er.

Stephen zögerte. Er hatte sich zwar schon oft auf dem Rücken eines Ackergauls festgeklammert, aber was das Reiten anbetraf, so hatte er noch nie auf etwas größerem als einem Esel rittlings gesessen. Aufgeregt antwortete er, daß er ein Packpferd besteigen könne.

Mylord lachte laut. «Wir werden diese alte, braune, kurzatmige Stute nehmen. Sie wird dich gewiß nicht abwerfen. Ich möchte, daß du morgen mit mir ausreitest.»
Stephen entfernte sich und war zwischen Freude und Furcht hin und her gerissen. Er hatte weder eine Ahnung, was von ihm erwartet wurde, noch wer mit dabei sein würde, wohin es gehen sollte und wie er sich anstellen würde. Was er jedoch wußte, war, daß heute der Tag des heiligen Barnabas war, der elfte Juni, und daß morgen der zwölfte Juni sein würde, der Tag von Jargeau, der Tag, an dem sein Vater gestorben war. Das mußte der Grund sein, warum Mylord ihn bestellt hatte.
Er schlief ruhelos in dieser Nacht, und als er am Morgen die Messe diente, bemerkte er, daß Master Simon ein Requiem, die Messe für die im Glauben Heimgegangenen, las. Während Stephen die Kapelle aufräumte, kam Barnabas angerannt und sagte ihm, daß er sich eilen solle. Es gebe Käse und Bier für ihn im Vorratsraum. Mylord sei bald aufbruchbereit.
Stephen schlang sein Essen hinunter und stürzte in den Hof hinaus; doch dort fand er niemanden außer einem Reitknecht, der zwei Pferde am Zügel hielt, Mylords Schlachtroß und die kleine, alte, braune Stute. Ob niemand sonst mitkommen würde? In diesem Augenblick erschien Mylord und schwang sich ohne weiteres Aufhebens in den Sattel, rief dem Knecht zu, er möge dem Jungen in den Sattel helfen, und ehe Stephen überhaupt Zeit hatte, sich zu ängstigen, fand er sich schon in gemäßigtem Schritt und angemessener Entfernung hinter Mylord.
Nachdem sie das Torhaus hinter sich gelassen hatten, entfernten sie sich vom Dorf und ritten am Bach entlang, an dem die Brunnenkresse wuchs. Stephen wußte, daß dies der Weg nach Benson, Dorchester oder nach dem weit entfernten, unbekannten Oxford war. Er fragte sich wiederum, wohin sie wohl reiten mochten. Doch verglichen mit der überwältigenden Tatsache, daß er allein mit Mylord von Suffolk ritt, wurde diese Frage unwichtig.
Sie ritten am Rand des Dorfes Benson vorbei, und dann trotteten die Pferde mit der Themse zur Linken weiter. Der Flußverlauf wurde durch eine Reihe von Weiden markiert, an denen einige Männer die

jungen Triebe abschnitten, um daraus Körbe und Hürden zu flechten. Auf der anderen Seite des Flusses erhoben sich jetzt vor ihnen die vertrauten Zwillingsberge, die Wittenham-Hügel. Ihre Kuppen waren von einem Kranz von Bäumen umgeben, und an ihrem Fuß erstreckten sich waldreiche Hänge. Sogleich bog auch ein Pfad in ihrer Richtung ab. Stephen erinnerte sich plötzlich an eine Furt, die Shelling-Furt, wo das Flußbett kiesig war und das Wasser Untiefen hatte. Ob sie wohl darauf zusteuerten? Unvermittelt erreichten sie auch schon den Rand des Ufers, und während Mylords mächtiges Pferd quer durch den Fluß galoppierte, spritzte das Wasser nach allen Seiten. Die Stute folgte, doch sie suchte sich vorsichtig ihren Weg.
Suffolk wartete am anderen Ufer auf Stephen.
«Du machst es ganz gut», meinte er. «Du hast keinen Grund, ängstlich zu sein. – Weißt du, warum ich dich heute mitgenommen habe?»
Stephen zögerte nur einen kurzen Moment. Dann antwortete er, und im stillen dankte er Doggett. «Ja, Mylord; es ist der Wille meines Vaters.»
Suffolk nickte. «Ja, ich sehe, du bist gut erzogen worden. Es sind nun zehn Jahre seit jenem Tag in Jargeau, und ich möchte all derer gedenken, die dort den Tod gefunden haben und denen Gott die ewige Ruhe schenken möge.» Er wandte sich um und wies auf eine der beiden Bergkuppen, die sich vor ihnen erhoben. «Wir werden diesen Berg besteigen. Auf dem Gipfel ist eine alte Festung; sie ist so alt, daß niemand weiß, wer sie erbaut hat. Von ihren Gräben und Schutzwällen sind nur einige Erdhügel übriggeblieben. Die Themse sieht von dort wie ein sich schlängelndes Bächlein aus – verglichen mit der gewaltigen Loire, an deren Ufer meine Kämpfe stattgefunden haben. Doch auch diese Festung ist ein Schlachtfeld aus der Vergangenheit; hier haben tapfere Männer den Tod gefunden, und so ist dies ein passender Hintergrund für den heutigen Tag.» Er zog am Zügel seines Pferdes, und es setzte sich wieder langsam in Bewegung. «Komm; wir wollen so weit reiten, wie wir können; dann binden wir die Pferde an und gehen den Rest zu Fuß.»
Stephen folgte Mylord wie im Traum. Er konnte es kaum glauben, daß dieser Mann, der seinen Erinnerungen nachhing, der gefürchtete

An den Weiden wurden die jungen Triebe abgeschnitten

Graf von Suffolk war. Nun wurde der Pfad immer steiler, und das Buschwerk rückte immer näher an sie heran. Suffolk saß ab und kümmerte sich selbst um das Festbinden der Pferde. Dann wies er mit dem Kopf in Richtung des Berggipfels.

«Geh du voran», sagte er. «Ich bin langsamer als du. Warte auf mich, wenn du oben angekommen bist.»

Stephen sah, daß Mylord hinkte und es vorzog, sich Zeit zu nehmen, also gehorchte er. Der Hang war kurz, aber steil. Hin und wieder mußte er auf allen vieren kriechen. Dann plötzlich hörte das Buschwerk auf, und er kam an einem Plateau heraus. Von dieser tischplattenähnlichen Fläche erhob sich ein großer Kreis Buchen, von denen die meisten gigantisch hoch waren und weit ausladende, schutzbietende Zweige hatten. Die gesamte Bergspitze war wie ein Beobachtungsturm, von dem aus das Land sich nach allen Seiten in endlose Ferne auszubreiten schien außer an der Stelle, wo die zweite Bergkuppe mit ihrer Krone von Bäumen die Sicht versperrte. Da Mylord immer noch nicht erschien, umrundete Stephen den Gipfel und war ganz in den Ausblick versunken. Der Fluß schlängelte sich wie ein silbernes Band und war mal zu sehen, ein anderes Mal wieder versteckt. Direkt unterhalb, so hatte es den Anschein, glänzten die weißen Mauern und das rote Dach der Abtei von Dorchester im Sonnenlicht. Ob Dorchester wirklich so nahe war? Stephens Augen folgten dem Horizont bis zur Kette der Chiltern-Berge, und in seiner Phantasie suchte er die Stelle, wo er sich kurz vor dem Gewitter ausgeruht und diese Berge hier in den Himmel aufragen gesehen hatte. Allmählich hatte er nun fast die ganze Höhe umrundet und entdeckte eine Gegend, die er nie zuvor gesehen hatte. Da hörte er Suffolks Stimme hinter sich.

«Nun, mein Junge, hast du schon die Wälle gefunden? Sieh sie dir auf der dem Fluß abgewandten Seite einmal an. Die Menschen früher wußten, daß ein Angriff vom offenen Land her am gefährlichsten ist. Siehst du dort den tiefen Graben, der nur von einer Seite her betreten werden kann?»

Sie spazierten zusammen rund um den Gipfel. Dann setzte sich Mylord auf einen Grabenwall und bedeutete Stephen, neben ihm Platz zu nehmen. «In gewisser Weise erinnert mich dieser Ort hier an eine Burg, die ich einst in der Normandie besaß», erzählte er, «eine Burg, die auf einem Hügel errichtet war. Sie hieß Bricquebec, und Heinrich V. hatte sie mir geschenkt. Das Land um sie herum ähnelte diesem. Auf Bricquebec hätte ich in Frieden und Freude leben können.»

«Befindet sich die Burg immer noch in Eurem Besitz, Mylord?»

Suffolk schüttelte den Kopf. «Sie war ein Teil des Lösegelds, als ich gefangengenommen wurde.»

Stephen wagte, noch eine zweite Frage zu stellen. «Sah Jargeau auch so aus, Mylord?»

«Überhaupt nicht. Jargeau ist eine befestigte Stadt an der Loire. Dort wurden wir belagert, und die Franzosen machten einen Sturmangriff – im Gegensatz zu der Belagerung von Orléans, da war es genau anders herum. In Orléans waren wir die Belagerer, und eine Garnison fast verhungerter Franzosen war in der Stadt eingeschlossen. Orléans ist eine große Stadt, die Frankreich wie eine Gürtelschnalle zusammenhält. Wenn wir Orléans eingenommen hätten, wäre das ganze Land unser gewesen. Die Bedeutung dieser Stadt war uns wohl bekannt. Darum hatten wir sie ja auch monatelang umzingelt, und sie war gerade im Begriff zu kapitulieren, da erschien die Jungfrau.»

Bricquebec in der Normandie

«Die Jungfrau?» rief Stephen.

«Ja, die Jungfrau Johanna. Ob sie vom Himmel oder aus der Hölle kam, weiß ich nicht, aber entweder Gott oder der Teufel waren mit ihr. Was in Orléans geschah, war ein Wunder, das kein Sterblicher hätte bewirken können, geschweige denn eine Frau mit einer kleinen Schar hinter sich. Sie durchbrach unsere Stellungen und erreichte die Stadt, obwohl unsere Männer kampferprobt und an den Sieg gewohnt waren. Von diesem Augenblick an wendete sich das Blatt. Sie erweckte die ausgehungerten, geschlagenen Franzosen zu neuem Leben, und sie stürzten sich auf uns und kämpften wie die Besessenen. Niemals werde ich den Anblick der Jungfrau vergessen! Ich sah sie mit eigenen Augen, sie trug eine weiße Rüstung, hielt ihr Panier hoch, auf dem das Wort JESUS geschrieben stand, und führte Angriff auf Angriff, bis unsere starken Engländer – wie ich zu meiner Schande gestehen muß – vor ihr kapitulierten.»

Er unterbrach sich und wischte sich den Schweiß von der Stirn. Sein Gesicht war tief zerfurcht. Stephen schaute ihn ehrfürchtig an. Das

war es also, was Doggett mit Mylords bitterem Tag gemeint hatte. Stephen wünschte sich, daß Mylord mehr über Jargeau erzählen würde. Und nach einem Schweigen fuhr Suffolk etwas gefaßter fort.
«Wir verließen Orléans, und unsere Truppen teilten sich. Mylord Talbot zog nach Westen, und ich begab mich flußaufwärts nach Jargeau. Für größere Besorgnis gab es keinen Anlaß, denn Sir John Fastolf war mit einer neuen Armee von zweitausend Männern unterwegs. Wir brauchten daher nur zu warten. Wir marschierten in guter Ordnung, mit wehenden Fahnen, nahmen Jargeau ein, schlossen die Tore und bemannten die Mauern. Einen Monat lang blieben wir dort in Frieden.»
«Es gab in der Stadt genügend zu essen?»
«Ja, die Bewohner waren uns freundlich gesonnen, und so lebten wir gut. Und mit deinem Vater als Leibdiener mangelte es mir an überhaupt nichts. Gott möge es mir verzeihen, daß ich zu sorglos wurde und nur darauf wartete, daß Fastolf sich zu uns gesellen würde. Da erreichte uns die Botschaft, daß eine starke Armee auf uns zu marschierte, und zwar nicht Fastolf, sondern die Franzosen. Ich befahl einen Ausfall durch die Haupttore der Stadt, um ihnen zu begegnen. Unsere Männer waren frisch, und zuerst konnten sie die französischen Truppen zerstreuen. Wir jubelten schon, als wir ihre Reihen geschlagen sahen. Doch plötzlich erschien in ihrer Mitte die Jungfrau, sie stand in den Steigbügeln, hatte ihr Schwert gezückt und schrie wie ein Käuzchen . . . bei Gott, ein wahrhaft unglaublicher Anblick! Unsere Engländer drehten sich um und flohen; niemand vermochte sie zu halten und wieder zu sammeln. Sie liefen wie feige Memmen davon, zurück in den Schutz der Mauern, und schlugen die Tore hinter sich zu.»
«Und dann?» fragte Stephen atemlos.
«Die Nacht brach herein, und wir bereiteten uns auf einen Kampf am nächsten Morgen vor. Doch in der Dunkelheit fuhren sie ihre Geschütze auf, und wir blickten von den Schutzwällen direkt auf Bombarden* und Kanonen, die alle auf uns gerichtet waren. Dahin -

* Spätmittelalterliches, kurzes Geschütz mit großem Kaliber, das Steinkugeln schleuderte und zum Mauerbrechen diente.

ter wogte ein Meer von Lanzen, Piken und Keulen. Die Jungfrau auf ihrem weißen Schlachtroß forderte uns auf, uns zu ergeben. Ich versuchte, eine Einigung herbeizuführen, aber sie wollte nicht verhandeln, und so forderte ich sie heraus. Die Trompeten der Franzosen erschallten, und der Angriff wurde eröffnet.
Sie häuften Reisigbündel unterhalb der Mauern auf, um uns auszuräuchern, und als wir sie zurückschlugen, stellten sie Sturmleitern auf den Körpern ihrer eigenen Toten auf, bis sie höher und immer höher an den Rand der Mauer reichten. Doch da schlug in einem glücklichen Moment ein Stein von einer unserer Bogenschleudern gegen den Helm der Jungfrau, und sie stürzte unterhalb der Schutzwälle zu Boden. Der Jubel der Engländer hätte die Mauern von Jericho zum Einsturz bringen können! Sie dachten, die Jungfrau sei tot und der Krieg gewonnen. Aber diese Hoffnung stellte sich als falsch heraus, denn im Nu war sie wieder auf und schrie gellend: AVANT! AVANT!* Und in diesem Augenblick wußten die Engländer, daß sie verloren waren. Die Jungfrau war unsterblich! Sie wandten sich um und jagten in wilder Flucht in Richtung des Flusses davon, während die Franzosen über die Mauern stiegen und in die Stadt einfielen. Obgleich das das Ende war, stand ich mit zwei Rittern immer noch bereit, und hoffte auf irgendwelche Bedingungen, die ein Massaker hätten verhindern können. Dein Vater war an meiner Seite, er ließ mich weder tags noch nachts aus den Augen. Ich hörte einen gellenden Schrei und sah einen Franzosen, der mit erhobener Streitaxt auf mich zusprang, um mich niederzustrecken. Blitzschnell stürzte dein Vater vor, und die Axt spaltete ihn wie ein Fleischermesser.»
Stephen, der vom lauten Pochen seines Herzens fast betäubt war, sah, daß die Knöchel auf Mylords geballter Faust weiß anliefen. Er konnte kein Wort vorbringen, in seiner Kehle formte sich nur ein Laut. Suffolk blickte ihn von der Seite an.
«Es ist gut, daß du das weißt», sagte er. «Ein Krieg ist keine Ruhmestat; er ist nichts als Metzelei. Ich habe damals mein Schwert hergegeben; das war alles, was ich tun konnte, und es sollte der Schlacht

* Richtig müßte es heißen: En avant! (frz.): Vorwärts!

ein Ende setzen. Aber das tat es nicht. Die Franzosen hatten Schulden zu begleichen, sie gierten nach Blut, und die Loire färbte sich rot.»
Wieder entstand ein Schweigen. Es währte dieses Mal lange, so lange, daß die Hitze des Gefechts verging, die Loire wieder zur Themse wurde und Stephen seine Übelkeit bekämpft hatte. Mylord lehnte sich zurück, indem er sich auf die Ellbogen stützte. Eine Frage drängte sich Stephen auf, und er überlegte, ob er es wagen sollte, sie zu stellen.
«Mylord, die Jungfrau hatte den Namen ‹Jesus› auf ihrem Banner stehen. War sie wirklich eine Hexe?»
«Sie wurde als Hexe verbrannt. Doch ich danke Gott auf den Knien, daß ich nicht an dem Prozeß beteiligt gewesen bin. Sie hatte überirdische Macht; daran kann kein Zweifel bestehen. Ein Bauernmädchen hätte weder etwas von der Kunst der Kriegführung, noch von Strategie oder Politik gewußt; sie aber beherrschte diese Dinge. Sie sagte, daß Stimmen sie geleitet hätten. Kamen diese von Gott oder vom Teufel? Ich weiß es nicht. Wir Engländer sind der Meinung, daß sie vom Teufel kamen. Die Jungfrau hat Frankreich aus unserer Gewalt befreit; sie war eine Französin, und wir waren Feinde Frankreichs. Sie kämpfte nur für ihr Land. Die Franzosen lieferten sie den Burgundern aus, und diese verkauften sie für zehntausend Kronen an England – ein sehr hoher Preis, wenn man bedenkt, daß Christus für dreißig Silberlinge verkauft worden ist.»
«Dann haben die Engländer sie verbrannt?»
«Ja, wir haben sie verbrannt, und wir haben uns der Kirche bedient, damit sie diese Last von uns nehme. Wir hätten sie nicht verbrennen können, nur weil sie uns besiegt hat; kein Gesetz der Kriegführung hätte das erlaubt. Aber wenn bewiesen wurde, daß sie eine Hexe war, dann konnte die Kirche sie als Widersacherin Gottes verurteilen. Aus diesem Grund durften wir sie verbrennen, und das taten wir. Ich erzähle dir nur die Tatsachen; von dieser Forderung nach Hexerei kann ich dir nichts berichten. Die Kirche legt die Gesetze Gottes fest, und das Niemandsland zwischen Gut und Böse ist gefährlicher Grund. Die Jungfrau starb mit dem Namen Jesu auf den Lippen. Ein englischer Bogenschütze band zwei Stöcke zu einem Kreuz zusammen, als sie nur nach einem rief. Und ein anderer Eng-

länder, der dem Brandopfer zusah, rief laut: ‹Wir sind alle verloren, wir haben eine Heilige verbrannt.›»
Die Sonne war inzwischen weitergewandert und schien nun in ihre Gesichter. Mylord beschattete seine Augen mit der Hand. «Es wird spät», sagte er, und der Ton tiefer Trauer war nun aus seiner Stimme verschwunden. «Der Tag von Jargeau neigt sich seinem Ende zu. Es trifft sich sonderbar, daß ich nun dich als deines Vaters Sohn bei mir habe . . . Glaubst du, daß du die Pferde finden kannst? Mein Fuß schmerzt mich heute.»
Stephen ging bergabwärts voraus, und während er wartete, hing er seinen Gedanken nach. Die Geschichte vom Tod seines Vaters ließ ihn nicht mehr los. Er empfand tief in seinem Inneren, daß es auf irgendeine Weise sein Erbe sei, Mylord zu dienen, so wie es sein Vater getan hatte . . . aber nicht im Krieg! Stephen beobachtete, wie Suffolk herangehumpelt kam und seinen Fuß mit schmerzverzerrtem Gesicht in den Steigbügel steckte. Noch einmal wagte er, seine Gedanken frei auszusprechen.
«Habt Ihr Euch Eure Verletzung in Jargeau zugezogen, Mylord?»
«Verletzung? Welche Verletzung? Ich bin beinahe so oft wie ein Schwein auf dem Jahrmarkt abgestochen worden.»
«Euer Fuß, Mylord; der, der Euch hinken läßt.»
Suffolk, der jetzt auf dem Pferd saß, schaute zu Stephen hinunter, und zu dessen Entsetzen lachte er schallend.
«Das Hinken! Das ist keine Kriegsverwundung! Seit meiner Kindheit leide ich daran, weil ich die Rüstung meines Bruders tragen mußte, die für mich zu klein war. Ich hinke wegen meiner Hühneraugen, mein Junge. Da magst du Augen machen, aber ich bin mein ganzes Leben lang ein Märtyrer gewesen. Ein härenes Gewand in dieser Größe wäre angenehmer . . . nun, da ich davon spreche, fällt mir ein, daß dein Vater die Hühneraugen so gut wie sonst niemand herauszuschneiden pflegte, obwohl ich ihn, Gott hab ihn selig, manches Mal aufrichtig dafür verfluchte! Doch seither habe ich nicht mehr eine solche Linderung erlebt. Ob du wohl auch sein Fingerspitzengefühl geerbt hast? Eines Tages lasse ich es dich vielleicht ausprobieren.»
Stephen schauderte vor Angst. Das würde er nie wagen! Während sie

in raschem Tempo nach Ewelme zurückritten, versuchte er die ganze Zeit krampfhaft, sich an einen Satz zu erinnern, den er einmal gehört hatte. Er fiel ihm erst wieder ein, als sie schon in den Torweg einbogen. Tom von der Mühle war es gewesen, der eines Nachts gesagt hatte: «Es heißt, daß ihre Hühneraugen-Salbe wie keine zweite wirkt.»

Der erste Blick auf Oxford

Wermut und Beifuß

Die Idee, die Stephen in den Sinn gekommen war, als sie durch das Torhaus ritten, ging tagelang in seinem Kopf herum. Er hatte ohnehin kaum Gelegenheit, nicht mehr an sie zu denken, da Mylords Fuß plötzlich zum Hauptinteresse aller im Schloß geworden war. Es hatte den Anschein, als habe der steile, unwegsame Aufstieg auf die Wittenham-Hügel eine neuerliche Entzündung hervorgerufen; Mylord humpelte mit Schmerzen einher und konnte nichts anderes als einen alten, weichen Halbstiefel tragen. Der ganze Haushalt litt mit ihm. Schließlich wurde nach dem Barbier und Wundarzt aus Wallingford geschickt, der mit einer Tasche voller Messer und Skalpelle eintraf. Doch er verschwand schneller als er gekommen war, als das Geschrei und Gebrüll aus Mylords Privatgemach nicht aufhörten, durch das Haus zu schallen.

Am folgenden Tag ritt Master Simon Brayles nach Dorchester, um die Schwarzen Kanoniker, die Mönche in der Abtei von Dorchester, zu konsultieren. Einer von ihnen genoß trotz seines Alters und seiner Gebrechlichkeit immer noch den Ruf, in Chirurgie und Medizin bewandert zu sein. Doch kaum hatte der Kaplan das Schloß verlassen, da ließ Stephen seine Bücher liegen und machte sich auf den Weg bergaufwärts.

Unterwegs spürte er eine völlig neue Art von Gewissensbissen. Trotz allem, was die alte Meg getan hatte, war er ihr absichtlich ferngeblieben, seit Lys in Goring war. Doch sie begrüßte ihn ohne jeden Vorwurf und mit nicht mehr Anteilnahme, als wenn sie ihn erst gestern gesehen hätte. Sie hörte zu, als er ihr erzählte, wie glücklich Lys war und welch ein Wandel sich auch in seinem eigenen Schicksal vollzogen hatte, und die Runzeln in ihrem Gesicht kräuselten sich zu einem Lächeln.

«Ich wußte, daß es so kommen würde», sagte sie bescheiden. «Ich habe es ganz deutlich im Weiher vorausgesehen. Aber erzähl mir nun, was dich hierher führt. Du kommst doch gewiß nicht ohne Grund. Was ist es heute? Eichhörnchenschwänze?»

Stephen hatte den Anstand, sich zu schämen, als er ihr von seinem Ansinnen berichtete. Doch sie nahm es gutgelaunt auf und verschwand in Richtung des Unterstands auf der Rückseite der Hütte. Er war nun mit Wat allein, der ihm freudig sein neuestes Schnitzwerk aus Apfelbaumholz vorzeigte, eine kleine, alte Frau, die sehr seiner Mutter glich. Entzückt betrachtete Stephen die Figur von allen Seiten, als die alte Meg wieder erschien. Sie brachte ein großes Ampferblatt, auf dem ein Häufchen glitschiger Pillen lag, die wie fette, graue Schnecken aussahen. Stephen fragte besorgt, ob Mylord sie schlucken müßte.

Die alte Meg brach in ein Gekicher aus. «Er würde es schnell wieder ausspucken, wenn er es täte. Das ist für seine Füße, nicht für seinen Magen. Es besteht aus Wermut und Beifuß, gemischt mit Froschlaich und einigen anderen Zutaten, die nur mir bekannt sind. Paß auf: Du mußt erst den Fuß in heißem Wasser baden, und zwar so heiß, wie er es ertragen kann; dann trocknest du ihn ab und legst ein solches Kügelchen darauf, bis es schmilzt. Dann hüllst du den Fuß in weiche

Leinenumschläge ein und läßt alles darin wirken. Das mußt du jeden Tag tun, bis es nicht mehr brennt. Am besten wirkt es bei zunehmendem Mond, hörst du, zunehmend, nicht abnehmend. Bei Vollmond wird jede Hautentzündung schlimmer.»
Während des gesamten Rückwegs nach Ewelme wiederholte Stephen diese Anweisungen laut: heißes Wasser, weiches Leinen, zunehmender Mond. Glücklicherweise hatte der Mond noch nicht sein erstes Viertel erreicht, es würde noch mehr als eine Woche dauern, bis Vollmond war. Das Problem, das im Augenblick anstand, war, wie er es Mylord beibringen sollte. Aber er würde keinesfalls den Mut verlieren. Mylord hatte ja selbst gesagt: «Eines Tages werde ich es dich vielleicht ausprobieren lassen.»
Wie gewöhnlich hielt Barnabas schon Ausschau nach ihm.
«Dame Alice hat nach dir geschickt», flüsterte er heiser, um Stephen vorzuwarnen. «Mylord ist im Söller. Es heißt, daß er brummig wie ein Bär sei. Dame Alice sagte ihm, daß du gut vorlesen könntest; doch als sie nach dir rief, warst du nicht da.»
Stephen machte einen tiefen Atemzug. Das war seine Chance. Ohne sich weitere Zeit zum Nachdenken zu nehmen, eilte er hastig zum Söller hinauf, fiel auf die Knie und bat reumütig um Vergebung für seine Abwesenheit. Er sei fort gewesen, um eine alte Frau aufzusuchen, die, wie es heißt, sich auf die Heilung kranker Füße verstehe.
Das wirkte augenblicklich. Mylord, der auf dem Bett ausgestreckt lag, rief: «Was sagst du da?» und Dame Alice klatschte in die Hände und wiederholte: «. . . auf die Heilung kranker Füße? Was hat sie geraten?» Zur Antwort öffnete Stephen die Ampferblätter, um die Pillen zu zeigen, und dann wiederholte er sorgfältig die Anweisungen der alten Meg.
«Gut gemacht, mein Junge.» Dame Alice zögerte keinen Augenblick. «Komm, laß uns keine Zeit verlieren. Bitte um heißes Wasser aus der Küche. Schüsseln, Handtücher und Leinen sind hier in meiner Badestube.»
Es folgte ein geschäftiges Treiben, und ehe Stephen sich versah, kniete er schon vor Mylord und hielt den geschwollenen Fuß über eine dampfende Schüssel. Aus irgendeinem Grund empfand er keine

Furcht mehr; sein ganzes Sinnen und Trachten war nun auf die Aufgabe gerichtet, Mylords Schmerzen zu lindern. «So heiß, wie er es ertragen kann», lautete die Anordnung der alten Meg, und obgleich Mylord wie ein richtiger Soldat fluchte, verlor Stephen nicht den Kopf. Als das Kügelchen infolge der Hitze weich wurde, legte er Leinenstreifen darauf, bis das Ganze zu einem grünen, heißen Breiumschlag zusammenschmolz. Alsbald gab Mylord zu, daß der Schmerz nachließ, und als der Fuß wieder sachte zurück aufs Bett gelegt wurde, schaute er Stephen mit einem Stirnrunzeln an, das mehr ein Ausdruck der Verwirrung als der Verärgerung war.

«Es ist wahr», sagte er mehr zu sich selbst, «der Junge hat tatsächlich das Fingerspitzengefühl seines Vaters!»

«Vielleicht sollten wir einen Chirurg aus ihm machen», meinte Dame Alice scherzhaft. «Doch wie bist du an dieses Wundermittel gekommen? Von einer alten Frau, sagst du? Wo ist sie? Wo wohnt sie?»

Genau diese Frage hatte Stephen befürchtet. Er verbarg sein Gesicht, indem er das Durcheinander am Boden aufräumte, und mit unsicherer Stimme murmelte er etwas von einer alten Frau, einer Bekannten seiner Mutter, die nicht weit von Odos Haus entfernt wohnte. Dieser vage Hinweis auf Odos Haus war nicht nur hilfreich, sondern auch überzeugend. Dennoch hatte Stephen Gewissensbisse, da er bezweifelte, ob seine Mutter, wenn sie die alte Meg gekannt hätte, jemals auch nur zwei Worte mit ihr gewechselt hätte. Aber Dame Alice schien zufrieden. Sie sagte nichts weiter, sondern trug ihm lediglich auf, ohne Zaudern Mylords Fuß zu versorgen, bis dieser wirklich geheilt sei.

Und in der Tat dauerte es nur wenige Tage, bis Mylord den alten Halbstiefel in eine Ecke verbannte und nach seinen Reitstiefeln rief. Stephen mußte helfen, den Fuß in den Stiefel einzupassen. Befriedigt trat er ein paar Schritte zurück, um zu beobachten, wie sein Patient ein Pferd bestieg. Alles war weitaus besser verlaufen, als er zu hoffen gewagt hatte. Er war schon nahe daran, den Platz seines Vaters einzunehmen, und der Anteil der alten Meg an dieser Entwicklung hatte bisher nicht wieder Erwähnung gefunden.

Die einzige Person, die es versäumte, Stephen zu loben, war Master

Simon, der spöttisch fragte, wann er denn beabsichtige, sich wieder seinem Latein zu widmen. Nach diesem heimlichen Vorwurf arbeitete Stephen einige Wochen lang schwer, bis Dame Alice eines Tages nach ihm schickte. Stephen gehorchte mit einem Gefühl des Unbehagens, aber sie empfing ihn lächelnd.

«Master Simon reitet morgen nach Oxford, um meine Bücher für die neue Bibliothek abzuliefern», sagte sie. «Du solltest ihn begleiten. Er behauptet zwar, daß es dich von deiner Arbeit abhalten würde, aber ich bin der Meinung, daß dich der Anblick von Oxford zu noch größerem Eifer anspornen wird. Daher, mein Junge, sieh zu, daß ich recht behalte!»

So ritten sie trotz Master Simons Bedenken am nächsten Morgen im Anschluß an die Morgenmesse los. Die kostbaren Bücher befanden sich in einem Schaffellbeutel, der am hinteren Teil von Master Simons Sattel befestigt war. Der Maulesel des Kaplans war jeder Eile abhold, und Stephens Pony trabte langsam neben ihm her. Unterdessen sprach Master Simon leise sein Morgenlob, und Stephen, der aufs Geratewohl die Antworten murmelte, erfreute sich am Duft der Holunderblüten in den Flußauen und am Anblick der inzwischen bekannten Wittenham-Hügel, die sich im Dunst gegen den Himmel abzeichneten.

Master Simon gelangte zum letzten Amen, und nach einem kurzen Moment des Schweigens begann er zu sprechen.

«Du bist noch nicht in Oxford gewesen», sagte er, «daher wirst du beim ersten Anblick überrascht sein. Von außerhalb seiner Mauern sieht es wundervoll aus – wie eine Stadt, die in einem Stundenbuch abgebildet ist – Mylady hat ein Buch mit einem solchen Bild, vielleicht hast du es schon einmal gesehen. Drinnen ist Oxford jedoch ein wimmelnder Ameisenhaufen, bevölkert von gelehrten Meistern, die würdevoll in Heimen und Colleges wohnen, und von armen Studenten, von denen viele dem Hungertod nahe sind und die zu Hunderten aus jedem Winkel und jeder Ritze strömen.»

«Dem Hungertod nahe?» rief Stephen. «Bekommen sie nichts zu essen?»

«Das hängt von ihren Geldbeuteln ab. Ich spreche, wohlgemerkt, von früheren Zeiten. Heutzutage ist das alles besser eingerichtet.

Doch denk' daran, eine Universität ist keine Schule; sie kümmert sich nicht um das leibliche Wohl ihrer Studenten. Sie gleicht mehr einem Markt, auf dem Wissen als Ware gehandelt wird. Jeder Meister, der die Lehrbefähigung hat, kann seine Tafel aufstellen und all denen eine Vorlesung halten, die in der Lage sind, das Lehrgeld zu bezahlen. Je berühmter der Meister ist, desto mehr Studenten zieht er an. Ein Lehrer, der weit und breit gerühmt wird, kann so manchen Studenten bewegen, mit fast leeren Taschen um die halbe Welt zu reisen, nur um von ihm zu lernen. Doch wie die Studenten leben, das interessiert ihn nicht.»

«Aber wenn sie keinen Pfennig besitzen, wo schlafen sie dann?»

«Wo es ihnen am besten möglich ist; manchmal auf einem Strohbündel in einem Keller, an dem der Hausbesitzer viel Geld verdient; oder sie mieten irgendeine gemeinsame Unterkunft und teilen sich die Kosten, obwohl dabei meistens nur der Besitzer des Geldbeutels lernt, wie er sein Schäfchen ins trockne bringen kann. Aber wie bereits schon gesagt, ich spreche von der Vergangenheit. Die Herren der Universitätsversammlung sind dagegen eingeschritten und haben Ordnung geschafft. Jedes Heim, das Studenten beherbergt, muß dazu eine Genehmigung haben, und es gibt einen Magister Artium, der es leitet. Aber dennoch ist es eine unumstößliche Wahrheit, daß der Hunger nach Wissen einen Menschen so verzehren kann, daß er bereit ist, alles zu erleiden, nur um dieses Wissen zu erlangen – so wie die kostbare Perle, von der wir im Evangelium lesen. Natürlich meine ich mit solcher Bildung nicht nur Bücherwissen, obgleich dieses eine Vorbereitung zur höheren Erkenntnis darstellt. Ich meine ein Wissen jenseits dessen, was bereits bekannt ist, eine neue Wahrheit in der Kette der göttlichen Schöpfung. Verstehst du, worum es mir geht?»

Stephen sagte «Ja, Sir», obgleich er sich nicht ganz sicher war. Aber der Kaplan nahm seine Antwort zur Kenntnis und fuhr fort, als ob er mit sich selbst reden würde.

«Wir wissen so wenig, und es gibt so vieles, was wir begreifen müssen. Doch das ist ein gefährliches Unterfangen – wie das Aussetzen eines winzigen Boots auf einem grenzenlosen Meer. Der Mensch, der, auch wenn sein Kopf mit Wissen vollgestopft ist, nach Erkennt-

nis strebt, wird vielleicht Gott oder dem Teufel begegnen. Da liegt das eigentliche Problem. Er muß das Gute vom Bösen unterscheiden können, oder er wird einen Verrat an der Menschheit begehen. Hast du schon einmal von Roger Bacon* gehört?»
Stephen bejahte wiederum, denn er hatte den Namen schon gehört, auch wenn er nicht wußte, wer Roger Bacon war. All seine Gedanken kreisten jetzt immerfort um das gleiche, ungelöste Problem, das, soweit es ihn betraf, zur alten Meg führte: das Problem der Unterscheidung des Guten vom Bösen.
«Du wirst viel von ihm in Oxford hören», fuhr Master Simon ohne Pause fort, «obwohl er schon fast seit einem halben Jahrhundert tot ist. Er war ein Franziskanermönch, der die Geheimnisse des Universums zu erklären suchte, indem er die Mathematik zu Hilfe nahm. Mit ihr, glaubte er, könne der Mensch die Gesetze der Natur erforschen, und es gelang ihm in der Tat, sowohl ein Maßsystem für die Jahreszeiten, als auch den Wechsel der Gezeiten, die Bedeutung des Regenbogens und noch vieles mehr abzuleiten, was ich dir hier nicht erzählen kann. Aber er mußte dafür büßen. Die gelehrten Doktoren und Meister sowie seine eigenen Vorgesetzten im Orden der Franziskaner wandten sich gegen ihn. Sie klagten ihn der Ketzerei an, erteilten ihm Lehrverbot und steckten ihn ins Gefängnis; einige beschuldigten ihn auch der Hexerei.»
«Hexerei?» fragte Stephen aufmerksam.
«Ja, mein Junge, Hexerei; obwohl nur wenige wirklich daran glaubten. Doch einige unserer Gelehrten sind nicht von Eifersucht frei; und ‹Magie› läßt sich leicht von denen sagen, die im Wettstreit übertroffen worden sind.»
«Und was geschah dann mit ihm?»
«Der Papst setzte sich für ihn ein, und er wurde schließlich freigelassen. Aber urteile nicht vorschnell! Jenseits der Grenzen des bisher Gewußten und Bewiesenen verbirgt sich nicht nur die göttliche Unendlichkeit, sondern auch die List des Teufels; und wer kann beides schon mit Bestimmtheit unterscheiden? Derjenige, der sich über die

* Englischer Philosoph und Wissenschaftler (um 1214–94); gilt als der erste Naturforscher des Mittelalters.

Grenzen des Erforschten hinauswagt, muß langsam voranschreiten, Zoll für Zoll, und er darf niemals die Rettungsleine zur heiligen Mutter Kirche loslassen.»

Eine Weile ritten sie schweigend dahin. Dann fing Master Simon wieder an zu sprechen und beschrieb dieses Mal die verschiedenen Colleges, die innerhalb der Universität entstanden waren. Jedes war von irgendeinem Wohltäter zu einem ganz bestimmten Zweck begründet worden. In ihnen lebten Meister und Studenten nach gewissen Regeln zusammen, fast wie Mönche, und arbeiteten alle, um ihre akademischen Grade in den Künsten oder Wissenschaften zu erlangen.

Aber Stephen hörte gar nicht mehr zu. Diese neue Vorstellung eines Strebens nach Erkenntnis, das der Erforschung eines neuen und möglicherweise riskanten Landstrichs glich, hatte Besitz von seiner Phantasie ergriffen.

Master Simon weckte ihn jedoch aus seinen Träumen, indem er plötzlich anhielt und auf etwas in der Ferne deutete.

«Sieh einmal», rief er. «Der erste Blick auf Oxford!»

Sie standen am Rand eines sanft abfallenden Hügels und blickten über ein Meer von Baumkronen hinweg, die in Morgennebel gehüllt waren. Während sie schauten, löste sich der Nebel allmählich auf und wich dem blassen, goldenen Sonnenlicht. Aus den Nebelschleiern tauchten die Türme einer anscheinend weit entfernten Stadt auf, erst einer, dann immer mehr. Sie erhoben sich vor einem Hintergrund aus Mauern, Dächern und Kaminen, und einer von ihnen, ein hoher, schlanker Kirchturm mit golden gefärbten Fialen*, überragte alle übrigen. Dann wurde die Sonne von einer Wolke verdeckt, und die Erscheinung verschwand.

«Das ist ein Augenblick gewesen, für den du Gott danken solltest», murmelte Master Simon. «Der Nebel im Tal spielt so manchen Streich, und noch nie habe ich diesen Anblick lieblicher erlebt. Nun gib deinem behäbigen Roß die Fersen, wir müssen uns eilen. Jener hohe, schlanke Kirchturm, den du gesehen hast, gehört der Marien-

* In der Gotik häufig verwendetes Zierelement in Form eines schlanken, spitzen Türmchens.

kirche. Sie ist Mittelpunkt des Universitätslebens und wird all seinen Bedürfnissen gerecht: Sie ist eine Kirche für den Gottesdienst, ein Saal für jede Art von Feierlichkeiten und eine Bibliothek, bis der Bau der neuen fertiggestellt ist. Dort müssen wir die Bücher abliefern. Wach auf, mein Junge! Es sieht ganz so aus, als ob du halb eingeschlafen wärst.»

Stephen schüttelte sich, und dann ritten sie nebeneinander in flinkem Trab hügelabwärts, bis die Straße eben wurde und sie einem Menschenstrom begegneten, der sich wie sie, entweder zu Pferd oder zu Fuß, auf eine Brücke zu bewegte. Nun verdeckten Weidenbäume die Sicht, und erst als sie die Brücke über den Fluß schon zur Hälfte überquert hatten, bemerkte Stephen, daß auf dem anderen Ufer die Stadtmauern direkt von den grünen Wiesen aufragten und weniger als eine Bogenschußweite von ihnen entfernt waren.

Master Simon ritt voran zu einem Gasthaus jenseits der Brücke, wo sie ihre Pferde festbanden und sich ein kräftiges Mahl genehmigten. Es war die erste Mahlzeit an diesem Tag, und Stephen merkte erst jetzt, daß er ausgehungert war. Dann packte Master Simon das Bündel mit den Büchern vorsichtig unter seinen Arm, und sie reihten sich in die Menschenkette ein, die durch das Oxforder Osttor in die Stadt hineindrängte.

Sie traten in helles Sonnenlicht, und Stephen blieb überrascht stehen, wobei er den Weg versperrte, bis ihn jemand zur Seite schob. Dort stand er dann reglos da und war sprachlos über das, was er vor sich sah.

Er hatte eine Stadt wie Wallingford, wenn auch zweimal so groß, erwartet, die schmale Gassen und weit überstehende Dächer hatte. Anstatt dessen erblickte er vor sich eine Straße, die so breit wie die Themse war und in einer großen Biegung von ihm wegführte.

Doch was ihn am meisten erstaunte, war die Menge an Menschen. Es gab am Markttag in Wallingford auch ein Gedränge von Leuten, die miteinander schwatzten; die meisten von ihnen waren Frauen, die ihre Einkaufskörbe und Kinder an sich preßten und viel Zeit hatten. Aber hier gab es fast nur Männer aller Altersstufen, und jeder einzelne schien einer ganz bestimmten Absicht nachzugehen. Hier und da schritten ältere Herren mit viereckigen Kappen und kleidsamen Gewändern würdevoll einher, sobald ihnen Platz gemacht wurde; Mönche, Ordensbrüder und ernst dreinblickende Männer gingen zu zweit oder zu dritt und diskutierten miteinander; Jungen, die nicht viel älter als Stephen waren, preschten durch die Menge, als ob der Teufel hinter ihnen her sei; und da gab es auch noch ein paar elegante, junge Stutzer in modischer Kleidung; sie trugen große Hüte oder hatten am Saum gezackte Schals um den Kopf geschlungen. Doch bei weitem am größten war die Zahl der armen Studenten, die an ihren ausgeblichenen und zerlumpten Sachen zu erkennen waren und sich in einer Sprache unterhielten, von der Stephen kein Wort verstehen konnte.

Eine Straße so breit wie die Themse

Er wurde es nicht müde, sie alle zu betrachten, und für eine Weile verlor er Master Simon aus den Augen. Aber endlich sah er ihn zu seiner Erleichterung an der Ecke einer engen Gasse auf ihn warten.
«Halt dich in meiner Nähe, mein Junge», tadelte er ihn, «oder du verirrst dich in diesem Haufen von Gelehrten. Ich habe das Bündel für eine Weile hier auf dem Stein abgelegt. Ich bin froh, wenn ich es los bin, das verspreche ich dir.»
«Darf ich es nehmen, Sir?»

«Nein, du kannst es nicht tragen. Es schadet nichts, wenn wir einen Augenblick pausieren. Siehst du dort die graue Mauer mit den Bäumen davor und der kleinen Kirche dahinter? Das ist das St. Edmund-College, wo ich zu meiner Zeit gewohnt habe. Es ist recht ruhig gelegen, fern vom Lärm der Hauptstraße, die sich wie eine Ader durch das Innere der Stadt windet. Nun sieh in die andere Richtung zu der Marienkirche hinüber – die mit dem hohen, spitzen Turm. Siehst du das Baugerüst dort? Das ist das neue Allerseelen-College, es befindet sich gerade im Bau. Es ist eine Stiftung des gegenwärtigen Erzbischofs von Canterbury; er hat es zum Andenken an Heinrich V., seine königlichen Brüder und seine Lords, die im Krieg mit Frankreich gefallen sind, gegründet; eigentlich zur Erinnerung an alle, die in Schlachten den Tod gefunden haben.»
Stephen empfand eine plötzliche Aufwallung von Stolz. *Sein* Vater war auch im Krieg mit Frankreich ums Leben gekommen.
«Werden wir es uns ansehen – das neue Gebäude?»
«Wir gehen gleich daran vorbei. Später haben wir vielleicht noch Zeit, es uns eingehender anzusehen. Der Erzbischof hat seinen Geldbeutel nicht geschont. Seine Steinmetze und Handwerker sind die besten im ganzen Land.»

Das Allerseelen-College

Der Kaplan nahm das Bündel wieder an sich, und sie eilten weiter an einem Bretterwald vorbei, der das neue Gebäude verdeckte, und gelangten schließlich zur Marienkirche. Ihr Turm schien jetzt noch eindrucksvoller, als er aus der Ferne betrachtet gewirkt hatte, und sie traten durch eine riesige Vorhalle ein.

«Der Eingang der Marienkirche», bemerkte Master Simon und legte die Bücher zum letzten Mal nieder, «ist ein Ort schmerzlicher Erinnerungen für jeden, der hier einmal disputiert hat, das heißt, eigentlich für jeden, der in Oxford seinen Magistergrad erworben hat.»

«Disputiert?» wiederholte Stephen.

«Ja, disputiert. Weißt du nicht, was das bedeutet? Die Studenten disputieren miteinander über irgendeine Frage, und zwar hier in der Öffentlichkeit, um ihr Wissen unter Beweis zu stellen. Die Disputation ist ein Teil des Vorgangs, bei dem sie ihren Magister erwerben. Wie anders, meinst du, könnten sie sonst geprüft und ihr Wissen einer Erprobung unterzogen werden? Vielleicht wirst du auch einmal hier in Zukunft ein gelehrtes Streitgespräch führen.»

Mit den Gedanken bei dieser ehrfurchteinflößenden Aussicht folgte Stephen dem Kaplan durch die Kirche, die alt und düster war und rundbögige Fenster sowie viele Nischen mit Seitenaltären hatte. Sie bogen in eine große Kapelle ein und gingen von dort auf eine Treppe mit vielen Stufen zu. Auf dem Weg nach oben sah Stephen, daß die Treppe in einen Raum mit hohen Wänden führte, die alle von Bücherregalen ausgefüllt wurden.

In der Mitte standen zwei Männer, die sich mit dem Rücken zur Treppe über ein hohes Pult beugten. Der eine war groß und breitschultrig mit einem hanffarbenen Haarschopf, der andere hingegen war klein und kahlköpfig, und seine Brille stand so weit über, daß es aussah, als würde sie auf einem Ei sitzen. Der kleine Mann hörte sie zuerst kommen und drehte sich um. Sein Gesicht, das runzlig wie ein zerknittertes Stück Pergament war, erhellte sich mit einem Lächeln.

«Ich bitte Euch um Vergebung, guter Herr. Ich hoffe, Ihr habt noch nicht lange gewartet? Ihr müßt Master Brayles sein, Mylady von Suffolks Kaplan. Ich habe die Nachricht bekommen, daß Ihr Myladys großmütige Bücherspende bringen werdet. Darf ich Euch den Rektor des St.-Andreas-College, Master Roger Bolingbroke, vorstellen? Vielleicht seid Ihr ihm schon einmal begegnet?»

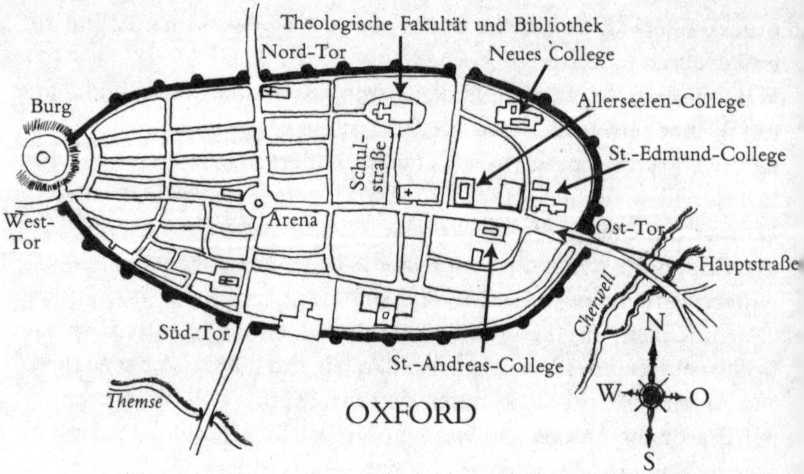

«Ein Becher Wein mit Roger Bolingbroke»

Als der Rektor des St.-Andreas-College sich langsam umwandte, sank Stephens Herz wie ein Stein. Was für ein Dummkopf war er doch gewesen, nicht vorauszusehen, daß er Bolingbroke vermutlich begegnen würde! Schließlich war es Bolingbroke gewesen, durch den Dame Alice die Nachricht von ihrer Bücherspende für die neue Bibliothek hatte überbringen lassen. Was würde nun geschehen? Stephen schalt sich, daß er so völlig unvorbereitet war. Da lauerte nun doppelte Gefahr – nicht nur die bezüglich der Begegnung bei der alten Meg, sondern, schlimmer noch, die, daß Bolingbroke sich im Besitz von Dame Alices Brief befand.

Die beiden Herren begrüßten sich indes und bestätigten sich gegenseitig, daß sie einander fremd seien. Höflichkeiten wurden ausgetauscht, und erst als Stephen vortrat, um mit dem Büchersack behilflich zu sein, schien Bolingbroke ihn zu bemerken.

«Ja, nun», verkündete er lauthals, «da ist ja der kleine Sturmvogel! Herr Archivar, Ihr habt doch gehört, in welch schrecklicher Gefahr Herzog Humphreys Bücher an der Benson-Mühle geschwebt haben!

Dies hier ist der Junge, der dem übergeschnappten Müller allein gegenübertrat und sie sicher durch das Wehr brachte.»
«Dieser Junge? Ohne fremde Hilfe?» rief der kleine, kahlköpfige Mann und blickte wie um Bestätigung zu Master Simon.
»Ich war nicht dabei, aber es ist mir genau so berichtet worden», sagte Master Simon ruhig. «Natürlich hatte er einen Befehl von Dame Alice, aber das schmälert nicht seinen Verdienst. Der Müller ist wirklich ein alter Krieger, dessen Blut zu schnell in Wallung gerät, und Stephen besitzt einiges Geschick, ihn zu besänftigen.»
«Ein Geschick, für das wir dankbar sein müssen», fügte der Archivar aufgeregt hinzu. «Der Junge verdient unser aller Dank. Weiß Herzog Humphrey davon? Er sollte es erfahren. Komm, junger Mann, ich werde dir ein paar der Schätze zeigen, die du gerettet hast.»
Sehr zu Stephens Verlegenheit mußte er den Platz neben Master Simon am Pult einnehmen, während der Archivar mit Hilfe von Bolingbroke ein Buch nach dem anderen hochhob, um es vorzuzeigen. Glücklicherweise führte Master Simon das Gespräch, denn Stephen fehlten die Worte. Gewiß waren die Bücher wunderschön anzusehen; sie waren so herrlich geschrieben, daß selbst die Geduld der Kopisten, die Seite für Seite ohne jeden Fehler oder krummen Buchstaben abgeschrieben hatten, ein Wunderwerk für sich darstellte. Doch die meisten Bücher waren in Latein verfaßt, einige in Französisch und nur ein oder zwei in Englisch. Keines hatte Bilder außer den Miniaturen, die sich um die Anfangsbuchstaben rankten, oder den winzigen Figuren am Rand jeder Seite.
Zur gleichen Zeit schossen Stephen ganz andere Gedanken durch den Kopf. «Kleiner Sturmvogel», das war der Spitzname, den ihm die alte Meg gegeben hatte. Warum hatte Bolingbroke ihn benutzt? War es absichtlich geschehen, um ihn an das Geheimnis zu erinnern, das sie miteinander verband?
Stephen war froh, als Master Simon die beiden Herren schließlich bat, sich nicht weiter zu bemühen. «Eure Bibliothek ist bis auf den letzten Platz gefüllt», sagte er. «Ich habe das Gerücht gehört, daß Ihr eine neue bekommen sollt.»
«In der Tat», erwiderte der Archivar triumphierend. «Herzog Humphrey hat versprochen, seinen Geldbeutel doch noch einmal zu

öffnen. Eine Bogenschußweite von hier entfernt wird gerade die neue Theologische Fakultät errichtet, und es ist geplant, über ihr eine neue Bibliothek zu bauen. Sie wird Herzog Humphreys Namen tragen. Vielleicht wollt Ihr Euch den Bau einmal selbst ansehen?»
«Ich werde vorangehen», erbot sich Bolingbroke, als Master Simon zögerte. «Nein, nein, Sir, das ist bestimmt keine große Mühe. Ich wäre stolz darauf, Euch dorthin mitzunehmen.»
Nachdem sie sich höflich vom Archivar verabschiedet hatten, folgte Stephen den beiden Herren die Treppe hinunter. Der ganze Tag, der ihm ohnehin wie ein Wachtraum erschienen war, nahm nun die Gestalt eines Alptraums an. Alles mögliche konnte geschehen.
Doch Bolingbroke schien sich ausgezeichnet mit Master Simon zu verstehen. Sie verließen die Kirche durch das Nordportal, das sich zu einem von kleinen Häusern umstandenen Platz öffnete, von dem man einen herrlichen Blick auf das Allerseelen-College hatte.
«Das ist wirklich ein schöner Anblick», bemerkte Master Simon, als sie einen Moment lang stehenblieben, um die Aussicht zu betrachten. «Wer ist der Steinmetzmeister? Ich hörte, daß der Erzbischof Richard Crevington beauftragt habe – oder ist es Robert Jayne?»
«Beide», antwortete Bolingbroke umgehend. «Erzbischof Chichele weiß, sich die besten Männer dienstbar zu machen. Obendrein hat er noch den Bildhauer Massingham verpflichtet. Glücklicherweise hat die Universität Richard Winchcombe für den Bau der Theologischen Fakultät gewinnen können, der gerade seine Arbeit am Neuen College beendet hat. Er ist nun schon ein alter Mann, aber er hat einige der schönsten Kirchen in der hiesigen Umgebung erbaut: Addington und Draddington zum Beispiel und, ich glaube, auch Bloxham. Das einzige Problem ist, daß er schon für den König gearbeitet hat und seine eigene Arbeit dementsprechend bewertet. Um die Wahrheit zu sagen, die Herren der Universitätsversammlung klagen, daß er ihre Geldsäckel leert . . . Kommt, Sir, wir nehmen den Weg durch die Schulgasse.»
Sie schlängelten sich nun durch eine Wirrnis alter Gebäude, bis sie zu einer Gasse gelangten, die trotz ihrer Enge und Schmutzigkeit geradeaus zu führen schien. Es war nur so viel Platz, daß die beiden Männer Seite an Seite gehen konnten. Stephen folgte ihnen auf den

Fersen. Das ganze Gespräch über die Bauten und Steinmetze interessierte ihn nicht, aber er war froh, Bolingbroke im Auge behalten zu können. Allmählich wich sein Unbehagen. Der Rektor des St.-Andreas-College war in leutseliger Stimmung, und es war schwierig, in ihm den Fremden wiederzuerkennen, dem er bei der alten Meg begegnet war.

«Hier siehst du auf beiden Seiten die alten Universitätsgebäude», rief Master Simon Stephen über die Schulter zu. «Es ist allerdings höchste Zeit, daß neue gebaut werden. Sie sehen mehr wie Viehschuppen aus, nicht wie Colleges; dennoch mieten einige Meister sie, um darin ihre Vorlesungen abzuhalten. Schon zu meiner Zeit wurden sie von Ratten heimgesucht . . . Aber mein Junge, du wirst womöglich deine Schuhe auf diesem Kopfsteinpflaster abnutzen!»

«Das wird er in der Tat», sagte Bolingbroke heiter. «Es wird noch Jahre dauern, bis wir neues Pflaster bekommen. Doch seht, Sir, dort liegt die Zukunft vor Euch!»

Die enge Gasse mündete plötzlich in ein ausgedehntes, unbebautes Grundstück. Auf seiner Mitte stand eine Gruppe von Mauern, die kaum Schulterhöhe erreichten und hinter Baugerüsten verborgen waren. Doch verglichen mit der Schulgasse sahen sie wie die Anfänge eines palastähnlichen Gebäudes aus, und die Steine waren fast weiß. Überall war geschäftiges Treiben. Unter strohgedeckten Schutzdächern waren Steinmetze bei der Arbeit; sie meißelten rundgewölbte Blöcke aus, die Bögen werden sollten; Arbeiter rollten auf Schubkarren viereckige Steinblöcke herbei, und aus dem Innern der Mauern erklang das emsige Geräusch von Hammer und Meißel.

«Seht! Dort ist der neue Bau», rief Bolingbroke, als ob er der Eigentümer wäre. «Unten ist die Theologische Fakultät, und darüber wird Herzog Humphreys Bibliothek sein – doch ich fürchte, das wird noch viele Jahre dauern. Schaut, da ist Meister Winchcombe persönlich, der alte Mann dort mit der roten Kappe. Wir haben Glück; der Bursche, mit dem er spricht, der mit dem Reitmantel, ist John Massingham, der Bildhauer des Allerseelen-College. Wenn wir uns eilen, können wir vielleicht ein paar Worte mit ihnen sprechen.»

Master Simon zögerte, doch wenn es Bolingbroke an einem nicht fehlte, dann war das Kühnheit. Und als er sich den beiden Männern

Arbeiter rollten Steinblöcke herbei

näherte, wurde ersichtlich, daß er gut mit ihnen bekannt war. Richard Winchcombe kam zu ihnen herüber, um sie zu begrüßen. Er war groß, ging leicht gebeugt und hatte weißes Haar, das unter seiner roten Kappe hervorquoll und auf ein altes Lederwams fiel. Als er den Namen Ewelme hörte, streckte er seine zernarbte und knotige Hand aus.

«Ewelme? Ein schönes Stift. Dort hat man wahrhaft fürstlichen Gebrauch von Backsteinen gemacht. Kommt, Sir, und begrüßt John Massingham, den Bildhauer. Er ist bei dieser Hitze nach London gerufen worden, der Arme. Sein Erzbischof läßt ihn zwischen Oxford und Canterbury wie ein Weberschiffchen hin und her sausen. Die hohe Geistlichkeit verschwendet keinen Gedanken an die Ehrenhaftigkeit eines Handwerkers.»

Massingham, der ein rundes und sehr freundliches Gesicht hatte, lachte nur. «Hört nicht auf ihn, Sir. Alle Steinmetze tragen einen Schaden davon, weil sie in schwindelerregenden Höhen arbeiten müssen. Meine Ehrenhaftigkeit leidet nicht, und schließlich muß man ja auch einmal nach seinem Gönner sehen.»

«Dann mußt du einen haben, der das wert ist», erwiderte Winchcombe. «Herzog Humphrey zum Beispiel. Das ist ein Gönner! Frag Bolingbroke, er wird es dir bestätigen, wenn auch sein Vorteil wohl eher auf der Seite des weiblichen Geschlechts zu finden ist!» Der alte Mann zwinkerte, und Bolingbroke wurde rot bei dieser offenkundigen Anspielung auf die Herzogin Eleanor. Doch nun fiel Massingham wieder unbekümmert ein.

«Zufälligerweise ist es diesmal nicht der Erzbischof, der mich gerufen hat, sondern der König.»

«Was will *er* denn? Etwas für sein neues College in Eton?»

«Nein, etwas, das seinem Herzen noch näher ist. Die Totenmaske des Grafen von Warwick ist gerade aus Frankreich gekommen, und seine Majestät wünscht, daß ich einen Abdruck herstelle, so lange das Wachs noch weich ist. Ihr wißt, wie sehr er seinen einstigen Lehrer geliebt hat. Später soll ich dann für das Grabmal in der Kapelle, die in Warwick gebaut werden wird, eine Figur aus Stein meißeln. Also, seht ihr, es handelt sich tatsächlich um eine Angelegenheit, die keinen Aufschub duldet.»

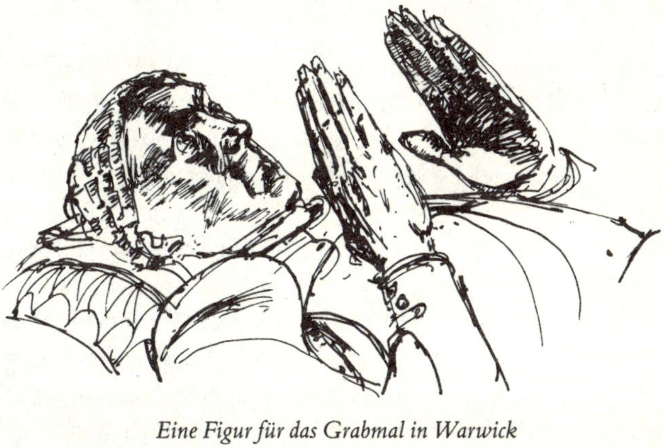

Eine Figur für das Grabmal in Warwick

Unter beifälligem Gemurmel machte er eine Verbeugung und ging davon. Winchcombe stöhnte jedoch immer noch in gespielter Verzweiflung. «Meiner Treu, wer verschwendet schon sein Talent an eine solche Aufgabe, wie sie die Nachbildung der Toten darstellt? Die Blöcke eines Steinmetzes sind wenigstens nicht vergänglich.

Doch was kann ich für Euch tun, meine Herren? Ihr wollt den neuen Bau ansehen?»

Er führte sie zu dem halbfertigen Mauerwerk. Dort blieben sie für die nächste halbe Stunde stehen, erst auf einem Fuß, dann auf dem anderen, während die Sonne vom Himmel herunterbrannte. Zuerst war Stephen voller Bewunderung dafür, wie die Steinarkaden, die so schlank wie junge Schößlinge in einem Wald waren, das Gewicht eines Daches über ihnen tragen konnten, geschweige denn das Gewicht einer großen Bibliothek. Doch mit der Zeit, nachdem Winchcombe auf dem staubigen Boden aufgezeichnet hatte, wie er gedachte, das Problem zu lösen, waren nicht nur Stephen, sondern auch der Kaplan und Bolingbroke von der Hitze nahezu erschöpft.

Als sie schließlich außer Sichtweite des Steinmetzmeisters gelangten, stießen sie alle einen unverhohlenen Seufzer der Erleichterung aus.

«Kommt mit mir zum St.-Andreas-College und ruht Euch dort eine Weile aus, bevor Ihr davonreitet», rief Bolingbroke mit hochgezogenen Brauen. «Ein Bocksbeutel Wein hängt zur Kühlung im Brunnen, und es wäre mir ein großes Vergnügen, Euch willkommen zu heißen.»

Master Simon nahm die Einladung sogleich an, und Stephen sagte im stillen ein «Deo gratias»*, nicht nur weil er gerne das St.-Andreas-College sehen wollte, sondern weil die gesamte Anspannung dieses Tages mit einem Mal von ihm gewichen war. Bolingbroke und Master Simon waren offensichtlich gute Freunde, und so gab es nichts mehr, was er zu befürchten hätte. Er schlenderte hinter den beiden her, ließ seine Blicke schweifen und freute sich, daß er schon so vieles beim Namen nennen konnte – das Allerseelen-College mit seinem Baugerüst, wo Massingham arbeitete; den hohen, spitzen Kirchturm der Marienkirche, nach dem er sich von diesem Standpunkt aus den Hals verrenken mußte; und vor sich konnte er eine Menschenmenge vorbeihasten sehen, da die Schulgasse am Ende von der Hauptstraße gekreuzt wurde.

Stephens Frieden war jedoch von kurzer Dauer. Ganz unvermittelt wandte sich Master Simon mit einer Frage an Bolingbroke.

* (lat.): Gott sei Dank.

«Wann seid Ihr Stephen zum ersten Mal begegnet? Dame Alice erzählte mir, daß Ihr ihn schon vor der Episode mit den Büchern kennengelernt habt.» Er sprach recht liebenswürdig, aber die Frage war mit Bedacht gestellt und drückte die Erwartung einer Antwort aus. Stephen war dankbar, daß man sein Gesicht nicht sehen konnte; und für einen Augenblick schien selbst Bolingbroke überrumpelt.
«Nun, ja», sagte er, langsam nach Worten suchend, «ja, ich bin dem Jungen tatsächlich schon vorher begegnet. Wir trafen uns zufällig in dem fürchterlichen Gewitter vor einigen Monaten. Vielleicht erinnert Ihr Euch daran, Sir – eines der schlimmsten Gewitter, die ich je erlebt habe! Ich hatte mich auf dem Weg nach Wallingford völlig verirrt und war dankbar, dem Jungen zu begegnen. Er hat mich zur richtigen Straße geführt.»
«Und dann?» Der Kaplan war seltsam beharrlich.
«Ich habe ihn dann nicht mehr gesehen bis zu dem Tag, als ich Mylady von Suffolk meine Aufwartung machte, um ihr für den sicheren Transport der Bücher zu danken. Ihr könnt Euch denken, wie überrascht ich war, denselben Jungen dort als den Helden in dieser Angelegenheit anzutreffen.»
Stephen hielt den Atem an. Was hatte Master Simon bloß veranlaßt, diese Frage plötzlich zu stellen? Doch der Kaplan sagte nichts mehr, und sie gingen schweigend weiter, bis sie zur Hauptstraße gelangten. Dort wurden sie von einem Strom lärmender und drängelnder Studenten aufgehalten, die alle in die gleiche Richtung eilten.
«In der Arena von Carfax muß wohl eine Bärenhatz stattfinden», bemerkte Bolingbroke. «Mit Verlaub, Sir, geduldet Euch eine Minute. Sie werden gleich fort sein, und wir können in Ruhe die Straße überqueren.»
Stephen blickte der hastenden Menge nach. Es gab auch in Wallingford eine Stierkampfarena, doch er war noch nie bei einer Stierhatz gewesen; in Ewelme wohnte ein Bursche, der besondere Bullenbeißer für diesen Sport züchtete. Allmählich jedoch ebbte der Strom von Studenten ab, und, mit Bolingbroke an der Spitze, setzten sie ihren Weg über die Hauptstraße hinweg fort. Nun betraten sie ein weiteres Netz von Gassen, die alle hügelabwärts verliefen.
Master Simon, der sich anscheinend wieder wie zu Hause fühlte,

faßte Stephen am Ellbogen, um ihn auf weitere Wahrzeichen der Stadt aufmerksam zu machen.

«Schau, dort unten ist die Stadtmauer mit den Wiesen und dem Fluß dahinter. Dieser große Turm hier gehört zum Merton-College, das noch nicht fertiggestellt ist; und jener dort drüben mit der kurzen Spitze gehört zum Priorat der Hl. Fredeswitha*; ihr Schrein befindet sich dort. Eigentlich hätte ich dich dorthin schicken sollen, um zu beten, daß du eines Tages als Student nach Oxford zurückkehren mögest.»

«Ich werde ihm einen Platz im St.-Andreas-College beschaffen, wenn es notwendig sein sollte», sagte Bolingbroke umgehend. «Nach dem Heldenmut, den er mit den Büchern bewiesen hat, zweifele ich nicht daran, daß Herzog Humphrey ihn unterstützen wird.»

Der Kaplan aus Ewelme wurde wieder förmlich. «Der Junge steht Mylord von Suffolk zu Diensten», sagte er kühl. «Ihm wird es nicht an Förderung mangeln.»

Stephen schwand der Mut. Dies begann, gefährlich zu werden. Ob es zu guter Letzt doch noch Schwierigkeiten geben würde? Aber Bolingbroke lenkte ein.

«Zweifellos wird er besser in Eurer Obhut vorankommen», räumte er mit einem leichten Anflug von Spott ein. «Das St.-Andreas-College ist nicht gerade wohlhabend; da steckt nicht das Gold eines Kaufherrn dahinter. Aber seht selbst, Sir; wir sind da.»

Er ging durch ein enges Seitengäßchen voran und stieg zwei Stufen hinunter, die zu einem alten Holzvordach führten. Dann betraten sie eine Halle, die so kahl wie eine Scheune, stockfinster, aber angenehm kühl war. Bei ihrer Ankunft flogen von den Dachbalken Vögel auf und flatterten durch die offenen Fensterschlitze hoch oben im Mauerwerk davon. An der gegenüberliegenden Wand hatte ein dünner Sonnenstrahl seinen Weg durch ein großes, verglastes Fenster

* Fredeswitha, eine um 735 gestorbene Jungfrau, verweigerte die Heirat mit einem König und floh nach Oxford. Der König verfolgte sie dorthin, doch als er sich den Toren der Stadt näherte, erblindete er. Daher fürchteten angeblich die Könige von England, Oxford zu betreten.

gefunden und fiel auf einen schweren Tisch, einen einzigen Stuhl sowie einige Bänke und Schemel.
Bolingbroke ging auf den Tisch zu. «Nehmt Platz, Sir», forderte er den Kaplan auf. «Es scheint niemand da zu sein; ich wette, sie sind alle in der Arena, die faulen Burschen. – Aber das macht nichts; ich werde eben den Wein selbst holen.»
Er verließ sie, und Stephen sah sich um. Als sich seine Augen an das Dunkel gewöhnt hatten, konnte er eine wacklige Treppe erkennen, die zu einer Galerie hochführte. Dahinter befand sich ein Dachboden, in dem es stockdunkel war. Über dem Geländer der Galerie hing Bettzeug, und trotz des frischen Lüftchens, das pfeifend durch den Rauchabzug wehte, herrschte ein muffiger Geruch wie von abgestandenem Essen und ungelüfteter Kleidung. Stephens und Master Simons Blicke trafen sich, doch bevor einer von beiden ein Wort sagen konnte, kam Bolingbroke zurück und brachte eine tropfende Weinflasche, die einen Lederbezug hatte.
«Das wird Euch erfrischen», sagte er in heiterem Ton. «Nun brauchen wir nur noch ein paar Becher.»
Er stellte die Flasche auf dem Tisch ab, drehte sich zu einem Wandschränkchen in der Nähe des Fensters um und schloß es mit einem Schlüssel auf, den er aus den Tiefen seiner Taschen hervorzog. Dann nahm er zwei silberne Weinkelche heraus und rieb sie mit seinem Ärmel blank. Während des kurzen Moments, den die Tür des Wandschränkchens offenstand, fiel Stephen etwas Funkelndes darin auf. An einem Nagel hing jenes sonderbare Zeichen aus Kupfer, das Bolingbroke bei der alten Meg um den Hals getragen hatte.
Bolingbroke schenkte den Wein ein, und als er die Tür des Wandschränkchens wieder verschloß, wandte er sich an Stephen. «Geh in den Hof, mein Junge, und schöpf dir etwas Wasser vom Brunnen. Krüge findest du auf der Mauer daneben. Füll einen zur Hälfte, und wir werden das Wasser mit Wein versetzen, um es schmackhafter zu machen.»
Stephen nahm sich mit dem Wasserschöpfen Zeit, denn er war froh über die Gelegenheit, sich umsehen zu können. Der Hof, wie Master Bolingbroke ihn bezeichnet hatte, war lediglich ein Stück kahlen Bodens zwischen verfallenen Mauern, die augenscheinlich zu weite-

ren, dem St.-Andreas-College ähnlichen Gebäuden gehörten. Die ausgetretenen Pfade durch die Brennesseln legten Zeugnis darüber ab, daß dieser Brunnen mit seinem alten Eimer und der Kette alle Anwohner versorgte. Die gesamte Umgebung war dumpf und feucht, so als ob die Sonne selten dorthin schien.

Als Stephen wieder nach drinnen ging, stand Bolingbroke gerade mit dem Becher in der Hand neben dem Tisch, als ob Master Simon einen Vortrag hielte.

«Aber ich sage Euch, Sir, es ist wahr», hob er hervor. «Die Versammlung in Gravelines ist gescheitert. Es wird nicht mehr von Frieden gesprochen. Das ganze Unternehmen stand auch von Anfang an unter einem schlechten Stern, da es von einem betagten Geistlichen, dem Kardinal Beaufort, und einer starrsinnigen Frau, ihrer Majestät von Burgund, ins Leben gerufen worden war; und niemand anders als der von der Gefangenschaft noch nicht genesene Träumer Charles d'Orléans sollte den Franzosen unseren Standpunkt verdeutlichen. Nun, ihm hat es nur weitere Gefangenschaft eingebracht. Er ist nicht freigekauft worden, mußte zurückkehren und bleibt ein Gefangener. Der einzige, der für England sprechen könnte, ist von diesen Möchtegern-Friedensbotschaftern übergangen worden. Sie haben Herzog Humphrey einfach ignoriert. Zur Untätigkeit verurteilt ist er beim König geblieben; aber wer weiß, vielleicht hat er zu irgendeinem guten Zweck untätig herumgesessen? Der König hat jedenfalls kurzerhand alle Richtlinien für die Friedensverhandlung verworfen.»

Master Simon schien zu betäubt, um Bolingbroke zu unterbrechen. «Aber woher stammen diese Neuigkeiten?» fragte er schließlich. «Bis heute morgen, als ich von zu Hause aufbrach, war kein Wort davon zu Mylord von Suffolk gedrungen.»

Bolingbroke schaute auf ihn herab, und die Andeutung eines Lächelns kräuselte seine Mundwinkel.

«Neuigkeiten dringen rasch nach Oxford, Sir. Ich möchte sogar behaupten, daß sie rasch zu *mir* dringen. Es hat den Anschein, als habe es Mylord von Suffolk für richtig gehalten, sich in letzter Zeit aus der Politik zurückzuziehen. Vielleicht tut er recht daran. Er hat in seiner überaus gütigen Gemahlin einen Stolperstein. Er sollte wirklich darauf achten, daß sie ihre Feder bezähmt.»

Er sprach mit einer so bewußten Unverschämtheit, daß Master Simon vor Zorn erbleichte und aufsprang. «Ihr seid beleidigend, Sir. Wären wir keine Kleriker, würde ich Euch erbittert zur Rechenschaft ziehen.»
Bolingbroke streckte besänftigend seine Hand aus. «Nein, Master Brayles, seid nicht erregt. Glaubt mir, ich stehe niemandem in der Bewunderung für Mylady von Suffolk nach; sie ist eine gütige, gebildete, edle Dame. Doch laßt uns hier in Oxford, einer Männerwelt, in der Frauen kaum Platz haben, zugeben, daß alle Frauen unüberlegt sind. Sie treiben ein teuflisches Spiel mit der Politik. Sie geben selbst in Briefen Geschwätz weiter, als ob es das Evangelium sei. Nun, bezüglich des sogenannten heimlichen Plans für eine französische Heirat . . .»
Master Simon schlug mit der Faust auf den Tisch. »Schweigt, Sir, oder Ihr geht zu weit! Erinnert Euch, daß ich vor einer Stunde in Eurem Beisein gehört habe, daß Euer Einfluß von der Seite des weiblichen Geschlechts herrührt. Mit Verlaub, wir werden uns nun auf den Weg machen. Ich habe Euch für Eure Gastfreundschaft zu danken.»
Bolingbroke war wieder versöhnlich gestimmt und geleitete sie auf die kopfsteingepflasterte Gasse hinaus. Dabei beteuerte er, daß er nur eine freundschaftliche Unterredung zwischen zwei Magistern derselben Universität im Sinn gehabt hätte. Master Simon blieb jedoch kühl wie Eis. Als sie sich verabschiedeten, klopfte Bolingbroke Stephen auf die Schulter.
«Vergeßt nicht», sagte er liebenswürdig, «hier ist Platz für den Jungen, wenn er einen suchen sollte.»
Master Simon sprach kein Wort mehr, bis er und Stephen um die Ecke gebogen waren. Dann wandte er sich Stephen zu, und sein Gesicht hatte eine kühle und strenge Miene.
«Ich weiß nicht, wie viel du von allem mitbekommen hast», brummte er. «Aber einer Sache kannst du sicher sein: Auch wenn dir deswegen Oxford entgehen sollte, wirst du niemals das St.-Andreas-College bewohnen!»
Stephen wagte nicht, den Mund aufzumachen. Er stapfte dahin und war mit einem einzigen, vorherrschenden Gedanken beschäftigt. Es gab keinen Zweifel mehr. Dame Alices Brief war in Bolingbrokes

Hände gelangt, und es hatte den Anschein, als habe er ihn weitergeleitet, vermutlich an die Herzogin Eleanor, möglicherweise aber auch an Herzog Humphrey. Alles, was er über Frauengeschwätz gesagt hatte und darüber, daß Dame Alice ihre Feder bezähmen solle, konnte nichts anderes bedeuten – selbst ohne die Anspielung auf den Plan für eine französische Heirat. Stephen fragte sich, ob Master Simon überhaupt von diesem besonderen Geheimnis wußte. Er hatte den verhängnisvollen Brief schließlich nicht gesehen. Einen Augenblick lang dachte Stephen daran, ihm auf der Stelle die ganze Wahrheit zu erzählen. Aber das Unglück war bereits geschehen; die Geschichte zu erzählen, das würde Dame Alice nur noch mehr Kummer bereiten und ganz gewiß seine ganze Welt zum Einsturz bringen.

Schweigend gingen sie hintereinander zu dem Gasthaus. Dort saßen sie auf, überquerten die Brücke, ließen Oxford hinter sich und machten sich in derselben Reihenfolge, der Kaplan vorneweg und Stephen ein kurzes Stück hinterdrein, den langgestreckten Hang hinauf auf die Reise. Sie hatten schon einige Meilen zurückgelegt, ehe Master Simon wartete, damit Stephen sich zu ihm gesellte. Er hatte sich jetzt wieder gefaßt, aber seine Augen waren wachsam.

«Erzähl mir von deiner Begegnung mit Bolingbroke damals im Gewitter», sagte er. «Wo hast du ihn getroffen?»

Stephen gab dem Pony einen Tritt mit den Hacken, um Zeit zu gewinnen, während er wieder zu Master Simon aufschloß.

«Ich bin ihm im Wald begegnet, Sir, unweit von Odos Haus.»

Dieselbe Antwort hatte er schon Dame Alice gegeben, als sie ihn nach dem Wundermittel gefragt hatte, und es war nicht gelogen. Die Hütte der alten Meg befand sich schließlich im Wald.

«Wer ist Odo, und wo steht sein Haus?»

«Odo ist mein Stiefvater. Er ist ein Pflüger, und sein Haus steht an der Alten Landstraße – in Richtung Swyncombe. Ich habe dort gewohnt, bevor ich ins Schloß kam.»

«Was hat Bolingbroke damals zu dir gesagt?»

«Er sagte, er sei unterwegs nach Wallingford und habe sich verirrt. Daher führte ich ihn an die Abzweigung.» Mittlerweile schwankte Stephens Stimme nicht mehr.

«Hast du ihm zufällig erzählt, daß du in Mylord von Suffolks Diensten stehst?»
«Ich habe erzählt, daß Mylord mir den Platz in der Schule gewährt hat.»
«Also wäre es möglich, daß es ihm nützlich erschienen ist, zu jemandem Kontakt zu haben, der sich in Mylords Nähe aufhält. Hat er danach angeboten, dich im St.-Andreas-College aufzunehmen? Und hast du nicht gemeint, daß es eine recht große Belohnung für einen so kleinen Dienst sei?»
Stephen nickte. Es war riskant, eine Antwort zu geben. Er hatte in der Tat ganz genau gewußt, daß es eine Belohnung war, und zwar nicht dafür, daß er den Weg gezeigt hatte, sondern dafür, daß er sich über die alte Meg ausschwieg.
«Hmm», sagte der Kaplan leise, als ob er mit sich selbst sprechen würde, «das klingt ja alles schön und gut, doch was mich beunruhigt, sind diese Blitznachrichten. Woher kann er wissen, daß die Versammlung beendet und alle Hoffnung auf Frieden begraben ist? Wie kommt dieser Prahlhans dazu, Dinge von so großer Bedeutung zu wissen, bevor Mylord von Suffolk sie erfahren hat? Möglich ist, daß er nur auf den Busch geklopft hat, um zu sehen, was er aus mir herausbekommt.» Er wandte sich wieder an Stephen. «Und du hast ihn nie wiedergesehen, bis er Dame Alice seinen Besuch abstattete?»
Stephen hatte plötzlich einen glänzenden Einfall. »Ich habe ihn gesehen, aber nicht gesprochen, Sir, und zwar als ich an der Benson-Mühle gearbeitet habe. Er war mit der Herzogin Eleanor in dem Schiff, das durch das Wehr stromabwärts raste.»
«Aha, das ist der Schlüssel zu allem! Hast du bemerkt, wie der alte Winchcombe ihm heute eine Falle stellte? Er ist ihr dienstbar, ihr, die man die Hexe von Gloucester nennt; es ist sonnenklar, daß er ein sehr gefährlicher Mann ist.»
Stephens Empfindungen pendelten hin und her zwischen einem Gefühl der Befriedigung, daß er sich so gut aus der Sache herausgewunden hatte, und einem Schuldgefühl, das in ihm den Wunsch weckte, mit der ganzen Wahrheit herauszurücken. Sie ritten schweigend weiter. Die Hitze des Tages war vorüber, und der Abend war angenehm kühl. Master Simon begann, aufs neue zu sprechen.

«Hast du zufällig einen funkelnden Gegenstand in dem Wandschränkchen hängen gesehen, als Bolingbroke die Becher herausnahm?»
Stephen zögerte. «Etwas, das wie Gold glänzte?»
«Ja . . . eigentlich eher wie Kupfer. Hast du die Form bemerkt? Sah es nicht wie ein fünfeckiger Stern aus?»
Das war brenzlig. Stephen wagte nur, noch einmal zu nicken.
«Aha», sagte Master Simon, «dann haben sich meine Augen nicht getäuscht, obwohl er so hastig die Tür wieder verschlossen hat. Was war das bloß? Ein geometrisches Zeichen, ein Drudenfuß; ich kann dir nicht mehr darüber sagen, außer daß es, wie es heißt, in der Hexerei Verwendung findet.»

Das seltsame Zeichen aus Kupfer

In diesem Augenblick erreichten sie zu Stephens gänzlicher Erleichterung eine schmale Brücke, die über einen Bach führte. Sie hatten nun wieder die Flußauen erreicht und konnten nicht mehr nebeneinander reiten. Stephen war dankbar dafür. Er wollte nicht länger auf der Hut sein müssen, denn er war sehr müde und sehnte sich danach, ins Bett zu fallen.
Die Sonne ging gerade unter, und zwischen den dichten Gruppen von Weiden, die über die Wiesen verteilt waren, stiegen Nebelschwaden auf. Stephen bemerkte, daß sich zwei Reiter mit weiten, wehenden Umhängen ein Stück vor ihnen unsicher fortbewegten, so als ob sie den Weg nicht wüßten. Sie verschwanden hinter einem Gehölz, tauchten jenseits davon wieder auf und standen nun dem Pony und dem Maultier gegenüber. Einer der beiden Fremden wich zurück, aber der andere kam näher und entbot Master Simon seinen Gruß.

«Verzeihung, Sir, dieses Marschland ist so verwirrend wie ein Wald. Wir suchen Ewelme; sind wir schon zu weit?»
«Zu weit oder noch nicht weit genug, Sir, je nachdem, aus welcher Richtung Ihr gekommen seid. Darf ich die Annahme äußern, daß Ihr Mylord von Suffolk aufsuchen wollt? Ich bin sein Kaplan.»
Bei diesen Worten schloß sich der zweite Reiter dem ersten an. Als Stephen ihn ansah, kam ihm irgend etwas an seinem Sitz im Sattel und an seinem schmalen, blassen Gesicht mit den dunklen, grüblerischen Augen bekannt vor. Master Simon hatte das Rätsel jedoch schon gelöst. Er machte Stephen ein Zeichen.
«Reite voran zum Schloß», sagte er ruhig. «Berichte Mylord schnellstens, daß Monseigneur, der Herzog von Orléans, sogleich bei ihm eintreffen wird.»
Stephens erster Gedanke galt Bolingbroke. «Der französische Herzog kehrt zurück und ist nicht freigekauft worden.» Wieder einmal hatte er recht gehabt.
Als Stephen dem dicken Pony die Hacken in die Flanken stieß, schoß es aus reiner Verwunderung los. Ewelme lag noch in der Senke versteckt, aber sie hatten sich schon so weit genähert, daß er den Weg alleine kannte. Bald darauf gelangte er zur Straße neben dem Bach, an dem die Brunnenkresse wuchs. Er jagte am Torhaus vorbei den Weg hinauf, ließ das Pony im Hof stehen, ohne es anzubinden, und stürzte ohne jede Umstände an den Trennwänden vorbei in die Halle hinein.
Mylord und Mylady saßen gerade bei Kerzenschein und tranken zur Beendigung ihres Abendessens einen Becher Wein. Stephen nahm sich nicht einmal die Zeit, sein Knie zu beugen.
«Mylord», rief er außer Atem, «der französische Herzog wird sogleich eintreffen! Wir sind ihm in den Flußauen begegnet. Master Simon bringt ihn mit hierher!»

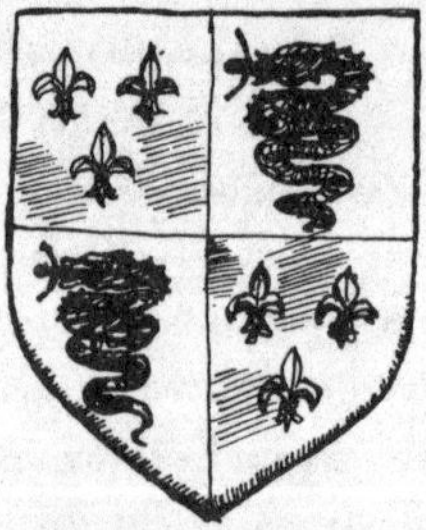

CHARLES d'ORLEANS

Das Wappen des Herzogs von Orléans

Der französische Herzog

Es schien jedoch noch eine Ewigkeit zu dauern, bis Stephen, dem alle Glieder schmerzten, ins Bett kriechen konnte. Der gute Barnabas hatte sich auf die andere Seite gedreht, um ihm Platz zu machen, aber er war zu erschöpft, um einschlafen zu können. Seinem Gefühl nach mußte es Mitternacht sein. Obwohl zur Begrüßung des französischen Herzogs viele Fackeln gebrannt hatten und überall Kerzen aus Talg oder Wachs aufgestellt worden waren, hatte das Licht nicht ausgereicht, um zu verhindern, daß sie alle immer wieder zusammenstießen, als sie herumeilten, um Dame Alices Anordnungen auszuführen. Wie das Schicksal es so wollte, war Bylton im Laufe des Tages die Treppe hinuntergestürzt und lag nun da, ein Bein in Heilpflaster gehüllt. Dennoch versuchte er, der aufgeregten Dienerschaft, die ohne ihn besser ausgekommen wäre, Anweisungen zu geben. Stephen wurde von allen Seiten gerufen. Mylords Bett im Großen Kabinett mußte für den Herzog hergerichtet und eine Bettstatt auf Rollen daneben aufgestellt werden, und an der erhöhten Tafel mußte den Reisenden ein Mahl serviert werden, und zwar ohne Hilfe der Diener, die der Unterhaltung hätten lauschen können. Stephen erhielt das Sonderrecht, die Speisen aus der Küche zu

holen und aufzutragen, und wurde dabei wie üblich von Barnabas behindert.
Es war ihm kein einziges Mal möglich, eines der Worte aufzufangen, die in leisem Ton zwischen den fünf zu Tisch sitzenden Personen gewechselt wurden – den beiden Gästen, Mylord und Mylady sowie Master Simon. Nachdem die Speisen aufgetragen worden waren, flüsterte der Kaplan Stephen zu, daß er nun besser zu Bett gehen solle. Es sei zu spät, heute nacht noch die Kapelle für die Morgenmesse vorzubereiten; sie müßten sich halt am frühen Morgen sputen.
Dies war mit Sicherheit der längste Tag, an den sich Stephen erinnern konnte; er war noch länger gewesen als jener Gewittertag, an dem der Rehbock erlegt worden war und Lys sich im Wald verirrt hatte. Doch er war zu müde, um die heutigen Begebenheiten alle in die richtige Reihenfolge zu bringen. Bolingbroke und das St.-Andreas-College schienen weit weg, wie eine andere Welt, und die Reise nach Oxford am Morgen hätte genausogut vor einem Jahr gewesen sein können.
Kurz darauf, als Stephen gerade eingeschlummert war, schien eine von Master Simons Hand halbverdeckte Kerzenflamme auf sein Gesicht.
«Immer noch wach?» wisperte der Kaplan. «Die Neugier läßt dich vermutlich nicht schlafen, was? Es ist zwar schon spät, aber ich werde dir noch folgendes erzählen: Der Bursche Bolingbroke hatte recht; die Friedensverhandlung ist tatsächlich beendet, und zwar hat sie einen unglücklichen Ausgang genommen dank Gloucesters Einfluß auf den König. Es wird keinen Frieden geben, obwohl alle, die an der Versammlung teilgenommen haben, die Engländer, Franzosen und Burgunder, bereit dazu waren. Monseigneur ist verzweifelt. Unermüdlich hat er als Vermittler agiert und kehrt nun am Ende wieder in die Gefangenschaft zurück. Er ist von Dover nach Windsor gebracht worden, aber es gelang ihm, seiner Wache zu entschlüpfen und hierher zu kommen, um Mylord aufzusuchen – in der Gewißheit, daß Mylord der einzige ist, der noch die Kraft besitzt, für den Frieden zu kämpfen. So, damit Schluß; ich habe dir mehr erzählt, als ich eigentlich wollte. Nun versuch zu schlafen! Ich werde

dich sehr früh wecken.» Das Kerzenlicht verschwand. Stephen rollte herum auf die andere Seite und sagte sich, daß wohl keine Aussicht mehr auf Schlaf bestünde. Dann fühlte er plötzlich, wie ihn jemand an der Schulter rüttelte. Es war Master Simon, und er hatte immer noch ein Licht bei sich. Aber das Licht kam nicht mehr von einer Kerze. Es war hellichter Tag.

Stephen half, die Kapelle vorzubereiten, und diente die Messe wie im Traum. Er war sich nur wie durch einen Schleier hindurch der Gegenwart des französischen Herzogs bewußt, der in einen weiten, von Mylord entliehenen Umhang gehüllt zwischen Mylord und Mylady kniete. Stephen wachte erst richtig auf, als Barnabas diensteifrig einen Kübel Wasser über ihm ausleerte. Da konnte er all seine Kräfte für den zu erwartenden Aufruhr zusammenraffen.

Monseigneur le Duc d'Orléans und Mylord verbrachten den Vormittag mit einer vertraulichen Unterredung über wichtige Themen, und Dame Alice, dicht gefolgt von Fräulein Jane, hatte so viel wie sechs Hausherrinnen auf einmal zu tun. Sie machte kein Geheimnis aus ihrem festen Entschluß, daß, wenn ihr königlicher Gast auch nur einen einzigen Tag bei ihnen weilte, dies ein würdiger Tag zu sein habe. Doggett wurde geschickt, jenen Wandbehang aus der Versenkung hervorzuholen, der das Wappen des Herzogs von Orléans trug und vor einigen Jahren, während seines längeren Aufenthalts in Ewelme, seinen Platz an der erhöhten Tafel geziert hatte. Der angeschlagene Bylton erntete großes Lob für sein wagemutiges Unterfangen, einen Schwan am Fluß erlegen, dann rupfen und auf den Bratspieß stecken zu lassen, bevor das Fleisch kalt und zäh wurde. Ein Schwan galt zwar als die dem König vorbehaltene Speise, die dem einfachen Volk verboten war; doch Dame Alice klatschte nur begeistert in die Hände, als sie hörte, was Bylton unternommen hatte.

«Bravo!» rief sie. «Der Himmel allein weiß, ob er dem König oder der Weinhändlergesellschaft gehört und was uns das kosten mag! Doch laßt uns eilen, sonst wird dies noch für Gloucester ein gefundenes Fressen sein, ehe wir auch nur einen Hauch von Ruhm genießen konnten.»

Jedem wurde nun eine spezielle Aufgabe zugeteilt. Stephen sollte zuerst Doggett mit dem Wandschmuck behilflich sein. Drei Behänge mußten auseinandergerollt, ausgeschüttelt und aufgehangen werden: Orléans in der Mitte (ein schönes Muster; es zeigte viermal, auf verschiedene Felder verteilt, die Lilien von Frankreich sowie eine Schlange, die ein Kind fraß und von Doggett als «die Viper von Mailand»* bezeichnet wurde), rechts daneben die Löwenköpfe der De la Poles und links der Burghersh-Löwe mit den zwei Schwänzen.

Nachdem diese Aufgabe erledigt war, erhielt Stephen genaue Anweisung bezüglich seiner wichtigsten Pflicht, nämlich als Stellvertreter Byltons zu fungieren, der keinen Fuß auf die Erde setzen konnte, aber hinter einem Vorhang verborgen das Zerteilen der Speisen vornahm. Stephen sollte mit Hilfe einiger Lakaien die Teller und Schüsseln zur erhöhten Tafel tragen und darauf achten, daß sie der Tischgesellschaft mit gebeugtem Knie gereicht wurden. Nachdem jedem serviert worden war, sollte er hinter Dame Alices Stuhl stehenbleiben, um Bylton ihre Anordnungen zu überbringen, falls irgendeine Schwierigkeit auftauchen würde.

Stephen war von dieser Ehre überwältigt, zog seinen Schreiberkittel aus, schlüpfte in Mylords blau-goldene Livree, bestehend aus einer engen Uniformjacke und einer Kniehose, und war bemüht, sich die nicht endenwollenden Anweisungen einzuprägen, die von allen Seiten auf ihn einprasselten.

Es schien unmöglich, daß alles rechtzeitig fertig werden würde. Und doch, als von dem kleinen Glockenturm die Stunde schlug, da war die erhöhte Tafel tadellos gedeckt; ein langes, weißes Tischtuch war darüber ausgebreitet, in der Mitte stand ein großes, silbernes Salz-

* Das Bild der Giftschlange, die einen Mann verschlingt, ist durch die Heirat des Bruders von Charles d'Orléans, Louis d'Orléans, mit Valentina Visconti in das Wappen des Herzogtums Orléans eingegangen. Die Herzogin von Orléans entstammte dem lombardischen Adelsgeschlecht der Visconti, das von 1277 bis 1447 die Herrschaft über Mailand, im 14. Jahrhundert über die gesamte Lombardei und fast ganz Oberitalien innehatte. Sie wurde das Opfer einer Verleumdungskampagne am Hof von Frankreich; man warf ihr vor, sie habe den König behext oder vergiftet.

behältnis*, Bocksbeutel und Weinpokale waren sorgsam aufgestellt; und für jeden gab es einen großen, flachen Teller, ein Messer, einen Löffel und einen kleinen, knusprig-frischen Brotlaib.
In Erwartung des Einzugs der Tischgesellschaft ordnete sich Stephen in die Reihe der Lakaien ein. Er war jedoch nicht vor der Rolle gewarnt worden, die man Barnabas anvertraut hatte, und so wurde seine Würde empfindlich gestört, als oben von der Galerie die schrillen Töne einer mit viel zu viel Luft geblasenen Oboe erschallten. Nachdem diese zittrige Fanfare verklungen war, traten Mylord und Mylady mit dem Gast in ihrer Mitte langsam aus dem Durchgang hervor. Der Zeremonie entsprechend hielten sie sich gegenseitig an den Fingerspitzen, und hinter ihnen schritt der Junker des französischen Herzogs, der zwei aufgeregte junge Fräulein zu Tisch geleitete. Die feierliche Prozession wurde durch Dame Eleonore Dorn und Master Simon Brayles abgerundet.
Sobald die Gesellschaft ihre Plätze an der Tafel eingenommen hatte, sprach Master Simon ein Dankgebet, dessen Schlußwort in einem wahrhaften Geschmetter von Barnabas und seiner Oboe unterging. Jetzt näherte sich dem Bankettsaal eine zweite Prozession. Vier Diener des Haushalts brachten auf ihren Schultern eine riesige Platte mit dem Schwan herein, der immer noch sein weißes Federkleid trug. Als sie das Tablett auf dem Tisch abgestellt hatten, wurden alle Federn mit einem Mal entfernt, und zum Vorschein kam ein köstlich braun gebratener, großer Vogel, der schon in mundliche Scheiben zerteilt war. Stephen, dem der Haushofmeister genau eingeschärft hatte, was er tun müßte, trat mit klopfendem Herzen vor, löste mit Hilfe seiner Finger und eines großen Messers die einzelnen Scheiben und legte sie auf eine weitere Platte. Diese wurde dann von den Lakaien zur Tafel getragen, während er wieder zurücktrat und heimlich den Bratensaft von seinen Fingern leckte. Als jedem serviert worden war, stellte er sich hinter Dame Alices Stuhl, wie es ihm befohlen worden war, und beobachtete, wie die Lakaien das Fleisch mit schmackhaften Saucen übergossen und wie die Diener die Pokale

* Salz, als notwendige Zutat zum Essen, galt im späten Mittelalter als Zeichen von Gastfreundschaft.

mit Wein füllten. Der französische Herzog wandte der Gastgeberin seine Aufmerksamkeit zu und blickte sie mit seinen melancholischen Augen an. Es war nicht leicht zu verstehen, was er sagte, aber im wesentlichen schien es um die vielen Orte zu gehen, an denen er während der langen Jahre seit Azincourt gefangengehalten worden war. Er behauptete, daß die Zeit in Ewelme und in Mylords anderem Landsitz in Wingfield bei weitem die glücklichste gewesen sei. Der Tower in London sei eine grimmige Festung; dort brächte jeder Tag neue Todesangst mit sich. Windsor sei besser; zumindest könne man dort gut auf die Jagd gehen. Am allerschlimmsten jedoch sei Pomfret in Yorkshire gewesen, wo man Kohlefeuer hatte und alles davon ganz schwarz war. Und was das englische Klima und das englische Bier beträfe – da hob er nur mit einer Geste gespielter Verzweiflung die Hände empor. Nirgendwo sonst habe er jene Zufriedenheit erlebt wie im Hause von Mylord und Mylady von Suffolk, wo ein armer Exilant sich an Büchern und Musik erfreuen und mit seinem Kerkermeister sogar Verse machen dürfte.

«Es muß furchtbar für Euch gewesen sein, nach Frankreich zu reisen, nur um wieder hierher zurückgebracht zu werden», sagte Dame Alice einfühlsam.

«Das war so bitter wie der Tod, gnädige Frau. Es ist nun schon so viele Jahre her, seit Euer Gemahl die erste Zusammenkunft in seinem alten Wohnsitz in der Lombard-Straße abhielt, an der auch der Gesandte aus Burgund teilnahm. Damals sprachen wir drei über eine Friedensversammlung mit Frankreich, bei der ich als Vermittler fungieren und dafür meine Freilassung als Belohnung erhalten sollte. Sechs Jahre lang hat sich Mylord bemüht, und ich habe gehofft, und nun ist alles durch Gloucesters Machtgier zum Scheitern verurteilt.»

«Da ist eine Frau, die ihn antreibt», sagte Dame Alice mit leiser Stimme.

«Die Herzogin Eleanor? Ja, gnädige Frau, Ihr sprecht die Wahrheit. Ich habe das am eigenen Leib erfahren müssen, als Sir Reginald Cobham mich in seinem Gewahrsam hatte. Ich könnte Ihnen . . .» Er unterbrach sich plötzlich und wechselte das Thema, da ein Lakai sich näherte, um Wein nachzuschenken. «Sagt, Mylady, baut Ihr

Das Tablett mit dem Schwan

immer noch diese köstliche Kresse an, die mir so gut mundete, als ich früher hier war – cresson de fontaine, wie heißt sie bei Ihnen? – Brunnenkresse, oh ja, ich denke so oft daran; es ist die einzige Kresse in England, die mit der cresson in Frankreich vergleichbar ist.»

«Wir bauen sie nicht an, Monseigneur, sie wächst ganz von selbst. Die Ufer des Baches in Ewelme sind voll davon, doch die Jahreszeit ist jetzt schlecht; jetzt ist die Kresse alt und ledrig. Vielleicht seid Ihr im Frühjahr wieder einmal hier, edler Herzog.»

«Alt und ledrig.» Stephen sah in Gedanken ein Büschel Brunnenkresse vor sich, das er gestern, ohne weiter darüber nachzudenken, bemerkt hatte, als er mit Master Simon am Bach entlang geritten war. Das helle Grün hatte sich zwischen den dunkleren Blättern älterer Pflanzen abgezeichnet. Das war dort gewesen, wo sich der Bach den Weg entlang schlängelte. Wenn er schnell durch den Park laufen würde, könnte der französische Herzog die Kresse noch zusammen mit seinem Wein genießen. Stephen schaute sich um. Das Zerteilen des Fleisches war erledigt: die Lakaien trugen Pfirsiche und Birnen auf. Seiner plötzlichen Eingebung folgend schlüpfte er durch die kleine Tür hinter ihm und stapfte alsbald durch das kniehohe Gras auf den Bach zu.

Zwischen dem Park und dem Rand des Baches stand ein dichter Gürtel junger Weiden, die noch nicht gestutzt worden waren. Stephen war gerade im Begriff, sich seinen Weg durch das Gehölz zu bahnen, als er auf dem gegenüberliegenden Ufer Männerstimmen und das Gerassel von Pferdeharnischen hörte. Er verharrte in seinem Versteck und spähte durch die Zweige hindurch.

Ein Trupp von Reitern hatte auf dem Weg längs des Baches haltgemacht. Er zählte mindestens ein Dutzend Männer, und sie waren alle abgesessen, um ihre Pferde zu tränken. Es waren bewaffnete Reiter, das Sonnenlicht ließ den Stahl ihrer Waffen und Harnische blinken. Und noch etwas anderes fiel Stephen sogleich auf: das Abzeichen auf einer Satteldecke. Es zeigte den Schwan an der Kette, das Wappen des Herzogs von Gloucester. Er erinnerte sich an Dame Alices Worte: «Für Gloucester wird dies ein gefundenes Fressen sein.» Seine Männer waren im Begriff, nun zuzupacken!

Ein Trupp bewaffneter Reiter

Im Vertrauen darauf, daß die lebhaften Stimmen und das geräuschvolle Kauen der Pferde jeden anderen Laut übertönten, befreite sich Stephen aus dem Weidengestrüpp und lief, so schnell er konnte, durch die Wiese zurück. Naß und zerzaust stürzte er in den Bankettsaal, ohne auf die Gesellschaft dort Rücksicht zu nehmen. Zufällig waren alle schon hinausgegangen mit Ausnahme von Mylord und Mylady, dem französischen Herzog und Master Simon, die immer noch an der erhöhten Tafel saßen und in ein Gespräch vertieft waren. Als Stephen atemlos vor ihnen zum Stehen kam, blickten sie auf.

«Sie kommen, Mylord», stieß er keuchend hervor, «ein Dutzend bewaffneter Reiter! Sie tragen das Zeichen des Schwans an der Kette! Sie haben am Bach Rast gemacht, um ihre Pferde zu tränken.»

Mylord von Suffolk sprang auf. «Bei Gott, das geht zu weit! So meinen sie wohl, Euch, Sir, unter meinem Dach ergreifen zu können. Verriegelt die Tore! Setzt die Wachen ein! Wir werden es ihnen schon zeigen. Du, mein Junge, holst mir schnell meinen Harnisch!»

Doch Charles d'Orléans legte seine Hand auf Mylords Arm. «Nein, mein Freund. Ich möchte nicht, daß Ihr meinetwegen in einen Streit verwickelt werdet. Ich habe erwartet, daß sie kommen würden, und

ich werde ohne Aufhebens mit ihnen gehen. Es gibt keinen Grund zu kämpfen. Ich habe mein Ehrenwort nicht gebrochen, sondern nur einen Umweg auf meinem Ritt nach Windsor gemacht.»
Master Simon unterbrach ihn, um Mylord einen Vorschlag zu unterbreiten. «Edler Herr, wenn ich so frei sein darf, meine Meinung zu sagen: Da sie doch Rast machen, bleibt Euch vielleicht noch genug Zeit, in aller Ruhe mit Monseigneur gemeinsam aufzubrechen und ihn ein Stück seines Weges zu begleiten. Nehmt die andere Straße, und Ihr werdet schon fast in Windsor sein, ehe sie Euch einholen. Überdies wird so ganz offensichtlich sein, daß Monseigneur freiwillig zurückkehrt und nicht als Gefangener zur Rückkehr gezwungen werden muß.»
Der französische Herzog und Dame Alice stimmten diesem Vorschlag sogleich zu, und Mylords Zorn legte sich. Es war Eile geboten, doch Unruhe mußte vermieden werden. Alle machten sich geschwind daran, Monseigneurs Mantel, seine Satteltaschen und seinen Junker zu suchen, und dann wurden leise und unauffällig die Pferde aus dem Stall geholt. Monseigneur küßte Dame Alice zum Abschied, und sie machte einen Knicks, dann brachen die drei auf und ritten langsam über das weiche Gras zu dem kleinen Torhaus, das zur Straße nach Wallingford führte. Dame Alice, Master Simon und Stephen, die sich im Hintergrund hielten, sahen ihnen nach und lauschten mit verhaltenem Atem auf ein Pferdegetrappel aus der entgegengesetzten Richtung. Doch obwohl sie meinten, unten im Dorf das Rasseln von Harnischen und Waffen zu hören, kam niemand in Sicht. Dame Alice entschied sogleich, daß sie alle nach drinnen gehen und sich so verhalten sollten, als wenn nichts Ungewöhnliches geschehen wäre.
Die Reste des Mahles wurden aus der Halle fortgetragen, und Dame Alice holte ihren Stickrahmen. So saß sie in Erwartung weiterer Ereignisse an ihrer Handarbeit und bot mit Stephen, der ihr zu Diensten war, und dem Kaplan, der ihr vorlas, jedem Ankömmling ein Bild friedfertiger Unschuld.
Es verging ungefähr eine Stunde, ehe im Hof Hufgetrappel zu hören war. Doch es waren nicht Gloucesters Leute. Mylord selbst polterte durch die Halle und erinnerte Stephen lebhaft an jenen Tag, an dem

Templar getötet worden war. Mylord schritt auf die erhöhte Tafel zu und ließ seine Faust darauf niedersausen.
«Ich habe wahrhaftig genug von all diesem Unfug! . . . Mich davonzuschleichen, nur damit Gloucester mir kein Haar krümmt! Ihr habt Euren Willen bekommen, Mylady, doch seht, wozu dies geführt hat! Ein ehrenwerter Gast muß sich aus meinem Haus davonmachen! Nein, so etwas wird es nicht ein zweites Mal geben! Morgen kehre ich nach London zurück.»
«Wie Ihr wünscht, Mylord», erwiderte Dame Alice völlig gefaßt. «Doch erzählt uns, was sich zugetragen hat. Konnte Monseigneur entkommen, oder haben sie ihn gefangengenommen? Haben sie zu den Waffen gegriffen?»
«Sie überholten uns zwar mit gezückten Schwertern, aber es gab keinen Kampf. Der Herzog ist wirklich ein edler Mann. Er wandte sich um und begegnete ihnen mit Höflichkeit, indem er erklärte, daß er hoffe, ihnen keine Unannehmlichkeiten bereitet zu haben durch seinen plötzlichen Entschluß, einen Freund zu besuchen. Er sei nun bereit und nehme an, daß sie ihm Geleit geben wollten. Er bestand sogar darauf, daß ich als sein Freund ihn bis zum Fluß begleiten solle. So ritten wir weiter, und sie folgten uns; an der Brücke haben wir uns dann getrennt.»
«So ist also kein Unglück geschehen», sagte sie besänftigend.
Bei diesen Worten explodierte er wie eine Bombarde.
«Kein Unglück geschehen? Wenn alle Hoffnungen auf Frieden zunichte sind und Gloucester die Oberhand hat? Was glaubt Ihr, was für einen Gemahl Ihr in mir habt, wenn dieser Laffe seine Handlanger schickt, um einen Gast aus meinem Haus zu treiben? Das soll ich mir gefallen lassen? Ihr habt vernommen, was der Herzog gesagt hat. Ich, William de la Pole, bin der einzige, der vielleicht noch Frieden stiften kann. Laßt meine Sachen fertig machen! Es tut mir leid, Euch verlassen zu müssen, liebe Gemahlin, doch morgen werde ich nach London zurückkehren, um meinen Platz zu behaupten. Und was Gloucester und seine Günstlinge anbetrifft, so werde ich dafür sorgen – das schwöre ich – daß sie ins Gras beißen.»

Im Anschluß an eine Messe beim ersten Hahnenschrei ritt Mylord am darauffolgenden Morgen davon. Er nahm Lakaien, Reitknechte sowie jeden verfügbaren Mann mit, der sein Gefolge noch vergrößern konnte, und ließ nur eine so große Zahl an Bediensteten zurück, daß Dame Alice auf keine Annehmlichkeit verzichten mußte. Als das Hufgetrappel des Trosses in der Ferne verklungen war, ging Stephen ins Schloß zurück und war den Tränen nahe, da Master Simon gleichfalls fortgeritten war. Offenbar vertraute Mylord in einer schwierigen Situation auf den weisen Rat des Kaplans seiner Gemahlin. Doch für Stephen bedeutete seine Abwesenheit das Fehlen der Überwachung seiner Studien und überhaupt einen Mangel an Zeit für seine eigene Arbeit. Er hatte nun keine Zuflucht mehr vor Bylton, der infolge seines schmerzenden Beins streitsüchtig geworden war, und vor den endlosen Haushaltslisten. Und er hatte nur noch Barnabas zur Gesellschaft.
Dame Alice, die im gleichen Moment ins Schloß zurückging, sah sein Gesicht und winkte ihn zu sich.
«Sei guten Mutes», sagte sie. «Es wird nicht lange dauern! Bald werden wir Ewelme verlassen, damit das Haus verschönert werden kann, und der Haushalt wird nach Donnington ziehen – ein Umzug, der seit langem ansteht. Erinnerst du dich, daß du vor einigen Monaten dafür die Listen abgeschrieben hast? Aber für dich gibt es noch bessere Aussichten. Ich werde Mylord nach London folgen . . . nach Pulteney, unserem neuen Anwesen, und Mylord hat beschlossen, daß du mitkommst. Also sei reisefertig, ehe diese Woche herum ist.»
Stephen folgte ihr zurück ins Haus, vor Aufregung wie betäubt. Er sollte nach London kommen; Mylord brauchte ihn! Das war, als ob ein Traum in Erfüllung gegangen wäre.

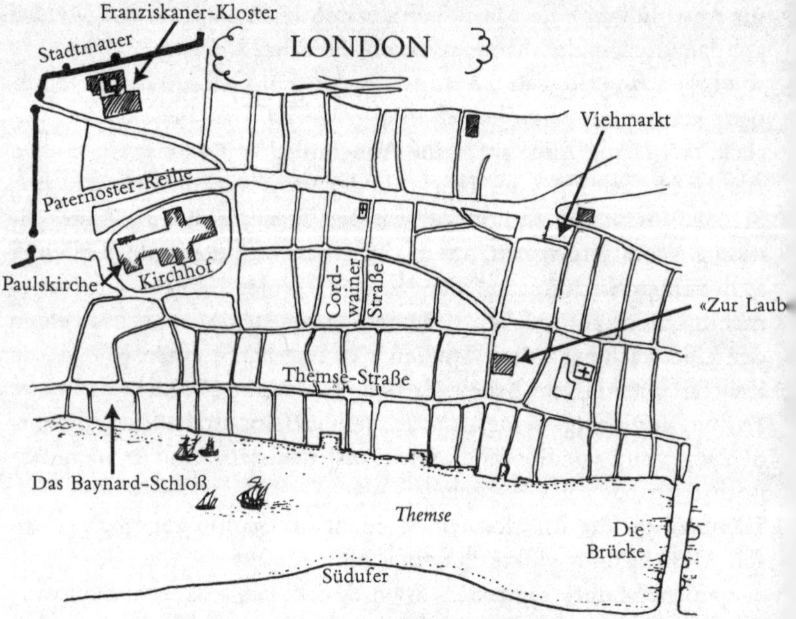

Pulteney

Doch erst als die Ernte vorüber war und die ersten Äpfel reiften, versammelte sich die nach London abreisende Gesellschaft im Schloßhof. Es war ein grauer, dämmriger Septembermorgen. Dame Alice hatte beschlossen, die Strecke in einem einzigen Tag zurückzulegen – trotz des Angebots aus Stonor, Fräulein Jane bei ihrer geliebten Freundin Fräulein Philippa zu lassen.

Für die Überquerung der gefährlichen Chiltern-Berge hatte Mylord auf einer berittenen Eskorte aus Wallingford bestanden, und hinter jedem der Männer saß nun eine von Myladys Zofen im Damensattel auf. Stephen hatte Barnabas bei sich, der ihn um die Taille gepackt hielt, während sie den vertrauten Reitweg entlangtrabten, der in die Berge hinaufführte.

Als Stephen zum ersten Mal von der Neuigkeit eines Umzugs nach Pulteney gehört hatte, war er schnurstracks zu Doggett geeilt. Doch zu seiner Enttäuschung hatte sein Bericht Doggett nicht einmal ein Wimpernzucken zu entlocken vermocht.

«Das habe ich schon vor einer Woche gewußt», hatte dieser verächtlich behauptet. «Der junge Nye hat wieder einmal eine Ladung Weinfässer nach Wallingford gebracht und ist mit der Nachricht zu seinem Vater gekommen, daß Mylord von Suffolk ein Geschäft mit Mylord von Huntingdon abgeschlossen habe und daß die Londoner bereits ehrfürchtig die Hüte vor ihm abnehmen würden. Auch das einstige Haus der De la Poles war schon ein ansehnlicher Wohnsitz. Mylords Urgroßvater hatte es erbaut, ein Kaufmann aus Hull, der in der Zeit von Crécy stets einen offenen Geldbeutel für König Eduard III. hatte; doch das Pulteney-Anwesen ist kein bescheidenes Kaufmannshaus; der junge Nye sagt, es sei eher ein Fürstenhof; der Schwarze Prinz* habe dort sogar schon einmal gewohnt. Halt die Augen offen, mein Junge! Wenn ich die Zeichen der Zeit richtig deute, dann sollte Herzog Humphrey auf sich aufpassen! Mylord von Suffolk hat seinen Kettenpanzer umgeschnallt.»

«Seinen Kettenpanzer umgeschnallt.» Stephens Pulsschlag wurde schneller, als er an Doggetts Worte zurückdachte. Sie schienen fast wörtlich zu wiederholen, was Mylord selbst gesagt hatte, als er nach London aufgebrochen war. – «Was Gloucester und seine Bande anbetrifft, so werde ich nicht ruhen, bis ich sie ins Gras beißen sehe.»

Nach dem langen, mühsamen Aufstieg auf die Höhe der Bergkette ritt der Trupp nun auf der anderen Seite nach Stonor hinunter. Es lag in einem tiefen Tal versteckt, von bewaldeten Hügeln umgeben wie eine Burg von Schutzwällen. Das Herrenhaus mit der Kapelle und der Klause für die Geistlichen war wie Ewelme aus Backsteinen erbaut; doch seine stille Würde wurde augenblicklich durch das Erscheinen einer fröhlichen Schar von Jungen und Mädchen gestört. Sie kamen hinausgelaufen, um die Reisenden zu begrüßen, und sogleich waren die beiden Fräulein Jane und Philippa in ihrer Mitte verschwunden.

* Beiname Eduards (1330–1376), des ältesten Sohns von König Eduard III.

Dame Alice drängte jedoch darauf, daß nur für einen Abschiedstrunk Zeit sei; sie müßten sogleich weiterreiten. So ergriff der junge Tom Stonor die Gelegenheit beim Schopfe, der Dame, deren Vater, Thomas Chaucer, sein Vormund gewesen war, einen Dienst zu erweisen; und er rief, daß man sein Pferd satteln solle, damit er sie eigenhändig über die Grenzen seines Grundbesitzes geleiten könne.

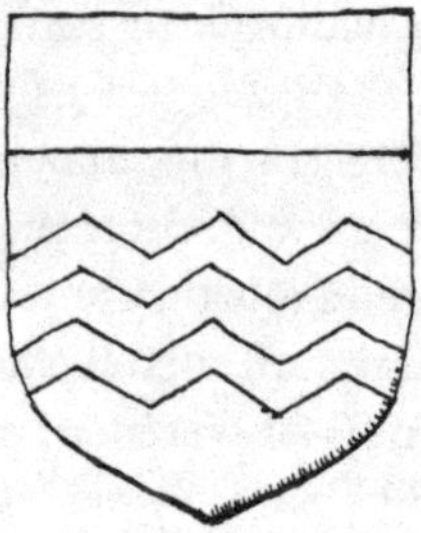

STONOR

Das Stonor-Wappen

Nachdem die Reisegesellschaft die Chiltern-Berge und das freundliche Anerbieten Tom Stonors hinter sich gelassen hatte, beschleunigte sie ihr Tempo. Die Sonne brannte vom Himmel, als ob es Juli und nicht später September wäre. Der Tag schien kein Ende zu nehmen. Stephen, der vor Durst ganz ausgetrocknet und vom Sattel wund war, hätte nicht im Traum daran gedacht, daß London so weit weg sein könnte.

Obwohl es schon fast Abend wurde, als Dame Alice und ihr Gefolge durch den Torbogen von Newgate* ritten, hing die Hitze immer noch in den engen Straßen, und die Luft roch stark nach den Schlachtabfällen hinter dem Fleischermarkt. Wie ein Fels ragte nur über ihren Köpfen die Paulskirche** auf, an deren Kirchhof sie vor-

* Name eines berühmten Londoner Gefängnisses.

** An der Stelle der heutigen, zwischen 1675 und 1710 von Christopher Wren erbauten St.-Pauls-Kathedrale stand die auf das 7. Jahrhundert zurückgehende St.-Pauls-Kirche. Sie wurde im Jahr 1666 bei dem großen Brand zerstört, der die Londoner City fast vollständig vernichtete.

beiritten, bis sie frischere Luft atmeten, obwohl es überall schwach nach Abfall roch. Sie ließen die Paulskirche links hinter sich und fädelten sich nacheinander durch eine lange, kopfsteingepflasterte Straße, von der rechts viele enge Gassen abzweigten, die geradewegs hügelabwärts führten. Stephen warf dann und wann einen Blick in diese Gassen und sah an ihrem Ende Wasser schimmern. Plötzlich wurde ihm bewußt, daß das die Themse war, *sein* Fluß, der zu Hause zwischen Ufern voll von wohlriechendem Mädesüß und Thymian floß.

Mit einem unerwarteten Stich von Heimweh in seinem Herzen ritt er langsam weiter, bis weit vor ihm Dame Alices weiße Haube um eine Ecke verschwand und der übrige Trupp folgte. Sie bogen in eine enge Gasse ein, in der hinter einem riesigen Torhaus ein Kirchturm mit einer hohen Spitze aufragte. Die Pferde passierten eins nach dem anderen unter dem Torbogen hindurch und gelangten in den weiträumigen Hof von Pulteney. Eine Steintreppe führte von dort zum Eingang der großen Halle. Die bemalten Fenster waren hell erleuchtet, und Stephen und Barnabas, die sich am Schluß der Gesellschaft befanden, kamen gerade noch rechtzeitig an, um zu sehen, wie Mylord von Suffolk Dame Alice die Stufen hinaufgeleitete und sie in die Pracht ihres neuen Heims führte.

Nach der Ankunft empfand Stephen nichts als ungeheure Müdigkeit. Irgendwie kamen er und Barnabas wieder auf die Füße. Jemand nahm das Pferd, und zu Stephens größter Freude hörte er die Stimme von Master Simon Brayles, der sie in den Vorratsraum kommen hieß. Dort teilten sie sich eine Schüssel mit köstlichem, kalten Pudding und wurden dann in ein Zimmerchen, wie üblich vor der Tür zum Gemach des Kaplans, gebracht, wo zwei dicke, weiche Strohsäcke mit Decken und Kissen einladend auf dem Fußboden lagen. Die Reise war zu Ende. Sie waren in London angekommen. Doch es schien nur eine kurze Zeit, bis sie durch ein Glockengeläut aus dem Schlaf gerissen wurden. In den Klang der anscheinend direkt über ihnen befindlichen Glocke stimmte das Geläut von Dutzenden weiterer Glocken ein. Stephen versuchte, sie bewußt zu überhören, doch da erschien Master Simon und hieß sie, sofort aufzustehen. Jene laute Glocke gehöre St.-Laurentius-Pulteney, und sie müßten schnell kommen, um die Messe zu dienen.

Die Sonne stand schon hoch am Himmel, als sie dem Kaplan durch einen Garten folgten, der von hohen Mauern umgeben war. Nur auf der Seite, wo er zum Flußufer hin sanft abfiel, gewährte er einen Ausblick, bei dem es ihnen die Sprache verschlug. Der Kaplan trieb sie jedoch wie Schafe zu der Kirche mit der hohen Turmspitze, aber sobald die Messe vorüber war, schlichen sie sich auf Zehenspitzen hinaus und ließen ihn sein Danksagungsgebet allein beenden.

«Ich hätte mir nicht träumen lassen, daß die Themse *so* groß wird», rief Stephen und kniff wegen des grellen Lichts auf den Wellen die Augen zusammen. «Sie ist hier zehnmal so breit wie in Wallingford! Schau, dort ist die Brücke* – ganz in unserer Nähe! Sie ist viel länger, als ich gedacht habe . . . und darunter kannst du Stromschnellen sehen. Und all die Schiffe! Wie fahren sie bloß so schnell, ohne zusammenzustoßen?»

Doch Barnabas blickte die ganze Zeit zum gegenüberliegenden Ufer.

«Das muß das Südufer sein, da drüben», sagte er. «Ich würde gern wissen, wo der Bärengarten** ist. Jemand in Wallingford hat mir erzählt, daß er rund sei und daß sich die Sitzplätze zum Schutz der Zuschauer auf Gerüsten befänden. Dort gibt es auch Stierhatz – Bären oder Stiere, was du willst. Was meinst du, Stephen, sollen wir einmal dorthin gehen? Es gibt alle möglichen Vergnügungen am Südufer.»

«Dort werdet ihr auf gar keinen Fall hingehen!» Master Simons Stimme klang scharf wie ein Messer. «Das Südufer ist verboten,

* Gemeint ist die Old London Bridge, ein bauliches Wunderwerk des Mittelalters, mit dem 1176 begonnen wurde. Sie war wie ihr Vorbild, der Ponte Vecchio in Florenz, beiderseits von Häusern flankiert und bildete bis 1750 den einzigen Themseübergang.

** Der Bärengarten (Bear Garden), auf der Südseite der Themse in Southwark gelegen, war eine Art Amphitheater, in dem das ebenso grausame wie populäre «bear-baiting» (Bärenhatz) stattfand. Dabei mußten sich die geblendeten oder angeketteten Bären (bzw. Stiere) gegen die Angriffe von Hunden zur Wehr setzen, die auf die Tiere gejagt wurden.

merkt euch das! Es ist eine Lasterhöhle, kein Ort für euch Buben! Wenn ihr sportliche Betätigung sucht, werdet ihr genug davon auf dieser Seite des Flusses finden, zum Beispiel in Moorfelden, wo das ganze Jahr über Spiele veranstaltet werden. Doch vorläufig werdet ihr ohnehin kaum Zeit fürs Faulsein haben. Der Haushofmeister wird schon dafür sorgen!»

So wurde ihre Unternehmungslust gezähmt, und sie entdeckten, daß das, was der Kaplan gesagt hatte, sich nur als allzu wahr erwies. Verglichen mit dem behaglichen, kleinen Ewelme schien Pulteney eine Welt für sich.

Der Haushofmeister, ein stattlicher Bursche mit einem Gabelbart und einer scharfen Zunge, führte ein unumschränktes Regiment, und alle taten, was ihnen befohlen wurde. Die Küchengehilfen gingen täglich zum Markt, und ihre Einkäufe mußten in die Listen des Vorratsraums eingetragen werden. Stephens geheime Hoffnungen zerschlugen sich, als er herausfand, daß Mylord schon einen privaten Schreiber hatte, Walter, der, wie es hieß, ein Junker und Sohn eines Ritters war, ziemlich vornehm tat und sich gerne in dieser neumodischen Manier als «Sekretär» bezeichnen ließ. Stephen und Barnabas mußten dem Haushofmeister auf Schritt und Tritt Folge leisten und verbrachten die meiste Zeit mit der Erstellung von Listen über all die eleganten Einrichtungsgegenstände, die täglich aus Mylords verschiedenen Landsitzen eintrafen.

Die einzige Freizeitbeschäftigung bestand darin, Morton, Mylords Hauptkurier, begleiten zu dürfen. Auf diese Weise sollten sie lernen, sich in der Stadt zurechtzufinden, damit sie sich später mit der Erledigung von Botengängen nützlich machen könnten.

Morton war ein breitschultriger, großer Mann, freundlich und großväterlich.

«Ihr müßt vor allem darauf aufpassen, euch aus Streitigkeiten herauszuhalten», mahnte er. «In London holt man sich schnell ein Loch im Kopf. Obwohl es unwahrscheinlich ist, daß ihr, die ihr Mylords Abzeichen tragt, von Lehrlingen angegriffen werdet, die auf einen Streit aus sind, mag es genauso viele andere geben, die es dennoch tun könnten. Die adligen Herren sind sich einander oft spinnefeind, und ihre Untergebenen unterstützen sie nur allzu gern darin. Haltet

NEVILLE

Das Neville-Wappen

euch insbesondere von dem Schwan an der Kette fern, Herzog Humphreys Abzeichen, und ebenso von dem schwarzbraunen Stier der Nevilles.»

«Ich dachte, Herzog Humphrey wohnt in Greenwich», sagte Stephen.

«Das ist richtig, aber er bewohnt auch das Baynard-Schloß, seinen Londoner Wohnsitz. Jeden Tag fährt sein großes, vergoldetes Schiff den Fluß hinauf und hinunter. Das Baynard-Schloß ist von hier nur wenige Bogenschuß entfernt; du kannst seine Türme vom Pulteney-Garten aus sehen. Und Mylord von Salisbury wohnt in Dowgate, im Haus ‹Zur Laube›; das ist näher als uns lieb ist. Also, geht, wo immer ihr könnt, dem Abzeichen des schwarzbraunen Stiers aus dem Weg! Mylord mag keine Keilereien.»

Jetzt hatten sie schon den Markt* erreicht, und Morton fing an, seine Orientierungsmethode zu erklären. Man müsse lernen, alle Kirchtürme zu erkennen. Es gebe über hundert in der Quadratmeile** der Stadt, und wenn man sich nur die Hälfte einpräge, sei das genug, um überall Marksteine zur Verfügung zu haben.

«Am Ende der Marktstraße ist die Paulskirche, die könnt ihr nicht verfehlen. Und merkt euch St. Mary-le-Bow gut, die Kirche mit den

* Gemeint ist Cheap (heute: Cheapside), eine zwischen Poultry und St. Paul's gelegene Straße, die im Mittelalter die zentrale Marktstraße in der City war.

** Als «Quadratmeile» (square mile) wird noch heute umgangssprachlich die City von London bezeichnet. Der historische Stadtkern hatte ungefähr diese Ausdehnung (etwa 2,7 km^2).

berühmten Bogen-Glocken*, sie ist einzigartig . . .» Doch Stephen war tief in Gedanken versunken. Das Abzeichen des schwarzbraunen Stiers: Mylord von Salisbury. «An die edle Gräfin von Salisbury ‹Zur Laube›». «Vielgeliebte Tochter . . .» Diese Worte hatte er selbst geschrieben. Er wagte, Morton zu unterbrechen.
«Ist die Gemahlin des Grafen von Salisbury nicht die Stieftochter von Dame Alice?»
Morton schaute zu ihm herunter. «Ganz recht, du aufgewecktes Bürschlein. Sie ist die Tochter von Dame Alices erstem Gemahl, aus dessen vorheriger Ehe. Durch sie ist der Titel von Salisbury an die Familie der Nevilles übergegangen. Mylord von Salisbury hat sich mit Herzog Humphrey verbündet; das muß für Dame Alice kummervoll gewesen sein. Nun paßt aber einmal auf, ihr zwei! Ich habe gesagt, daß Ihr St. Mary-le-Bow beachten sollt.»
Es war für Stephen nicht schwierig, sich die Kirchtürme einzuprägen, und binnen kurzem wurde er mit einfachen Botengängen betraut. Da mußte er zum Beispiel mit einem Tiegel zu einer Werkstatt in der Eisenkrämergasse gehen und die Beschwerde überbringen, daß er alle Milch, die in ihm gekocht würde, anbrennen ließe. Oder ein anderes Mal brachte er ein Paar Schuhe zurück, die von einem Schuhmacher in der Cordwainer Straße speziell für Mylord angefertigt worden waren und nun über den Zehen weiter gemacht werden mußten. Oder er bat einen Kürschner aus der Budge Row zu kommen, um das Grauwerk auf Myladys Umhang auszubessern. Dieser Botengang stellte Stephen vor die Frage, ob wohl einer der Pelze, die im Laden büschelweise hingen, von Wat präpariert und von der alten Meg auf dem Markt in Wallingford verkauft worden war.
Barnabas hingegen mangelte es völlig an Orientierungssinn. Er konnte nicht alleine auf die Straße gehen, ohne sich zu verirren. Auch wenn er mit einer ganz einfachen Botschaft in die Marktstraße geschickt wurde, pflegte er den halben Tag umherzuirren und mit leeren Händen zurückzukehren. Das war nur so lange ein Spaß, bis

* Die an der Cheapside (im deutschen Text: Marktstraße) gelegene Kirche St. Mary-le-Bow hat ihren Namen von den Bögen («bows»), die ihren Turm tragen, erhalten. Daher wird sie auch «Bow Church» genannt.

er einmal trotz aller Ermahnungen zum Fluß hinunterging und im Küchenhof des Baynard-Schlosses landete, wo Herzog Humphreys Küchenjungen über ihn herzogen, ihn mit Lehm bewarfen und schließlich mit einem zerrissenen De-la-Pole-Abzeichen nach Hause schickten. Der Haushofmeister schlug die Hände über dem Kopf zusammen.

«Was sollen wir nur mit diesem Dummkopf anfangen? Er kann wohl überhaupt nichts, außer hinter einem Pflug herzugehen, und selbst da würde er sich noch zwischen den Ackerfurchen verirren! Von jetzt ab wirst du Einfaltspinsel dich nicht mehr hinauswagen, es sei denn, ein Kindermädchen paßt auf dich auf.»

Alle kicherten, und Barnabas schmollte. Als Stephen ihm seine Hilfe anbot, traf er auf ein eisiges Schweigen; also zuckte er mit den Achseln und überließ Barnabas sich selbst. Ihm jedenfalls machte London großen Spaß.

Eines Morgens winkte ihn Master Simon beiseite. Er hielt einen Brief in der Hand, der mit Mylords persönlichem Siegel versehen war.

«Man erweist dir eine Gunst», sagte der Kaplan mit gedämpfter Stimme. «Mylord vertraut dir eine Aufgabe an, die ganz besonderer Diskretion bedarf. Du sollst dieses private Schreiben hier Master Robert Large überbringen, einem Seidenhändler, der kürzlich zum neuen Bürgermeister der City von London gewählt worden ist. Er wohnt in Old Jewry*, nördlich von der Marktstraße. Kennst du dich da aus?»

Stephen erwiderte eifrig, daß er es finden würde.

«Dann paß auf, daß du keinen Fehler machst. Ich verrate dir – unter dem Siegel der Verschwiegenheit –, daß es um eine Einladung für den Bürgermeister zu einem Abendessen in Pulteney geht. Das ist ein Teil von Mylords Plan, die Bürger von London zu umwerben, aber darüber soll noch nicht geplappert werden. Master Large wohnt

* Noch heute existiert in der City von London eine Straße dieses Namens; ebenso die im folgenden genannte Paternoster Row (im deutschen Text: Paternoster-Reihe).

in einem alten Haus; du kannst es nicht verfehlen. Früher war es einmal eine jüdische Synagoge, dann ein Mönchskloster und danach der Wohnsitz von Lord Fitzwalter – sein Wappen befindet sich immer noch über dem Eingang. Hier hast du den Brief. Wenn der Bürgermeister zu Hause ist, dann übergib ihn ihm persönlich; aber auf jeden Fall achte darauf, daß du ihn nur jemandem von Rang aushändigst und nicht einem ungehobelten Pförtner.»

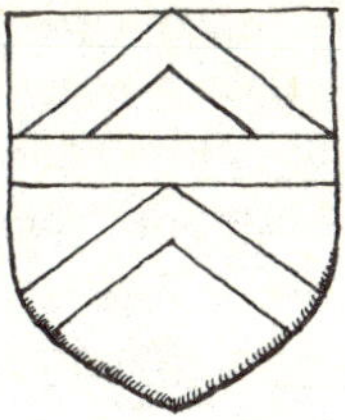

FITZWALTER

Das Fitzwalter-Wappen über der Tür

Indem Stephen nach dem Fitzwalter-Wappen Ausschau hielt, fand er das Haus sogleich. Der Wappenschild hing über der eisenbeschlagenen Tür. Das ganze Haus sah alt und finster aus, und die Fenster in seinen Steinmauern waren kaum größer als Schlitze. Es kostete Stephen einige Überwindung, den schweren Türklopfer zu betätigen; doch als er sich hochreckte, um nach ihm zu fassen, entdeckte er, daß über das alte Gebäude ein neues Haus mit Fachwerk und Flügelfenstern hinausragte.
Während er noch schaute, wurde die Tür von einem jungen Mann geöffnet, der einen Kopf größer als Stephen war und eine keck aufgesetzte Lehrlingsmütze trug.
«Was möchtest du?» fragte er in freundlichem Ton. «Ich war gerade in der Nähe der Tür, als du geklopft hast; darum habe ich geöffnet.»
Verwirrt stammelte Stephen, daß er im Auftrag des Grafen von Suffolk käme und einen Brief für den Bürgermeister bei sich habe; aber er solle ihn dem Bürgermeister persönlich übergeben oder jemandem von Rang, aber nicht einem einfachen Pförtner.

Der junge Mann brach in Gelächter aus. «Vielleicht nimmst du mit mir vorlieb», sagte er. «Ich bin kein Pförtner, und ich bin nicht ungebildet. Ich heiße William Caxton* und bin der Lehrling des Bürgermeisters, der dritte von acht im ganzen. Doch der Bürgermeister ist im oberen Stock. Komm herein, und ich werde um Erlaubnis bitten, dich zu ihm führen zu dürfen.»

Stephen trat in einen schmalen, gemauerten Gang mit einer gewölbten Überdachung. Als sich die Tür hinter ihm schloß, war es dort so finster wie in einem Grab. Caxton packte ihn am Ellbogen und schob ihn weiter. «Deine Augen werden sich gleich an das Dunkel gewöhnen. Gib mir den Brief und bleib hier an dieser Säule stehen. Rühr dich nicht vom Fleck, oder du stößt dir den Kopf an. Ich bin gleich wieder zurück.»

Caxtons Schritte entfernten sich, und Stephen starrte in die Dunkelheit. Allmählich konnte er die Umrisse von mächtigen Gewölbebögen erkennen wie in der Krypta einer Kirche. Der Klang eines Wehklagens drang zu ihm, der wie das Geheul des Windes beim Aufzug eines Gewitters abwechselnd anschwoll und wieder erstarb. Dann und wann wurde das Wehklagen von einem Geräusch übertönt, das sich wie das Geklirre von riesigen Glocken anhörte und so unheimlich war, daß er sich mit dem Rücken gegen die Säule stemmte und den Atem anhielt. Dankbar vernahm er, wie Caxton über eine unsichtbare Treppe zurückkehrte.

«Was ist das für ein Geräusch?» fragte Stephen. «Es hört sich an wie . . . wie in der Höhle eines Hexenmeisters.»

«Nach Hexenmeistern mußt du auf dem Südufer suchen, nicht hier», antwortete Caxton munter. «Das Geräusch, das du da hörst, ist der Lärm auf dem Markt weiter weg, in Verbindung mit den Hammerschlägen der Kupferschmiede in Lothbury gegenüber. Dieses alte Klostergebäude ist wie ein Klangkörper. Aber komm nun. Der Bürgermeister will dich empfangen.»

Durch Caxtons freundliche Stimme beruhigt, tastete sich Stephen eine Wendeltreppe aus Stein hinauf.

* William Caxton (um 1422–1491), ein englischer Buchdrucker, gründete 1476 in London die erste Druckerei Englands.

«Der alte Teil des Gebäudes wird als Warenlager benutzt, und über ihm hat Master Large ein neues Haus erbauen lassen. Sieh! Oben ist es hell.»
Sogleich betraten sie eine lange Galerie mit Flügelfenstern, die das Sonnenlicht hereinließen. Stephen blickte in einen hübschen Garten hinunter. Dort lag auf einer Bank ein Stickrahmen, und auf dem Gras war Kinderspielzeug verstreut. Am Ende der Galerie befand sich eine schwere, verschlossene Tür, auf die Caxton nun klopfte. Eine Stimme rief: «Herein», und Stephen sah sich in der Gegenwart des Bürgermeisters.

Ein großer Mann in einem pelzbesetzten Gewand

Master Robert Large war ein großer und kräftiger Mann, dessen pelzbesetztes Übergewand offenstand, so daß darunter ein feines Batisthemd und eine schwere Goldkette zum Vorschein kamen. Er saß an einem Pult, schrieb mit einem Federkiel, der ein quietschendes Geräusch von sich gab, und sah so eindrucksvoll aus, daß Stephen nicht nur ein, sondern gleich beide Knie beugte.
Der Bürgermeister blickte auf, und sein rundes Gesicht entspannte sich zu einem Lächeln. «Mylord von Suffolks Schreiber? Ein sehr junger Schreiber, was? Steh auf, mein Junge; es gibt keinen Grund für solche Förmlichkeit, denn eigentlich brauche ich deinen Rat.

Mylord lädt mich zum Abendessen nach Pulteney ein. Doch da ist ein Punkt, über den ich mir Klarheit verschaffen möchte. Lädt er mich als Robert Large, den Kaufmann ein, so wie auch seine Vorfahren Kaufleute gewesen sind? Oder lädt er mich in meiner Eigenschaft als Bürgermeister ein, gefolgt von einem Zepterträger und einer Herde Lehrlingen als Leibwache? Das macht einen großen Unterschied. Ich bin noch neu in meinem Amt und darf keine Fehler machen. Kannst du mich aufklären, damit ich weiß, was ich zu antworten habe?»

Stephen zögerte. Er wagte nicht, die Last einer Entscheidung auf sich zu nehmen, daher erwiderte er vorsichtig, daß es Master Simon Brayles, Mylord von Suffolks Kaplan, gewesen sei, der ihm den Brief anvertraut habe. Master Simon würde vielleicht wissen, was Mylord im Sinn haben mochte.

Der Bürgermeister schlug so heftig mit seiner Hand auf das Schreibpult, daß alles darauf zu wackeln anfing und Caxton herbeigeeilt kam.

«Kruzitürken!» rief Master Large. «Du hast deinen Verstand beisammen! Du gehst sofort zurück und bittest den Kaplan im Namen seiner Barmherzigkeit, das Geheimnis von Mylords Absichten zu lüften. Caxton wird mit dir gehen, um mir heimlich die Antwort zu überbringen. Auf diese Weise werde ich herausfinden, was ich Mylord zu antworten habe, ohne unhöflich zu sein. Caxton, geh schnell und komm geschniegelt wieder!»

Stephen fiel die Betriebsamkeit des Bürgermeisters auf, und er kam sich vor, als habe er beim Angeln im Fluß plötzlich ein fettes Rotauge am Haken. Master Large war offensichtlich hocherfreut. «Woher kommst du, mein Junge?» fragte er. «Deine Sprache verrät, daß du kein Londoner bist . . . Ewelme, sagst du? Wo liegt das? Ich habe noch nie davon gehört.»

Stephen erklärte, daß es Mylords herrschaftliches Gut in der Nähe von Wallingford sei, und fügte hinzu, daß er Mylord als Schreiber zu Diensten stehe, weil sein Vater im Krieg mit Frankreich gestorben sei, um Mylord zu retten, und wenn es Mylord gefiele, würde er als Student nach Oxford gehen.

«Was, ein Student? Du solltest dich mit Will Caxton anfreunden; er ist ein Büchernarr. Da fällt mir etwas ein: Er könnte dich mit Mylords Erlaubnis ein wenig in London herumführen. Ah, da kommt er ja! . . . Will, hör zu! Wenn die Gelegenheit dazu günstig ist, bitte um Erlaubnis, Stephen die Sehenswürdigkeiten der Stadt zeigen zu dürfen. Das wäre für euch beide gut. Nun macht euch fort und verliert keine Zeit!» Während sie sich ihren Weg durch die lärmende Menge bahnten, hatten sie keine Möglichkeit, sich zu unterhalten, doch Stephens Stimmung stieg unaufhörlich. Einen Freund in ungefähr seinem Alter zu haben, der noch dazu ein Büchernarr war, das war genau das, was er sich wünschte.

Seite an Seite liefen sie hügelabwärts nach Pulteney. Unterwegs begann Stephen, sich zu sorgen, was er wohl tun sollte, wenn Master Simon nicht da wäre. Doch seine Glückssträhne ließ ihn nicht im Stich. Sie begegneten dem Kaplan, während er mit dem Stundenbuch in der Hand langsam durch den Hof schritt und die Gebete des Tages las. Er legte einen Finger zwischen die Seiten und hörte Stephens Geschichte zu. Dann nickte er.

«Mylord ist drinnen», sagte er. «Ich werde einmal prüfen, woher der Wind weht, und nehme Caxton mit. Es ist in jedem Fall eine heikle Angelegenheit, aber ich glaube, er ist heute bei guter Laune. Vielleicht wird er sogar Spaß daran haben.»

Stephen hatte ein Empfinden wie ein Hund, der dem Jäger pflichtgetreu die Beute abgeliefert hat, und spazierte im Hof auf und ab. Bei der Rückkehr nickte Caxton bloß, grinste und eilte sogleich davon. Master Simon nahm Stephen beiseite.

«Das hast du gut gemacht», sagte er. «Mylord ist sehr zufrieden mit der Art und Weise, wie du seine Interessen vertreten hast. Da hast du wieder einmal Talent bewiesen! Übrigens hat der junge Caxton im Auftrag seines Herrn die Bitte geäußert, dir die Sehenswürdigkeiten von London zeigen zu dürfen. Diese Idee ist bei Mylord auf Zustimmung gestoßen. Ich soll dich daher gehen lassen, wann immer du zu einem solchen Spaziergang eingeladen wirst.» Dann senkte der Kaplan seine Stimme. «Ich glaube, es ist ihm sehr recht, wenn sein Schreiber auf vertraulichem Fuß mit dem Lehrling des Bürgermeisters steht . . . das bedeutet so viel, wie einen Finger am Puls der Stadt zu haben!»

Von diesem Augenblick an tat sich vor Stephen eine neue Wirklichkeit auf. Augenscheinlich hatte auch der Bürgermeister einen Vorteil in der Vereinbarung erkannt, denn Caxton kam fast jeden Tag vorbei, und zusammen gingen sie stundenlang auf Entdeckungsreise, ohne dabei zu ermüden.

Sie fingen mit der Paulskirche an, dem Mittelpunkt des öffentlichen Lebens. Die Kirche diente nicht nur als Gotteshaus, sondern als Treffpunkt für jedermann. Viele Menschen luden dort ihr Bündel oder ihre Kinder ab, um auf dem Markt einkaufen zu gehen; Knechte und Mägde standen im Kirchenschiff herum und warteten darauf, angeheuert zu werden; Advokaten, Schreiber und andere boten ihre Dienste feil; und dennoch setzte die Gemeinde im Chor und im Altarraum der Kirche ihre religiösen Pflichten fort.

Von der Paulskirche gingen Caxton und Stephen in die Paternoster-Reihe, die Straße der Bücher, und wieder mußte Stephen daran denken, daß Will Caxton «ein Büchernarr» war. Während sie von einem Laden zum anderen schlenderten und sich in den Anblick herrlicher Einbände und unzähliger, von makelloser Schreibkunst zeugender Seiten vertieften, erinnerte sich Stephen an die Benson-Mühle und konnte der Versuchung nicht widerstehen, ein wenig damit zu prahlen, wie er die Bücher für Herzog Humphreys neue Oxforder Bibliothek gerettet hatte. Doch Caxton war darüber erhaben.

«Es gibt eine neue Bibliothek in Oxford? Davon habe ich noch nicht gehört. Ich werde dich einmal mitnehmen, um Dick Whittingtons* Bibliothek im Franziskanerkloster** anzusehen. Er hat sie London in seinem Testament vermacht. Es ist die allerschönste Bibliothek in ganz England.»

Das verstimmte Stephen für einen Moment. Ihm lag gerade die Frage auf der Zunge, wer denn Dick Whittington sei, aber da hatte sich Caxton schon von ihm abgewandt und hörte einem Buchhänd-

* Dick (d. i. Richard) Whittington (um 1358–1423) war dreimal Bürgermeister von London. Seinen außerordentlichen Reichtum gab er für viele soziale Zwecke aus.

** Gemeint ist das historische Kloster Greyfriars.

ler zu, der sich über die schlechten Zeiten beklagte. Wegen der Papierkosten und der Löhne der Schreiber könne es sich niemand mehr – außer den sehr Reichen – leisten, Bücher zu kaufen.
Langsam begann Stephen zu begreifen, was Master Simon mit dem Finger am Puls der Stadt gemeint hatte. Er, Stephen, sollte seine Ohren offenhalten und Master Simon berichten, was das einfache Volk sprach. Caxton nahm ihn dann zum neuen Rathaus mit, aber sie mußten feststellen, daß der Bau wegen Geldmangel eingestellt worden war. Dasselbe galt auch für die Brücke, an der die alten Holzbalken unablässig knarrten, weil sie reparaturbedürftig waren. Unten am Fluß standen Arbeiter müßig herum, weil die Galeeren, die aus Venedig oder der Lombardei kamen, um englische Wolle zu laden, London weitgehend mieden und es vorzogen, nach Sandwich oder Southampton zu fahren. Auf dem Londoner Südufer wütete die Pest, und die Kornspeicher der Stadt waren nach der Mißernte des Vorjahres immer noch leer.
All dies stach so ins Auge, daß selbst ein auf dem Land aufgewachsener Junge begreifen konnte, daß es schlecht um London stand. Der Krieg in Frankreich tobte immer noch unheilvoll, und alle Geschäftsleute beklagten sich bitterlich. Während der Regierungszeit von König Heinrich V. hatte es Geld im Überfluß gegeben, doch nun saß ein frommer, schwarzgekleideter Scholar auf dem Königsthron, und es gab keine Königin, die reiche Hofleute um sich scharte. Nur Herzog Humphrey war freigebig mit dem Geld, und darum stand er hoch in aller Gunst. Aber die Herzogin wagte nicht, in der Öffentlichkeit aufzutreten. Bei der bloßen Erwähnung der Hexe von Gloucester spuckte jeder normale Londoner verächtlich in die Themse.
Wie um Stephens Glück randvoll zu machen, wurde es ihm nun erlaubt, Caxton des öfteren nach Old Jewry zurückzubegleiten und sich der großen Familie des Bürgermeisters hinzuzugesellen. Sie bestand aus fünf Söhnen und Töchtern sowie acht Lehrlingen, die sich an so manchem Winterabend unter dem Vorsitz von Frau Large rund um den Kamin versammelten, plauderten, Geschichten erzählten, Lieder sangen und unglaubliche Mengen von Gebäck und hausgemachtem Bier vertilgten. Für Stephen bedeutete das Familienleben

eine neue Erfahrung, eine Freude, die er niemals zuvor kennengelernt hatte.

Unterdessen lebte Barnabas inmitten der Küchengehilfen sein eigenes Leben. Er ging mit ihnen zum Markt, nahm an ihren Spielen teil und schien völlig damit zufrieden, Zielscheibe ihres Gespötts zu sein. Obwohl Stephen und Barnabas immer noch das Bett in der Kammer vor dem Gemach des Kaplans teilten, sahen sie einander nur noch, wenn sie sich zufällig zur gleichen Zeit schlafen legten, was selten vorkam.

Trotzdem hatte Stephen gelegentlich Gewissensbisse. In Ewelme waren sie gute Freunde gewesen, und zusammen waren sie nach London geritten. Doch seit Stephens neue Interessen erwacht waren, hatte er Barnabas sich selbst überlassen.

Eines Tages konnte er dies nicht mehr für sich behalten und vertraute sich Caxton an.

«Bring ihn doch mit, wenn du möchtest», sagte Caxton gutmütig. «Ich beabsichtige, morgen zu Whittingtons Bibliothek zu gehen. Vielleicht hat er auch Freude daran, denn schließlich ist er ja ein Schreiber und nicht ungebildet.»

Stephen hatte seine Zweifel, entschied jedoch, daß es einen Versuch wert sei. Er ging absichtlich früh ins Bett. Barnabas hörte ihm mit offenem Mund zu.

«Hast du den Verstand verloren?» brummte er. «In eine Bibliothek? Ich? Ich danke dir, daß du nicht auch noch einen Spaß mit mir machst, aber ich habe keine Lust, dem Lehrling des Bürgermeisters hinterherzulaufen. Behalte du deine feinen Freunde! Ich kann ohne sie auskommen.»

«So ist es nicht», antwortete Stephen schnell. «Caxton ist ein lustiger Bursche, und du würdest alle Sehenswürdigkeiten der Stadt kennenlernen. Probier es doch einmal aus!»

Doch Barnabas schüttelte nur mürrisch den Kopf.

«Es ist zu spät für freundschaftliche Worte. Geh deinen Weg, und ich werde den meinen gehen. Ich habe auch Freunde, und ich kann mir alles, was ich möchte, ansehen. Aber wart mal! Wenn es die Sehenswürdigkeiten sind, die dich interessieren, dann komm mit mir! Ich kann dir Dinge zeigen, die bestaunenswerter sind als jede Klosterbibliothek! Du bist doch noch nie bei einer Bärenhatz gewesen ... hörst du: Bären, nicht Stiere! Das sollte man sich nicht entgehen lassen!»

Stephen runzelte die Stirn. «Bärenhatz? Wer geht mit dir dorthin? Das ist doch auf dem Südufer, oder?»

Barnabas überhörte die letzte Frage. «Ich gehe mit Greg, dem Küchenjungen mit dem Narbengesicht. Er ist der Sohn des Fleischkochs; so können wir uns leichter davonmachen, und was noch mehr ist: *Er* bezahlt!»

«Aber hast du vergessen, daß Master Simon uns das Südufer strikt verboten hat? Außerdem ist dort die Pest.»

«Master Simon ist ein Priester, und Priester können nichts vertragen. Und was die Pest anbetrifft, so sagt Greg, daß man sie überall bekommen kann. Das Südufer ist nicht schlimmer als jeder andere Ort. Komm schon, Stephen; es ist ein großer Spaß! Es gibt dort auch einen Jongleur, der zehn Messer auf einmal durch die Luft wirbeln läßt, und einen Burschen, der dein Schicksal in einem blanken, breiten Schwert voraussehen kann. Eine Frau dort hatte ihren Geldbeutel verloren, aber er hat ihr gesagt, wo sie suchen soll, und sie hat ihn tatsächlich gefunden, wie er es vorausgesagt hatte.»

Stephen runzelte wieder die Stirn. Genau das traf ihn an seiner empfindlichen Stelle. Ein Weiher oder ein blankes, breites Schwert, was machte das schon für einen Unterschied?

«Das ist Hexerei!» rief er in scharfem Ton. «Sei nicht ein solcher Dummkopf, Barnabas! Es ist doch ganz klar, daß das Südufer ein Ort des Bösen ist. Halt dich lieber dort fern! Geh nie wieder hin!»

Barnabas kicherte. «Hast du noch nicht die Milchzähne verloren? Wenn hier jemand ein Dummkopf ist, dann bist du es!»

Stephen fuhr in einer Aufwallung von Ärger auf. Im gleichen Augenblick hörte er Schritte auf der Treppe; es war der Kaplan, der zu Bett ging. Stephen ergriff die Gelegenheit beim Schopf. «Schwöre, daß du nie wieder dorthin gehst», zischte er heftig, «schwöre es sofort, oder ich sage es Master Simon!»

Barnabas hielt den Atem an. Dann murmelte er mit zornbebender Stimme: «So, du willst mich also verpetzen, du Schnüffler! Also gut

– ich schwöre es, aber dann bin ich mit dir fertig!» Er rollte sich auf seine Seite und fing ganz bewußt an zu schnarchen.

Noch lange, nachdem der Kaplan sein Licht gelöscht hatte, lag Stephen zornentbrannt wach. Daß ausgerechnet Barnabas ihn einen Dummkopf und Weichling gescholten hatte! Nur zu gerne würde er ihn Master Simon melden, aber das konnte er nicht tun, weil Barnabas, wenn auch widerwillig, den Schwur geleistet hatte. Er würde einen anderen Weg finden müssen, um mit ihm abzurechnen und gleichzeitig diesen Ausflügen zum Südufer ein Ende zu setzen.

Als Stephen am Morgen aufwachte, war Barnabas nicht mehr da, dennoch konnte er, immer noch von Ärger erfüllt, die Sache nicht vergessen.

Wie verabredet traf er Caxton und folgte ihm zum Franziskanerkloster. Es war ein stattlicher Bau mit einer schönen Kirche und lag zwischen den Häusern an der Newgate-Straße und der Stadtmauer in einem Gartengrundstück mit Obstbäumen versteckt. Stephen war mit den Gedanken woanders, dennoch bemerkte er, daß die an die Westfront der Kirche angrenzende Bibliothek derjenigen, die in Oxford gebaut wurde, sehr ähnlich sah. Sie hatte lange Galerien, mit Fenstern zu beiden Seiten und Bücherregalen, die so aufgestellt waren, daß sie auf jeder Seite des Hauptganges kleine Studierstübchen bildeten. An einem anderen Tag hätte er gewiß in den Schätzen der Bibliothek geschwelgt, doch heute war er zu zerstreut, um die prachtvollen Bände zu bewundern, auf die Caxton ihn mit ehrfurchtsvoller Gebärde aufmerksam machte.

Gerade als Caxton begann, Stephens Trübsinn zu bemerken, schob einer der Ordensbrüder, ein Kustos, sie plötzlich hastig zur Seite und befahl ihnen mit strenger Miene, sich niederzuknien. Die Mönche duldeten Jungen ohnehin nur an diesem Ort, weil Whittington in seinem letzten Willen verfügt hatte, daß sie berechtigten Zutritt hätten. Stephen blickte um sich her, da er eine Prozession auf dem Weg zur Kirche erwartete. Doch er konnte nur drei Personen entdecken, die langsam die Galerie entlangschritten. Zwei davon waren schon ältere Ordensbrüder, die den üblichen grauen Habit trugen. Die dritte Person in ihrer Mitte war ein junger Mann in einem einfachen, schwarzen Gewand. Sein Haar wurde von einem goldenen Reif zusammengehalten. Er sah noch sehr jung aus, kaum älter als Stephen, und sein blasses Gesicht drückte eine unsägliche Traurigkeit aus.

Caxton stieß Stephen unsanft zwischen die Rippen. «Nimm deine Mütze ab», wisperte er drängend, «nimm sie ab, Dummkopf! Das ist der König!»

Völlig verwirrt faßte Stephen unbeholfen nach seiner Mütze. Zu seinem grenzenlosen Schrecken schlüpfte sie ihm aus den Fingern, sprang davon und landete direkt zu Füßen des Königs. Eine Pause folgte. Hochrot vor Scham blickte Stephen gerade noch rechtzeitig hoch, um zu sehen, wie der König gewandt über die Mütze hinwegstieg. Für den Bruchteil einer Sekunde trafen sich ihre Blicke, und die Mundwinkel des Königs zuckten. Stephen täuschte sich nicht; der Jüngling mit dem traurigen Gesicht lächelte.

Als der König und seine Begleiter verschwunden waren, zog Caxton Stephen wieder hoch.

«Du hast dich ganz schön blamiert», sagte er unverblümt. «Aber immerhin wirst du dich damit brüsten können, daß du der Bursche bist, der den König zum Lachen gebracht hat.»

Stephens erster Gedanke war jedoch, daß er nun eine perfekte Einleitung für sein nächstes Gespräch mit Barnabas hatte. «Wenn du mit zur Bibliothek gekommen wärst», würde er ihm sagen, «dann hättest du den König gesehen!»

Dame Alice reiste in einer von Pferden getragenen Sänfte

Der Schwarze Tod

Als Stephen sich am Markt von Caxton trennte, war er durch den Gedanken an die wundervolle Geschichte, mit der er Eindruck auf Barnabas machen würde, wieder guten Mutes. Er wandte sich nach Süden in Richtung des Flusses und war froh, in den Fenstern von Pulteney Licht zu sehen. Es war kalt und neblig, und er sehnte sich nach der Glut des Kaminfeuers, weil Master Simon nun an den Abenden Zeit fand, ihn zu unterrichten. Dann pflegten sie beide an einer Bank in der Nähe des Feuers zu sitzen, und Stephen las beim Schein einer besonderen, nichttropfenden Bienenwachskerze einen lateinischen Text vor.

Doch heute abend ließ Master Simon ausrichten, daß er für Mylord beschäftigt sei. Stephen könne entweder allein arbeiten oder, wenn er es wünschte, zeitig zu Bett gehen. Insgeheim dankbar entschloß Stephen sich für das letztere. Es war ihm nämlich eingefallen, daß er in dem bevorstehenden Gespräch mit Barnabas eine günstigere Position hätte, wenn er als erster oben war.

Vorsichtig schlich er sich am Vorratsraum vorbei, wo Barnabas gewöhnlich anzutreffen war, zog sich aus und schlüpfte ins Bett. Der Mond, der sich seinem ersten Viertel näherte, schien auf das Kissen von Barnabas. Das traf sich gut, denn so würde er in der Lage sein, Barnabas' Gesicht zu beobachten, während er sich im Schatten befand.

Es war behaglich im Bett, und während er noch einmal seine Geschichte über den König rekapitulierte, merkte er, daß er müde war. In der vorigen Nacht hatte er wenig geschlafen. So wünschte er sich, daß Barnabas bald käme, damit er die Sache hinter sich bringen könnte. Plötzlich fuhr er hoch und sah, daß der Streifen Mondlicht weitergewandert war. Er mußte eingeschlafen sein. Als sich seine Augen an das Dunkel gewöhnt hatten, stellte er fest, daß Barnabas' Platz, der nun im Schatten lag, immer noch leer war. Der Stellung des Mondes nach zu urteilen mußte er einige Zeit geschlafen haben. Warum kam der Dummkopf denn so spät? Hatte er am Ende seinen Eid gebrochen und war doch zum Südufer gegangen? Doch wenn dem auch so wäre, dann hätte er jetzt zurück sein müssen. Gespannt lag Stephen im Bett und hatte die Ohren gespitzt, als er endlich unten ein Geräusch vernahm. Der Lichtfleck hatte jetzt den oberen Rand der Treppe erreicht. Jemand kam leise die Stufen hoch. Endlich! Doch als der Kopf und die Schultern über der letzten Stufe erschienen, erkannte Stephen, daß es nicht Barnabas, sondern Master Simon war, der offensichtlich bemüht war, die Jungen nicht zu wecken. Stephen lag ganz still, bis die Tür des Kaplans sich schloß und er das Knarren der Bettseile hören konnte. Dann stemmte er sich auf die Ellbogen und horchte so gespannt, bis seine Ohren schmerzten.

Was mochte Barnabas zugestoßen sein? Nach eigenem Bekunden war er viele Male am Südufer gewesen, aber niemals zuvor hatte er die Zubettgehzeit verpaßt. Alle Tore von Pulteney waren in der Nacht verschlossen. Wie sollte er an der Wache vorbeikommen, vorausgesetzt, die Wachleute waren nicht solche Gauner wie Greg, der Küchenjunge, und sein Vater, der Fleischkoch? Aber sie würden doch gewiß nicht die ganze Nacht draußen verbringen. Ob Barnabas von der Stadtwache aufgegriffen worden war? Auf dem Südufer gab es ein Gefängnis, das im Volksmund «Kittchen» hieß und das, wie Stephen gehört hatte, dazu diente, Betrunkene und Raufbolde einzusperren. War Barnabas etwa dorthin gelangt?

Es vergingen noch Stunden, ehe der Schlaf Stephen übermannte. Er wachte erst wieder auf, als Master Simon ihn schüttelte.

Es war hellichter Tag. Benommen fuhr Stephen hoch. «Barnabas?» rief er. »Wo ist Barnabas?»

«Mach dich auf einen furchtbaren Schreck gefaßt, mein Junge», sagte der Kaplan ernst. «Du wirst ihn nicht wiedersehen. Barnabas ist tot.»

Stephen wurde schwindlig. Barnabas tot! Selbst in seinen schlimmsten Befürchtungen hatte er an so etwas nicht zu denken gewagt. Aus trockener Kehle stieß er atemlos hervor: «Erbarmen, Gott, was ist geschehen?»

«Er ist an der Pest gestorben. Sie kann in wenigen Stunden zum Tod führen.» Master Simons Stimme klang sehr ernst, doch er sprach ruhig: «Es scheint, daß Barnabas die Anweisungen nicht befolgt hat und wiederholt zum Südufer gegangen ist. Wie das möglich war, muß noch aufgeklärt werden; gegenwärtig wissen wir nur, daß Gregory, der Küchenjunge, ihn dazu verleitete. Er ist unversehrt zurückgekommen; wenigstens hatte er den Anstand, den Jungen nicht im Stich zu lassen. Vergangene Nacht hatten sie vor, einer Stierhatz zuzuschauen, und obwohl Barnabas sich unwohl fühlte, bestand er auf dem Plan. Danach gingen sie zu einem Wirtshaus in der Nähe der Arena. Dort brach Barnabas zusammen, aber der Wirt, der die Pest sofort erkannte, als er ihn sah, hat sie hinausgeworfen. Der einzige Fährmann, der noch am Ufer war, weigerte sich, sie hinüberzubringen, und so liefen sie am Strand entlang in Richtung der Brücke, und Gregory versuchte, den Jungen zu stützen. Als er nicht mehr weitergehen konnte, ließ er ihn im Schutz eines Bootes, das dort kieloben lag, zurück und eilte davon, um Hilfe zu holen. Da es schon dunkel war, konnte er niemanden finden, der bereit gewesen wäre mitzukommen. Schließlich begegnete er der Stadtwache mit Laternen. Aber der Strand war voll von Booten, die kieloben lagen, und als sie zu dem richtigen gelangten, war es zu spät. Barnabas lag tot da.»

Stephen saß wie versteinert. Der Kaplan fuhr fort. «Ich werde dich jetzt nicht fragen, wie viel du von dem ganzen Vorgang gewußt hast. Ich bete zu Gott, daß du überhaupt nichts davon gewußt hast; aber erforsch dein Gewissen und tu, was es dich heißt. Jetzt ist keine Zeit mehr. Gegen Mittag wird Myladys Gefolge, einschließlich dir, London verlassen.»
«London verlassen?» Das war ein weiterer Schock.
«Ja. Die Pest greift so schnell um sich, daß Mylord es nicht duldet, daß Dame Alice auch nur einen einzigen Tag länger bleibt. Er kam gestern nacht schon zu diesem Entschluß, bevor wir von Barnabas wußten, und nun wird er mit jeder Stunde ungeduldiger. Ihr werdet nicht nach Ewelme reisen, sondern nach Donnington. Ich warne dich schon vorher, daß man dich isolieren wird, weil du mit Barnabas das Bett geteilt hast. Aber Mylady besteht darauf, daß man dich nicht hier zurückläßt; also finde dich mit deinem Schicksal ab, wenn es Gott gefällt, dich zu verschonen.»
«Und Ihr, Sir, und Mylord?»
«Mylord bleibt hier, und ich bleibe bei ihm. Nächste Woche wird in Westminster das Parlament eröffnet, und er ist entschlossen, daran teilzunehmen. Nun eile dich, mein Junge. Ich gehe und werde eine Messe für Barnabas lesen, damit seine Seele in Frieden ruhen möge, und es ziemt sich, daß du diese Messe dienst.»
Die Glocken von London schlugen gerade Mittag, als Dame Alice und ihr Gefolge die Stadt verließen. Die zwölf feierlichen Glockenschläge klangen wie ein Totengeläut. Im Gegensatz zum hellen Sonnenschein am Tage ihrer Ankunft regnete es nun in Strömen. Mylord ritt mit seiner Eskorte einige Meilen lang neben seiner Gemahlin her, die in einer von Pferden getragenen Sänfte reiste. Nachdem er ihr im strömenden Regen Lebewohl gesagt hatte, wandte er sein Pferd um und ritt in Richtung Newgate zurück.
Stephen saß allein auf seinem Pferd, eingehüllt in einen weiten Reitmantel, auf den der Regen hörbar niederprasselte. Ein Sehschlitz ermöglichte ihm festzustellen, daß er nicht zu weit hinter den anderen zurückblieb, aber er ließ auch genügend Wind und Regentropfen hindurch, um ihn am Einschlafen zu hindern.
Wann immer der Trupp eine Pause einlegte und alle absaßen, mußte

In der Abtei von Reading

Stephen sich von seinen Reisegefährten fernhalten; und als sie schließlich die Reise für die Nacht unterbrachen, wurde er weit hinter den anderen in den entlegensten Winkel eines großen, unterirdischen Gewölbes getrieben und bekam ein Strohbett für sich allein. Ein Mönch in einem schwarzen Habit, der ihm eine Schüssel mit heißer Suppe brachte, war der einzige, der in seine Nähe kam. Er erzählte ihm, daß sie sich in der Abtei von Reading befänden. Donnington sei immer noch mehr als zwanzig Meilen entfernt.

Aus lauter Erschöpfung schlief Stephen ein, und als er aufwachte, war alles in einen dichten Nebel gehüllt, durch den die Umrisse der großen Gebäude rings umher nur schemenhaft zu erkennen waren. Reading mußte augenscheinlich eine Abtei großen Ausmaßes sein, etwa so groß wie alles in London, die Paulskirche möglicherweise ausgenommen; aber eigentlich war es unmöglich, Vergleiche zu ziehen, da die riesige Vorderfront der Kirche im Nebel verschwand. Stephen durfte der Messe nur von der Tür aus beiwohnen. Das Innere der Kirche erschien ihm wie eine hohe, dunkle Höhle, die von mächtigen, gemeißelten Pfeilern getragen wurde. Die Stimmen der

Mönche hörten sich sehr weit weg an, und der gelbe Kerzenschimmer in der Ferne schien die Nebelwand nur mit einem Hauch Farbe zu überziehen.
Die letzte Etappe der Reise wurde dann bei Tageslicht zurückgelegt. Der Nebel wich einem feinen Sprühregen, und die Pferde platschten an tropfnassen Weidenbäumen vorbei. Als sich Stephens Benommenheit wie der Nebel zerstreute, war er schweren Herzens imstande, der Wahrheit ins Gesicht zu sehen. Barnabas war tot. Es traf ihn keine direkte Schuld, aber er hatte gewußt, daß Barnabas sich treiben ließ, und er hatte es nicht verhindert. Alle Fröhlichkeit war nun aus seinem Leben verschwunden, und sie würde gewiß nicht so schnell wieder zurückkehren.

Donnington, ein wuchtiges Schloß aus grauem Stein, das auf einer Anhöhe lag, hatte nichts von der Wärme und Heiterkeit an sich, die Ewelme ausstrahlte. Ein Torhaus mit zwei hohen Türmen führte in einen kühlen, feuchten Hof, der völlig von grünem Moos bedeckt war. Der Haushofmeister, ein gebeugt gehender Greis, erschien an der Spitze einer knappen Handvoll Bediensteter und entschuldigte sich, daß infolge der kurzfristigen Benachrichtigung noch nicht alle Vorbereitungen für die Ankunft abgeschlossen seien. Trotz der trübsinnigen Stimmung, in der Stephen sich befand, fiel ihm ein, daß er selbst schon vor vielen Monaten Anweisungen für die Instandsetzung von Donnington abgeschrieben hatte.
Dame Alice jedoch nahm die Entschuldigung des alten Mannes an und erwiderte, daß nun alle Hand anlegen müßten, um den Ort wohnlich zu gestalten. Das Innere des Schlosses war ebenso abstoßend wie sein Äußeres. In den Fenstern des Bankettsaals fehlte das Glas, und die Holzscheite im Kamin vermochten nur zu schwelen. Dame Alice und ihre Zofen schliefen in einem Söller, der sich am Ende einer langen Holztreppe befand, während die übrigen Mitglieder des Haushalts rund um die qualmende Feuerstelle nächtigten – alle außer Stephen, der so lange in einen entlegenen Winkel verbannt wurde, bis sichergestellt war, daß er nicht mehr an der Pest erkranken würde.
Dame Alice achtete darauf, daß diese Verbannung nicht allzu lange

währte. Da Stephens jugendliche Kraft und sein Geschick tagsüber in vielerlei Angelegenheiten zu Rate gezogen wurden, schien es absurd, ihn des Nachts zu isolieren. Unter Dame Alices entschlossener Führung nahm das ganze Schloß allmählich ein anheimelnderes Aussehen an. Der Rauchabzug des Kamins wurde mit Hilfe langer Stechpalmenzweige von Vogelnestern befreit; von der Innenseite des Mauerwerks wurde das grüne Moos abgekratzt, damit die Wandbehänge aus Ewelme dort an Haken befestigt werden konnten; ein Teppich aus trockenen Binsen wurde auf den feuchtkalten Fußböden ausgebreitet; und Kaufleute aus Newbury, der nächstgelegenen Stadt, brachten Ballen von Steifleinen, das geölt und dann über die offenen Fensterleibungen gespannt wurde, um die Kälte abzuwehren.

Fast jeden Tag trafen Boten aus London ein, die Briefe von Mylord brachten und mit Myladys Antwort wieder zurückritten. Wie es schien, gab es keinerlei Anzeichen dafür, daß die Pest sich auf dem Rückzug befand, und trotz Myladys äußerer Ruhe konnte Stephen aus ihrem Gesicht Besorgnis lesen. In Pulteney hatte er sie nur von weitem gesehen, aber hier, in ihrem eigenen Schloß, das sie wie Ewelme von ihrem Vater geerbt hatte, war sie wieder die Dame Alice, wie er sie von früher kannte. Ihm gegenüber war sie freilich nachsichtiger denn je. Über den Tod von Barnabas wurde nicht gesprochen, statt dessen trug sie ihm Arbeiten auf, die ihn ganz beanspruchten, oder hieß ihn, abends beim Schein einer Kerze aus gehärtetem Bienenwachs laut vorzulesen.

Doch dann trat plötzlich eine große Veränderung ein. An einem sonnigen Dezembermorgen kam Morton, Mylords Hauptkurier, in Donnigton an und brachte einen Brief, der Dame Alices Gesicht freudig erstrahlen ließ. Sie wandte sich Stephen zu, der zufällig in der Nähe war. «Mylord wird in zwei Tagen eintreffen», rief sie. «Er wird also das Weihnachtsfest hier verbringen. Die Pest hat sich so furchtbar ausgebreitet, daß die Parlamentseröffnung in Westminster verschoben werden muß. Der König begibt sich nach Windsor und Herzog Humphrey nach Greenwich. Alle Lords verlassen London. Das Parlament wird wieder am 14. Januar zusammenkommen, und rate einmal wo! – In der Abtei von Reading! Das bedeutet, in einer

Entfernung, die durchaus von hier zu bewältigen ist. Bete du nun inständig darum, daß Mylord während dieser beiden letzten Tage in London nichts zustößt.»

Von diesem Zeitpunkt an ruhte niemand in Donnington mehr. Was bereits sauber glänzte, wurde erneut geputzt. Da Weihnachten vor der Tür stand, wurden mehr und mehr Vorräte bestellt. Aus Wingfield wurde ein Trupp bewaffneter Reiter erwartet, der eine prunkvolle Eskorte bilden sollte, wenn Mylord nach Reading zur Parlamentsversammlung reiten würde. Und Fräulein Jane wurde aus Stonor erwartet zusammen mit dem getreuen Tom Stonor, seiner Schwester Philippa, der Erzieherin Dame Eleonore Dorn und einer weiteren Eskorte. Noch bevor das Weihnachtsfest überhaupt angefangen hatte, drohte Donnington aus allen Nähten zu platzen.

Mylord und Master Simon kamen als erste an. Tief in seinem Innersten hatte Stephen sich vor dem Zusammentreffen mit dem Kaplan gefürchtet. Ob dieser ihn nun mit Fragen bezüglich von Barnabas und dem Südufer konfrontieren würde? Doch Barnabas' Name fiel nicht. Mylord begab sich mit Falken und Hunden auf die Jagd nach Wildenten und anderem Federvieh und kehrte erst in der Abenddämmerung aus den Marschwiesen heim. Dann entfachte er in dem kurz zuvor gefegten Kamin ein Feuer, legte mehr und mehr Holzscheite auf, bis die Flammen knisternd loderten. Stephen hatte die mittlerweil vertraute Aufgabe, das Altargerät auszupacken, die in Vergessenheit geratene Kapelle dem feierlichen Anlaß entsprechend zu schmücken und dabei zu helfen, ungeübte Kehlen auf das Singen der Messe vorzubereiten.

Das Weihnachtsfest begann um Mitternacht in der kleinen Kirche, die von unzähligen Kerzen hell erleuchtet war. Mylord, der wie Mylady und ihr Gefolge in einen warmen Pelz gehüllt war, hatte angeordnet, daß die Türen der Kapelle zum Hof offen bleiben sollten, damit alle, die sich draußen versammelten, hineinsehen konnten. So spiegelte sich das Licht aus der Kapelle auf einer großen Schar von Gesichtern, und beim Gloria erhob sich ringsum ein tiefer Summton wie aus einem Hummelnest. Stephen, der die Messe am Altar diente, blickte sich um und dachte unwillkürlich an jene Hirten, die einst durch eine Stalltür gespäht hatten.

Nicht einmal im Traum hatte er sich je ein solches Weihnachtsfest vorgestellt. Im Bankettsaal stopften sich alle mit demselben Fleisch voll, das Mylord und seine Familie aßen, und alle tranken denselben Wein, wenn auch einige ihn nach dem ersten Schluck mit der Bemerkung «Saures Zeug!» wieder ausspuckten und ihre Becher mit ehrbarem englischen Bier füllten. Danach fanden Maskenspiele im Hof statt, in dem die Flammen eines hell flackernden Feuers so hoch schlugen, daß sie imstande gewesen wären, das gesamte Schloß in Schutt und Asche zu legen. Am folgenden Tag gab es ein Tanzfest in der Halle, und die beiden jungen Fräulein tanzten mit Tom Stonor und dem Sohn eines Junkers aus der Umgebung, bis das Fest seinen Höhepunkt erreichte und sie unter lauten Protesten ins Bett geschickt wurden.

Die zwölf Weihnachtsfeiertage waren kaum vorüber, als die Vorbereitungen für Mylords feierlichen Zug zur Parlamentseröffnung in Reading getroffen wurden. Zu seiner eigenen Verwunderung empfand Stephen keinerlei Bedürfnis, an der Reise teilzunehmen. Seit jenen letzten Tagen in London war irgend etwas mit ihm geschehen. Während er sich in der Vergangenheit immer danach gesehnt hatte, bei allen Ereignissen mittendrin zu stehen, war er nun damit zufrieden, eine Zuschauerrolle zu spielen. Selbst als er an einem klaren, frischen Januarmorgen vor dem Torhaus stand und zusah, wie sich Mylord in seinem pelzbesetzten Mantel auf die Reise begab, wie die Helme und Brustpanzer der Eskorte im Sonnenlicht silbern glänzten und das blau-goldene Banner stolz über ihnen wehte, da war sein einziges Bedauern, daß Doggett nicht zugegen war und das alles miterlebte.

Doch trotz der Größe der Abtei von Reading, die Stephen während der unglückseligen Reise aus London infolge des Nebels nur hatte ahnen können, schien es, als sei das Parlament dort nur ein schwacher Abglanz dessen, was es an seinem früheren Versammlungsort zu sein pflegte. Das Kapitelhaus in Reading war zwar prunkvoll, aber es war nicht das Kapitelhaus von Westminster. Mylord kehrte viel früher als erwartet zurück und verkündete, daß das Ganze eine bedauerliche Zeitverschwendung gewesen sei. Sie hätten nichts als ein

Gesetz zur rechtmäßigen Anerkennung des französischen Adelstitels «Visconte» verabschiedet und einen Beschluß gefaßt, den Aktivitäten ausländischer Händler, die auf den englischen Märkten Handel trieben, noch mehr Einhalt zu gebieten.
«Wenn das Parlament nicht all seinen Mut zusammennimmt und nach Westminster zurückkehrt, wird es nichts Gutes mehr zuwege bringen», meinte Mylord, während er Stephen gestattete, ihm vor dem prasselnden Kaminfeuer die Stiefel auszuziehen. «Meine liebe Frau, es hat keinen Sinn, daß ich hier bleibe. Ich werde meine Sachen packen lassen und sobald als möglich aufbrechen.»
«Ich bitte Euch, nicht nach London zurückzukehren, bevor die Pest wirklich vorüber ist», flehte Dame Alice besorgt.
«Nein, ich beabsichtige gar nicht, nach London zu reiten», entgegnete er. «Wir werden uns beide nach Wingfield begeben. Ich habe dort einige Dinge zu regeln, und Ihr könnt die Pilgerreise nach Walsingham unternehmen, wie Ihr es schon seit langem vorhabt.»
Augenblicklich lächelte sie ihm zu und erwiderte: «Gott sei gepriesen! In Wingfield, mein lieber Gemahl, werden wir Master Simon nicht brauchen, da uns dort Euer Kaplan zu Diensten ist. Wärt Ihr damit einverstanden, daß er nach Ewelme zurückkehrt? Er könnte bis zu unserem nächsten Aufenthalt dort die Renovierung vorantreiben, und Stephen könnte sich wieder seinen Büchern widmen.»
Mylord blickte Stephen an, der mit den Reitstiefeln neben ihm stand. «Das ist ein guter Einfall», sagte er. «Der Junge hat Verstand, und ist es wert, daß man ihn ermutigt.»
Aber es brauchte noch einige Zeit, den Haushalt in Donnington aufzulösen. Als Master Simon sich mit Stephen, ein paar Dienern und einer Reihe von Packpferden auf die zwanzig Meilen lange Reise über das Hochland von Berkshire begab, da lugten schon die Spitzen der Narzissen aus der Erde hervor. Da sie ohnehin in der Nähe von Goring vorbeikamen, hatte Dame Alice gemeint, daß Stephen mit der Fähre die Themse überqueren, seine Schwester besuchen und dann allein nach Ewelme zurückkehren solle, während der langsamer vorankommende Trupp vernünftigerweise die Brücke in Wallingford passierte.
Es war dieselbe Fähre, die Stephen zusammen mit Lys bei seinem

letzten Besuch beobachtet hatte, und während er mit seinem Pony übersetzte, kam es ihm so vor, als ob sich nun der Kreis schließen würde. Das Abenteuer London war nun wirklich zu Ende; er war in seine Heimat zurückgekehrt.

Die Pförtnerin am Tor des Priorats erkannte Stephen wieder. Diesmal führte sie ihn in ein kleines Empfangszimmer, wo er einige Minuten wartete, bis die Kellermeisterin in der Tür erschien. Hinter ihrer fülligen, gesetzten Gestalt stand, ein wenig verloren, eine junge Nonne mit einem weißen Wimpel, einem weißen Schleier und einer großen, weißen Schürze. Es dauerte eine Weile, bis Stephen merkte, wer die junge Nonne war.

Eine junge Nonne mit einer großen Schürze

«Sie ist ein gutes Kind und hat sich so glühend gewünscht, Laienschwester anstatt Küchenmagd zu sein, daß wir nach Ewelme schickten, um die Zustimmung ihrer nächsten Verwandten einzuholen», sagte die Kellermeisterin, strahlte und schob Lys nach vorn. «Du bist nicht da gewesen, und so hat Sir John Saynesbury, der sie getauft hat, freudig seinen Segen gegeben. Als Laienschwester ist dies nun ihr Zuhause, und du wirst sicher selbst bemerken, wie glücklich sie darüber ist. Ich werde euch nun eine Weile allein lassen, damit ihr euch darüber unterhalten könnt.»

Stephen verstummte, als er mit Lys allein war. Er erinnerte sich genau daran, wie sie ihm erzählt hatte, daß die alte Meg ihr Spiegelbild im Wasser gesehen hatte, das sie als Nonne zeigte, und wie wütend ihn das damals gemacht hatte.

Lys sah ihn ängstlich an. «Freu dich doch für mich, Bruder», flehte sie. «Natürlich kann ich niemals Chorschwester werden; ich bin ungebildet, kann kein Latein und habe keine Mitgift. Aber ich kann Gott dienen, indem ich den Stiftsdamen dienstbar bin und fromm Gehorsam leiste. Und ich werde für dich beten, Bruder.»

Aber so leicht war Stephen nicht zu überzeugen. «Es ist zwar so gekommen, wie die alte Meg vorausgesehen hat», sagte er. «Sie hat dein Spiegelbild mit Haube und Schleier gesehen, aber trotzdem steckt irgendwie der Teufel dahinter. In London gibt es einen Mann, der die Zukunft in einer blanken Schwertklinge voraussieht, aber er ist ein Zauberer.» Stephen erschauerte, als er sich an die letzte Begegnung mit Barnabas erinnerte. Doch Lys blieb unbekümmert.

«Die alte Meg ist keine Zauberin», entgegnete sie ruhig. «Ich weiß weder, wie sie es im Wasser gesehen hat, noch wie ich es sehen konnte. Wenn es in Erfüllung gegangen ist, dann ist dies Gottes Wille. Was ich jedoch weiß, ist, daß die alte Meg mit jener Liebe für mich gesorgt hat, die wir verloren haben, als unsere teure Mutter starb – möge Gott ihr die ewige Ruhe schenken. Eine solche Liebe kommt nicht vom Teufel. Und denk daran, Bruder, auch wenn du damals so böse gewesen bist, sie hat auch dich im Wasser gesehen! Sie hat dich im Gewand eines Gelehrten aus Oxford gesehen.»

Für einen Moment zum Schweigen gebracht, biß sich Stephen auf die Lippen. Bevor er etwas sagen konnte, fuhr Lys in verändertem Ton fort. «Ich habe übrigens etwas für dich, Bruder», rief sie fröhlich und hielt ihm die geschlossene Hand hin. «Dreimal darfst du raten!»

Er runzelte die Stirn. «Es ist jetzt nicht die richtige Zeit für Scherze.»

«Das ist kein Scherz. Ich hab' hier etwas, was du verloren hast.» Sie drehte ihre Hand um, streckte sie flach aus und zeigte ihm ein schmutziges, mehrfach gefaltetes Stück Papier, das die Form einer Schuhsohle hatte. Es war so schwarz und aufgeweicht, daß es gar nicht mehr wie Papier aussah. Als Lys es ihm jedoch unter die Nase hielt, nahm Stephen es behutsam hoch und entdeckte, daß innen noch ein paar Worte zu lesen waren: «. . . schreibe ich Euch, liebe Tochter, um Eure Hilfe . . .» Ihm stockte der Atem. Das war seine Handschrift . . . seine Abschrift von Dame Alices Brief! Er versuchte, das zerknitterte Papier auseinanderzufalten, aber da zerfiel es.

Lys lachte. «Es ist die Schulaufgabe, die du verloren hast, nicht wahr? Wat muß sie zwischen den Binsen gefunden haben, bevor ich kehrte, und hat sie dazu benutzt, die Löcher in meinen alten Schuhen zu stopfen. Wer hätte das gedacht! – Jetzt trage ich Sandalen . . . schau!»

Unter ihrem langen Habit streckte sie ein paar nackte Zehen hervor, und die Kellermeisterin, die in diesem Augenblick hereinkam, wies sie in barschem Ton zurecht. Stephen verabschiedete sich, und der Kopf drehte sich ihm immer noch.

Während er nach Hause ritt, konnte er zunächst an nichts anderes denken als an die Abschrift von Dame Alices Brief. Er hatte nahezu mit Bestimmtheit zu wissen gemeint, daß sie in Bolingbrokes Hände gelangt war; und alles, was Bolingbroke gesagt hatte, schien dies zu bestätigen. Doch durch Gottes barmherzige Fügung war es nicht Bolingbroke, sondern Wat gewesen, der das Papier aufgehoben hatte.

Als Stephen sich nun vergegenwärtigte, was er in London reden gehört hatte, begannen sich die Mosaiksteinchen zu einem klaren Bild zusammenzufügen. Dame Alices Stieftochter war die rechtmäßige Gräfin von Salisbury; durch sie war der Titel eines Grafen von Salisbury auf ihren Gemahl übergegangen. Dieser hatte sich, wie es hieß, auf Herzog Humphreys Seite gestellt, und die Gräfin hatte ihm als gute Ehefrau den Inhalt von Dame Alices Brief erzählt. Stephens Abschrift hatte gar kein Unheil anrichten können; sie war die ganze Zeit über im Schuh von Lys sicher versteckt gewesen. In Wahrheit verhielt es sich genauso, wie Doggett vorausgesagt hatte: Dame Alice war durch den von ihr selbst geschriebenen Brief verraten worden.

Stephen ritt in langsamem Trab heimwärts und hätte vor Freude jubeln können. Nach einer langen Zeit quälender Ungewißheit und bangen Wartens hatte sich nun die drohende Wolke verzogen. Die Sorgen, die Mylord und Dame Alice belasteten, waren nicht durch sein Verschulden entstanden. Er konnte sich jetzt freisprechen.

Schon fast in Ewelme angelangt, erinnerte sich Stephen noch an etwas anderes, das Lys erwähnt hatte. Als die alte Meg ein Bild von Lys als Nonne im Wasser gesehen hatte, da hatte sie auch ein Bild von ihm gesehen – als Oxford-Scholar.

Doggett war über seinen Wappen eingeschlafen

Ein bemalter Thronsessel

Obwohl Ewelme nun fast leer stand, wirkte das Herrenhaus verglichen mit dem Schloß in Donnington behaglich, und Stephen war froh, wieder daheim zu sein. Doch die Dorfbewohner schienen fest entschlossen, seinen London-Besuch und die schrecklichen Ereignisse, die ihn beendet hatten, nicht in Vergessenheit geraten zu lassen. Jedesmal, wenn Stephen seinen Kopf aus der Tür steckte, lauerte ihm irgend jemand auf, der in allen grausigen Einzelheiten genau zu wissen begehrte, wie Barnabas gestorben war. Nach der ersten Woche mied Stephen alle Leute außer Doggett, für den alles, was nach Neuigkeiten aussah, ein Lebenselixier darstellte.

Der alte Mann schien während der Wintermonate noch mehr gealtert zu sein. Obwohl seine buschigen Augenbrauen immer noch widerspenstig in die Höhe standen und seine wachsamen Augen so scharf wie eh und je blickten, schlief er doch häufig über seinen Wappenentwürfen ein, verfiel immer wieder auf dieselben alten Geschichten, summte leise das Lied von Azincourt in der Hoffnung, daß jemand die Melodie erkennen würde, und wiederholte zum dutzendsten Male seinen Bericht über den Triumphzug, bei dem er inmitten der Kriegshelden von Heinrich V. und in Begleitung des jungen Herzogs Charles von Orléans, einem der gefangengenommenen Adligen, nach London einmarschiert war. Ständig erkundigte er sich nach neuen Nachrichten über den französischen Herzog. Ob er schon freigelassen worden sei? Aber Stephen mußte bekennen, daß er kein Wort davon gehört hatte. In London scheine sich jeder nur für seine eigenen Angelegenheiten zu interessieren.

Im Schloß war Stephen mit Master Simon allein und konnte sich in Ruhe seiner Arbeit widmen. Niemals zuvor hatte er sich, von seinen Büchern umgeben, so wohl gefühlt. Nachdem er mit London abgeschlossen hatte, wandten sich seine Gedanken wieder Oxford zu. Er wollte sich zwar nicht einen einzigen Moment lang eingestehen, daß er von der Geschichte über sein Spiegelbild im Weiher beeinflußt worden war, aber die Zahl der Bücher auf seinem Regal wuchs indes fortwährend. Zu Donatus und Cato gesellten sich Ovid, Livius und Vergil.

Aus Wingfield trafen kaum Nachrichten ein außer, daß Mylord in ständiger Verbindung mit London stand und Dame Alice gerade im Begriff war, sich auf ihre Pilgerreise nach Walsingham zu begeben.

«Vergiß nicht, dafür zu beten, daß ihre Bitten erhört werden mögen», sagte Master Simon ernsthaft. «Das ist eine Möglichkeit, wie du ihre Güte dir gegenüber vergelten kannst.»

Stephen antwortete sogleich «Ja, Sir». Wenn Dame Alice von seinen Gebeten einen Nutzen habe, dann solle sie ein Übermaß davon bekommen. Aber wofür solle er denn beten?

Der Kaplan lächelte. «Ich habe es dir gerade gesagt: Bete, daß ihre Gebete erhört werden mögen. Denk einmal nach, mein Junge! Ist es dir noch nicht aufgefallen, daß Mylord und Mylady schon seit zwölf Jahren verheiratet sind und noch keinen Sohn haben?»

Die Aufforderung, in einer solchen Angelegenheit zu beten, erweckte in Stephen das Gefühl, wichtig zu sein. Er war nun nicht mehr irgendein Schuljunge, sondern ein Schreiber in Dame Alices Haushalt, und zwischen dem Heute und seinem vergangenen Leben verlief ein klarer Trennungsstrich. Alles war anders geworden. Barnabas war tot; Lys war nun Nonne; der Rote Jak war in eine an-

dere Mühle weiter weg umgezogen und hatte Tom mitgenommen; sogar Odo war fortgegangen und lebte nun im Dorf seiner neuen Frau.
Gilles, die alte Meg und Wat hingegen waren immer noch da, und oft verspürte Stephen den Wunsch, sich auf den vertrauten Weg bergaufwärts zu begeben. Doch jedesmal entschied er sich dagegen. Zwar hatte Lys ihn beinahe davon überzeugt, daß von der alten Meg keine Gefahr drohte, dennoch bedurften die Erscheinungen im Wasser einer Erklärung, und es war klüger, Aufsehen zu vermeiden.
Endlich kam die Nachricht, daß Mylord von Suffolk mit seiner Gemahlin nach Pulteney zurückgekehrt sei. Seit Frühjahrsbeginn war die Pest nahezu ausgerottet, und die Staatsgeschäfte belebten sich wieder. Überdies gedieh Mylords Ansehen. Er war zum Seneschall* des Herzogtums Lancaster ernannt worden, ein untrügliches Zeichen königlicher Gunst, und übernahm nun auch das Amt eines Oberrichters von Wales. Mit Kardinal Beaufort war er eng befreundet, und zusammen bemühten sie sich erneut um die Sache des Friedens und um die Freilassung des französischen Herzogs.
«Herzog Humphrey benimmt sich wie ein trotziges Kind», amüsierte sich Master Simon. «Er hat beim König offiziell Beschwerde gegen den Kardinal und Mylord von Suffolk eingereicht. Es geht das Gerücht, daß er den Kardinal sogar bezichtigt, die Kronjuwelen gestohlen zu haben. Denk nur – der Kardinal! In Wahrheit hat jedoch Herzog Humphrey durch seine Verschwendungssucht die Schatullen des Königs geleert, als dieser noch ein Kind war. Der Kardinal hat Hilfestellung geleistet, indem er sie aus seiner eigenen Tasche wieder füllte. Dafür hat er die Kronjuwelen als Sicherheit benannt. Und nun heißt man ihn einen Dieb! Das sind so die Dinge, um die sich Mylord kümmern muß. Mich dünkt, wir werden ihn in Ewelme für längere Zeit nicht zu Gesicht bekommen.»
Insgeheim war Stephen beinahe erleichtert, denn wenn Mylord hier wäre, würden seine Bücher leiden. Dame Alice traf kurz nach Ostern ein, blieb aber nur so lange Zeit, wie sie brauchte, um sich mit den Geschäften des Guts zu befassen. Als sie wieder aufbrach, ermunterte

* Hoher königlicher Beamter eines Verwaltungsbezirks der Krondomäne.

sie Stephen, hart zu arbeiten. Master Simon spräche gut von ihm. Sie müßten sich daher bald Gedanken über Oxford machen.
Da verdoppelte Stephen seine Anstrengungen. Wochen und Monate vergingen, ohne daß er sich dessen bewußt geworden wäre. Der alte Ferry war krank, und Pfarrer Saynesbury vereinbarte, daß Stephen nötigenfalls die Aufgaben eines Küsters übernähme, wie zum Beispiel die Lesungen in der Kirche zu halten. Was den Sport anbetraf, so nahm Stephen an Wettbewerben im Zielscheibenschießen teil und freute sich zu entdecken, daß ihn sein früheres Geschick mit dem Bogen nicht verlassen hatte. Als neue Nachrichten aus London eintrafen, bat er um Erlaubnis, sie Doggett überbringen zu dürfen, der so gierig wie eh und je auf Neuigkeiten bedacht war – besonders in bezug auf den französischen Herzog, dessen Schicksal während des gesamten Sommers in der Schwebe hing. Im Juni bekräftigte Herzog Humphrey seinen Einspruch beim König, aber im Herbst wurde bekannt, daß er gescheitert war. Am 1. November, dem Allerheiligenfest, erklärte sich Charles Herzog von Orléans in Westminster bereit, ein beträchtliches Lösegeld zu zahlen, und im Namen des Sakraments leistete er einen Eid, niemals wieder gegen England Waffen zu tragen. Wenn es ihm mißlänge, zwischen England und Frankreich Frieden zu stiften, so würde er seinem Versprechen gemäß zurück in die Gefangenschaft kommen. Wutentbrannt verließ daraufhin Herzog Humphrey die Kirche und fuhr sogleich mit seinem Schiff nach Greenwich.
Doggett nahm Stephens Erzählung mit einem triumphierenden Lächeln auf und legte den Zeigefinger an die Nasenspitze.
«Habe ich es dir nicht gesagt?» rief er. «Habe ich dir nicht gesagt, daß Mylord seinen Kettenpanzer umgeschnallt hat?»
Das diesjährige Weihnachtsfest unterschied sich sehr von dem in Donnington. Mylords Familie blieb während der Feiertage in Pulteney, und wenn Dame Alice auch ein Fest in Ewelme angeordnet hatte, so blieb es doch bei einer schlichten Feier unter dem Vorsitz von Bylton, während der Kaplan und Stephen bei der Meßfeier in der Pfarrkirche mitwirkten. Der Winter setzte mit Schnee ein, der bis zur Fastenzeit liegen blieb. Die in Fässern eingepökelten und gelagerten Reservevorräte des Schlosses wurden freigebig an die Be-

dürftigen verteilt, und bis der Schnee wieder schmolz und der Fluß aufhörte, über die Ufer zu treten, drangen kaum Nachrichten von außerhalb hierher. Selbst der Frühling war naßkalt, und erst einige Wochen nach Pfingsten geschah zufällig etwas, das Stephen von seinen Büchern weglockte.

Er hatte schon solche Fortschritte gemacht, daß er jeden Sonntag die Epistel bei der Messe in der Pfarrkirche las. Das Lateinische bereitete ihm mittlerweile keine Schwierigkeiten mehr. Er war sehr stolz auf seine klare und sorgfältige Aussprache.

Aber an diesem speziellen Sonntag verhaspelte er sich. Die Worte waren eigentlich einfach: «In corda vestris clamentem Abba Pater ...»; was bedeutet: «Indem ihr mit euren Herzen zu Gott ruft ...»

Es war das Wort «Abba»*, das ihn durcheinanderbrachte, obwohl er nicht wußte, warum. Erst als er von der Kirche zum Schloß zurückging, fiel ihm die Antwort ein: Abba war eines der Wörter, die, vom Anfang wie vom Ende gelesen, gleich lauteten. Wie hatte Master Bolingbroke das genannt? Ein Palindrom. Vor seinem inneren Auge tauchte jetzt ein Bild von der Hütte der alten Meg auf. Da war Bolingbroke, der etwas in die Asche schrieb. Es waren die Zahlen 1441, das übernächste Jahr vom damaligen Zeitpunkt ab gerechnet, wie Stephen behauptet hatte. Bolingbroke aber hatte die Zahlen ein Palindrom genannt. Wie dem auch sei, gegenwärtig schrieb man 1441, das neunzehnte Jahr der Herrschaft von König Heinrich VI.

In dieser Nacht lag Stephen wach im Bett und dachte nach. Was hatten die alte Meg und Bolingbroke wohl gemeint? Stephen erinnerte sich, daß sie über die Regentropfen im Weiher gesprochen hatten; «sie würden heute abend nichts mehr sehen.» Ging es um irgendeine Deutung der Zukunft wie beim Spiegelbild von Lys, das sie als Nonne gezeigt hatte? Trotz der Bettdecke schauderte ihn. Er sehnte sich danach, alles mit Master Simon zu besprechen, aber er hatte es

* Aus dem Aramäischen stammender Begriff im Sinne von Vater, Oberhaupt, Herr, der über das Griechische und Lateinische in den kirchlichen Sprachgebrauch des Abendlandes einging und zusammen mit der Übersetzung als neutestamentarische Anrede Gottes im Gebet verwendet wird.

nun so lange Zeit verschwiegen, daß er nicht wagte, es jetzt zu enthüllen. Ihm blieb nichts anderes übrig, als die ganze Sache aus seiner Erinnerung zu streichen.
Kaum war ein Monat vergangen, da wurde Master Simon durch eine Nachricht aus London in Aufregung versetzt. Er rief sogar Stephen von der Arbeit herbei.
«Hör dir das an», sagte er. «Du erinnerst dich noch an diesen Bolingbroke, den Rektor des St.-Andreas-College? Er ist der Hexerei angeklagt und befindet sich im Tower von London! Da kannst du in der Tat bestürzt dreinsehen! Mir kam er schon damals verdächtig vor. Erinnerst du dich noch an dieses Dingsda, das in dem Wandschrank hing, in dem er seine Weinpokale aufbewahrte? Du kannst deinem Schutzengel danken, daß wir sein Angebot, dir einen Freundschaftsdienst zu erweisen, nicht angenommen haben. Der Himmel allein weiß, wie es dann heute um dich stehen würde!»
Stephen, der rot bis auf die Haarwurzeln geworden war, konnte seine Stimme gerade so weit wiederfinden, daß er stammelte: «Was hat er getan, Sir?»
«Das weiß ich noch nicht genau; aber die Herzogin ist daran beteiligt sowie ein falscher Priester aus der Kapelle des Königs und Margery Jourdemain, jene Frau, die die Hexe von Eye genannt wird; sie ist es, die den Liebestrank gebraut hat, der Herzog Humphrey in die Arme von Eleanor Cobham, wie die Herzogin damals hieß, trieb. Die Sache muß sehr ernst sein, denn als die Herzogin erfuhr, daß Bolingbroke gefangengenommen worden ist, floh sie ins Sanktuarium der Westminster-Abtei. Natürlich werden Zauberer und Hexer, die Diener des Teufels, dort nicht geduldet, und so versuchte sie, auf dem Flußwege zu entkommen. Doch sie wurde gefaßt und harrt nun ihrer Gerichtsverhandlung, die in der Stefanskapelle stattfinden soll. Man wird Bolingbroke dorthin bringen, damit er Zeugnis ablegt. Das ist alles, was ich weiß.»
Die folgende Zeit war für Stephen sehr qualvoll. Seine Gedanken drehten sich immerzu im Kreis. *Dies* war das Jahr 1441. Hatte Bolingbroke damals einen Zeitpunkt für etwas, das er im Schilde führte, heraufbeschworen? Und welche Rolle spielte die alte Meg dabei? Warum hatte Bolingbroke sie aufgesucht? Es war nicht weiter

schwer, sich Bolingbroke als Bösewicht vorzustellen. Er war erwiesenermaßen ein Zauberer; aber es gab keinen Beweis, daß Meg gleichfalls böse war. Stephen mußte wieder an Lys denken; daß sie nun Gott im Kloster diente, das war ausschließlich der alten Meg zu verdanken. Daran hatte der Teufel gewiß keinen Anteil.

Auch der Kaplan wartete mit großer Spannung auf weitere Nachrichten. Als schließlich ein Brief eintraf, faltete er ihn in Stephens Gegenwart sogleich auf.

«O Gott, das ist furchtbar!» rief er. «Die Absicht dieser Frau und ihrer üblen Bundesgenossen war keine geringere, als den König zu ermorden!»

Stephen klammerte sich an seiner Bank fest, weil das Zimmer sich um ihn zu drehen schien. Master Simon blickte ihn scharf an. «Aber, mein Junge, du bist ja kreideweiß! Hast du noch nicht von Morden mit Hilfe der Magie gehört? Das ist nichts Unbekanntes, wenn es, Gottlob, auch selten geschieht. Die Art und Weise ist unterschiedlich. Meist wird ein Ebenbild des Opfers in Holz oder Wachs gefertigt und während einer Satansmesse mit spitzen Nadeln durchbohrt, beziehungsweise im Feuer geschmolzen. Unterdessen erliegt das Opfer allmählich und stirbt. In diesem Fall haben sie sich in Hornsey in der Nähe von London zusammengefunden, und die schwarze Messe wurde von dem unter Anklage stehenden Priester aus Westminster vor einem Wachsbild des Königs abgehalten, während Bolingbroke, angetan mit all seinem Tand, Zauberformeln sprach, um die Mächte des Bösen anzurufen.»

«Wie ist das alles entdeckt worden?» fragte Stephen.

«Im Prozeß der Herzogin. Nachdem man Bolingbroke gefoltert hatte, um die Wahrheit aus ihm herauszubekommen, hat man ihn aus dem Tower zur Gerichtsverhandlung gebracht, damit er als Zeuge aussagt.»

«Was hat sie zu ihrer Verteidigung gesagt?» Eigentlich wollte Stephen fragen: «Was hat er gesagt?» Aber er wagte nicht, diese Frage zu stellen.

«Sie hat sich durch ihre eigenen Worte verraten, wenn man deren Sinngehalt einmal überdenkt. Sie schwor, daß sie nur in Erfahrung zu bringen gesucht hätte, ob sie Herzog Humphrey ein Kind gebären und – man höre! – welchen Rang sie in Zukunft einnehmen würde. Nun ist sie, wohlgemerkt, schon Gemahlin des Herzogs von Gloucester, der Thronanwärter ist; also kann sie gar nicht höher aufsteigen, es sei denn, sie würde Königin! Mit anderen Worten: Wenn unser König in diesem Augenblick verstürbe, würde Herzog Humphrey den Thron besteigen.»

Während der Kaplan im Zimmer auf und ab schritt und in seiner Rede fortfuhr, saß Stephen schweigend da und war bemüht, das alles zu begreifen.

«Es wird noch einen weiteren Prozeß in Gegenwart der Bischöfe geben. Hexerei ist wie Häresie eine Rechtsangelegenheit der Kirche. Bis zur Verhandlung wird die Herzogin im Leeds-Schloß in Kent gefangengehalten. Es steht in einem See, so daß ein Entrinnen von dort unmöglich ist. Aber, Stephen, paß auf, kein Wort davon, hörst du! Es ist ein Untersuchungsausschuß einberufen worden, und Mylord ist einer der Richter. Daher darf es aus seinem Haus keinen Klatsch geben.»

Das brauchte Stephen nicht eigens gesagt zu werden. Er hatte allen Grund, Schweigen über die ganze Angelegenheit zu bewahren. Einen Augenblick lang kam es ihm allerdings sonderbar vor, daß Mylord zum Richter berufen worden war, während der Gefangene die Frau seines ärgsten Feindes war.

Nichtsdestotrotz dauerte es nicht lange, bis die Geschichte sich wie ein Lauffeuer im Dorf ausbreitete. Jeder Schiffer und jeder Hausierer hatte seinen Anteil daran. Doggett war natürlich der erste, der Stephen auszufragen versuchte, doch Stephen gab vor, daß er zu sehr mit seinen Büchern beschäftigt gewesen sei, als daß er irgend etwas vernommen hätte. Insgeheim dankte er seinem Schutzengel, daß er Doggett gegenüber niemals ein Wort von Bolingbroke erwähnt hatte. Dennoch schaffte es der alte Mann, jede Nachricht, die in Umlauf kam, zu erfahren. Der große Prozeß vor der Bischofsversammlung hatte begonnen, und die Herzogin saß auf der Anklagebank. Von Herzog Humphrey gab es kein Zeichen; offenbar hatte er sich von ihr losgesagt.

Und dann traf ganz überraschend Dame Alice in Ewelme ein. Sie kam allein, nur in Begleitung einer einzigen Kammerfrau und einer

Eskorte, die aus Stephens Freund Morton, dem Kurier, und vier bewaffneten Leibwächtern bestand. Master Simon tat so, als ob er Dame Alice erwartet habe, obwohl er nie ein Wort darüber verloren hatte. Sie begrüßte Stephen mit ihrem gewohnten, sanften Lächeln.
«Du bist gewachsen, mein Junge», sagte sie, «aber du siehst recht blaß aus. Hast du zu viel gearbeitet?»
Stephen atmete erleichtert auf. In der Gewißheit, die neuesten Nachrichten mitzubekommen, wenn sich alle außer Master Simon zurückziehen würden, servierte er ihr das Abendessen in der Halle. Doch als die Mahlzeit beendet war, hieß Dame Alice ihn plötzlich zu Bett zu gehen. Morgen sei ein anstrengender Tag, meinte sie, und obgleich sie ihm zulächelte, hatte er Herzklopfen, als er sich vor ihr verbeugte. Trotz Myladys Freundlichkeit war ihm erneut unbehaglich zumute.
Am nächsten Morgen im Anschluß an die Messe schickte Dame Alice nach ihm.
«Ich habe Neuigkeiten für dich», sagte sie ruhig. «Morton kehrt heute nach London zurück, und du sollst ihn begleiten. Mylord braucht dich.»
Er starrte sie an. Vor kurzer Zeit noch hätten ihn diese Worte beglückt. Nun jedoch erfüllten sie ihn mit Furcht. Dame Alice sah ihm forschend ins Gesicht. Dann klopfte sie ihm auf den Arm. «Kopf hoch, Stephen; sag die Wahrheit, und du hast nichts zu befürchten. Ich bete dafür, daß du bald wieder zurück sein mögest.»
Das erschreckte ihn noch mehr; doch als sie sich auf den Weg nach London machten, blickte Morton, der auf einem an schwere Lasten gewöhnten Pferd aus Suffolk saß, so freundlich wie eh und je auf Stephen herab.
«Du bist seit der Pest nicht mehr in Pulteney gewesen», bemerkte er, «und daher wirst du feststellen, daß sich einiges in der Stadt geändert hat. Wir haben einen neuen Bürgermeister; er ist kürzlich erst ernannt worden. Sein Name ist Clopton, er stammt aus einem kleinen Städtchen in Warwickshire namens Stratford-upon-Avon. Master Large, an den du dich sicherlich erinnerst, ist verstorben – Gott hab ihn selig, und sein Haushalt wurde aufgelöst. Dein Freund Caxton ist, wie ich gehört habe, nach Brüssel in Flandern gegangen. Und na-

türlich spricht niemand von irgend etwas anderem als der Sache mit der Hexe von Gloucester.»

«Gibt es Neues in der Angelegenheit?» fragte Stephen beherzt und hielt den Atem an.

«Sie ist in allen Anklagepunkten für schuldig befunden worden und ihre Verbündeten ebenso; als ich London verließ, war der Urteilsspruch aber noch nicht bekannt. Auf alle Fälle wird sie öffentlich ihrem ketzerischen Frevel abschwören müssen. Der Erzmagier Bolingbroke hat seinen bereits widerrufen, und zwar im Kirchhof von St. Paul, wo jeder zusehen konnte. Noch nie war ich Zeuge einer solchen Schaustellung! Man hatte ihn auf den großen, bemalten Sessel gehoben, auf dem er immer zu sitzen pflegte, wenn er einen Zauber ausübte. Der sah wie ein Thron aus, mit vier senkrecht stehenden Schwertern an den Ecken des Baldachins, und an jedem Schwertknauf hing ein Zeichen, das in der Sonne kupfern glänzte. Der Kirchhof war vollgepackt mit einer johlenden Menge. Doch es ist sicher, daß kein Widerruf ihn mehr zu retten vermag.»

Er wurde auf den großen, bemalten Sessel gesetzt

Stephen schauderte. Das glänzende Zeichen mußte dasselbe sein, das er zuerst in der Hütte der alten Meg um Bolingbrokes Hals und danach in dem Wandschränkchen in Oxford gesehen hatte.

Es war schon fast dunkel, als sie Newgate erreichten, dennoch hielt Morton an, um mit dem Pförtner ein paar Worte zu wechseln. Unterdessen wartete Stephen mit den vier bewaffneten Knechten. Er blickte zur Turmspitze der Paulskirche hoch und dann zu den spitzen Fialen des Franziskanerklosters, wo er dem König begegnet war. Doch das alles schien Teil eines Traums, eines Alptraums, aus dem er vielleicht noch aufwachen würde.

Morton gesellte sich flink wieder zu ihnen.

«Das Urteil ist gefällt», verkündete er. «Die Hexe von Gloucester muß nicht sterben, sondern soll dreimal in der Öffentlichkeit Buße tun, und zwar muß sie an drei verschiedenen Tagen nur in ein grobes Leintuch gehüllt mit einer großen, brennenden Kerze in der Hand durch die Straßen von London ziehen. Danach wird sie bis zu ihrem Lebensende im Kerker bleiben.»

«Und die anderen?» stieß Stephen hervor.

«Die Hexe von Eye soll verbrannt werden; mit dem Priester wird sich die Kirche noch befassen, und Bolingbroke, der abscheulichste von allen, ist dazu verurteilt, gehängt, gezogen und gevierteilt zu werden.»

Das Pentagramm

Stephen warf sich auf sein Bett

Der Baum des Spechts

Die Novembersonne ging gerade unter, als sie durch das Tor von Pulteney ritten. Sowohl der Hof als auch die Halle machten einen verlassenen Eindruck. Mylord war anscheinend immer noch in Westminster. Der Haushofmeister, dessen Gabelbart nun zu einer einzigen Spitze zurechtgestutzt worden war, erschien und schwatzte mit Morton. Dann ließ er ihnen im Vorratsraum eine Mahlzeit reichen und rief einen neuen Gehilfen herbei, der Stephen zu seinem Nachtquartier führen sollte.

Dieses erwies sich nicht mehr als die vertraute Kammer vor der Tür zum Gemach des Kaplans, sondern als ein Zimmerchen in einem gemauerten Turm, der von einem älteren Gebäude an der Stelle von Pulteney übriggeblieben war. Es enthielt ein niedriges Rollbett, einen Schemel und eine Bank. Wenn er sich auf die Bank stellen würde, plauderte der Gehilfe munter, dann habe er durch das Eisengitter des kleinen Fensters hindurch einen schönen Ausblick auf den Fluß. Aber das kümmerte Stephen jetzt nicht. Sobald als der Gehilfe ihn allein gelassen hatte, warf er sich auf das Bett. Das Herz wurde ihm noch schwerer, als er vernahm, wie die Tür unten an der Treppe verriegelt wurde.

Als der Morgen graute, erinnerte ihn das Läuten aller Glocken von London daran, daß Sonntag war. Er wurde gerufen, um in Gesellschaft fast des gesamten Haushalts an der Messe in der vertrauten Kirche von St. Laurentius Pulteney teilzunehmen. Danach wurde er zu seinem Turmzimmer zurückgeleitet, um Mylords Befehle zu erwarten. Aber Stunde um Stunde verstrich; das Warten dauerte die ganze Nacht hindurch bis zum nächsten Morgen. Als es gerade zu tagen begann, erschien der Gehilfe mit einer Kerze in der Hand, um Stephen zu holen. Es sei ihm aufgetragen worden, daß er sofort kommen müsse, ehe Mylord sich an seine täglichen Pflichten begäbe.

Er führte Stephen nicht in die Halle, in der Mylord gewöhnlich sein Gefolge um sich versammelte, sondern zum Großen Kabinett, Mylords Privatgemach, einem Raum mit einer niedrigen Decke, die kunstvolle Stuckarbeit aufwies. Ein riesiges Bett mit Vorhängen nahm fast die Hälfte des Platzes in diesem Gemach ein.

Der Graf von Suffolk schritt auf und ab, dann schickte er den Gehilfen fort, setzte sich an seinen Tisch und bedeutete Stephen, sich vor ihn hinzustellen, damit das Licht auf sein Gesicht fiele.

«Du weißt, was sich alles ereignet hat», begann er in ernsthaftem Ton. «So wird dir auch klar sein, warum ich nach dir geschickt habe. Du kennst den Gefangenen, Bolingbroke. Du weißt, daß er für seine Beteiligung an einem Komplott, das die Ermordung des Königs durch Hexerei zum Ziel hatte, verurteilt worden ist. Aber weißt du auch, daß Hexen und Zauberer in sogenannten Gemeinschaften zusammengeschlossen sind, die vom Teufel regiert werden? Es ist sinnlos, nur ein Mitglied gefangenzunehmen und die übrigen in Freiheit zu lassen . . . Zurück zu Bolingbroke. Ich habe erfahren, daß er bereit gewesen sein soll, dich in seinem College aufzunehmen, weil du ihm, als er sich einmal im Gewitter verirrt hatte, den Weg gezeigt hast.»

Stephen erwiderte heiser «Ja, Mylord», obwohl sein Herz so heftig pochte, daß es ihm fast die Kehle zuschnürte.

«Für einen so unbedeutenden Dienst war das doch gewiß eine merkwürdig großzügige Vergeltung, oder? Hätte sie irgendeinen anderen Grund haben können – zum Beispiel dich zum Schweigen zu bringen? Berichte mir mehr darüber. Er war unterwegs nach Wallingford, so viel ist bekannt. Und du bist ihm oben auf der Höhe im Wald begegnet, richtig?»

Wieder antwortete Stephen «Ja, Mylord». Er wollte um jeden Preis einen Wortwechsel vermeiden.

«Die Bäume stehen dort sehr dicht», fuhr Suffolk ruhig fort, «und zweifellos war er beritten. Warum hätte er sich mit einem Pferd mitten im Gewitter in diese Wildnis wagen sollen, wenn er nicht ein bestimmtes Ziel gehabt hätte? Nun laß mich einmal hören, was du dort getrieben hast, wo du doch, wie du wohl weißt, kein Recht hattest, dich dort aufzuhalten.»

Dankbar, jetzt der Wahrheit gemäß antworten zu können, erwiderte Stephen, daß er auf Eichhörnchenjagd gewesen sei, um für Doggett neue Pinsel anzufertigen. Zum ersten Mal zeigte sich jetzt eine Entspannung auf Mylords Gesicht.

«Du mußt ungewöhnlich viel beschäftigt sein», sagte er. «Aber nun zu dem Gewitter. War es etwa jenes fürchterliche Gewitter vor zwei Jahren, als Mylord von Warwick starb? Ich erinnere mich gut daran, weil damals Templar, mein bester Jagdhund, getötet worden ist und die Spitzbuben, die seiner Fährte folgen sollten, mit dem Schrei ‹Hexerei› davongelaufen sind. Ich schalt sie, aber vielleicht hatten sie guten Grund dazu. Bist du Bolingbroke in *diesem* Gewitter begegnet?»

Jetzt suchte Stephen Zuflucht im Schweigen. Mylord hatte ihn in die Enge getrieben, und er wagte nicht, den Mund aufzumachen. Suffolk schlug mit der Faust auf den Tisch.

«Ich kenne deinen Dickschädel; dein Vater hatte ihn auch, und um seinetwillen habe ich Geduld mit dir. Aber treib es nicht zu weit! Es wäre ein leichtes, dich jenen auszuliefern, die dich zum Sprechen bringen würden!»

Stephen preßte die Zähne zusammen, damit sie nicht weiter klapperten, und Mylord fuhr in sanfterem Ton fort.

«Dann werde ich einmal auf den Busch klopfen», sagte er. «Als mich mein Fuß schmerzte, hast du ihn mit Hilfe einer Salbe geheilt, die du, wie du sagtest, von einer alten Bekannten deiner Mutter erhalten hattest. Master Simon hat auf meine Anordnung hin deinen Stiefvater in Brightwell aufgesucht, der erzählt hat, daß deine Mutter gar keine alte Bekannte gehabt hätte, aber daß du oft irgendein altes Weib besucht hast, das dort oben im Wald lebt und im Ruf steht, eine Hexe zu sein. Was hast du dazu zu sagen? Hast du dich in jenem Gewitter aufgemacht, um *sie* zu besuchen, und hast du Bolingbroke bei *ihr* getroffen?»

Stephens Knie wurden wachsweich. Indem Mylord die Bruchstücke zusammengefügt hatte, war er schnell bei der Wahrheit angelangt. Was konnte er nun tun oder sagen, um die alte Meg zu schützen?

Daß sie mit ihrer Herzlichkeit und Wärme wissentlich an diesem von langer Hand geplanten, teuflischen Komplott teilhaben könnte, schien Stephen nun ausgeschlossen. Aber dann kehrten seine Gedanken für einen Augenblick zu jenem schwarzgekleideten Jüngling zurück, der ihm damals in der Bibliothek des Franziskanerklosters so freundlich zugelächelt hatte. Angenommen, daß er, indem er die alte Meg zu schützen suchte, letztendlich das Verderben des Königs heraufbeschwören würde? Verzweifelt sah Stephen auf und traf Mylords Blick.

«Darf ich sprechen, Mylord?»

«Sag, was du möchtest, so lange du bei der Wahrheit bleibst. Aber fasse dich kurz.»

Stephen holte tief Luft, und dann sprudelte die ganze Geschichte aus ihm heraus, und zwar von Anfang an, als er vom Baum gefallen war und die alte Meg ihn gefunden hatte, und er besann sich nicht einmal auf die Wahl seiner Worte. Er erzählte von Lys, ihrer Flucht vor Odo und wie sie dabei Templars Weg gekreuzt hatte; wie die alte Meg sie so liebevoll wie eine Mutter gesund gepflegt hatte, bis Lys in ein Kloster gehen konnte, wo sie nun in Sicherheit sei und glücklich; und daß, wenn die alte Meg über irgendwelche Mächte verfügte, dies nur die Macht des Guten sei; daß sie, Bolingbroke hin oder her, nicht fähig sei, gegen irgend jemanden Böses im Schilde zu führen.

Das einzige, was Stephen in seinem Bericht ausließ, war das Palindrom, denn das, da war er sicher, würde die alte Meg schuldig sprechen.

Suffolk hörte geduldig zu. Zum Schluß nickte er bedächtig.

«Das Gute vom Bösen zu unterscheiden», sagte er, «ist die schwierigste Aufgabe eines jeden Menschen. Um sie zu bewältigen, sind wir auf der Welt. Mit der Jungfrau verhielt es sich ganz genauso: Ob sie eine Heilige war oder des Teufels, werden wir in unserem Erdenleben nicht mehr erfahren. Doch eines ist gewiß: Wir müssen die alte Frau befragen; daran führt kein Weg vorbei. Ich habe dir erzählt, daß Hexen und Zauberer in Gemeinschaften zusammengeschlossen sind. Wenn sie mit Bolingbroke in Verbindung stand, dann könnte der Zauber am Ende doch noch ausgeübt werden. Sie ist vielleicht schuldlos; Gott möge es so fügen. Aber wir müssen die Wahrheit herausfinden. Wenn sie unschuldig ist, wird ihr niemand ein Haar krümmen. Darauf gebe ich dir mein Ehrenwort. Hier sind meine Befehle: Du reitest sogleich mit einer Wachmannschaft nach Wallingford, übermittelst dem Hauptmann des Schlosses dort deinen Bericht, und bei Tagesanbruch wirst du sie zu der alten Meg führen. Du kannst ihr Trost und Mut zusprechen, und man wird sie hierher zu mir bringen.» Er klopfte auf den Tisch. «Gib acht, daß du mich nicht hintergehst. Damit würdest du ihr nicht helfen, denn ein Trupp aus Wallingford würde sie bestimmt ausfindig machen. Aber dann wäre sie zu Tode erschreckt, wenn du nicht dabei wärst, und überdies ginge wichtige Zeit verloren. Danach wirst du nicht nach London zurückkehren, sondern begibst dich geradewegs nach Ewelme und bleibst dort.»

Binnen einer Stunde verließ Stephen Pulteney in Begleitung zweier stämmiger Wächter. Suffolk hielt gerade eine Versammlung in der Halle ab. Als Stephen sich förmlich von ihm verabschiedete, indem er ein Knie beugte, reichte Mylord ihm einen versiegelten Brief.

«Wenn du deine Aufgabe erfüllt hast, wirst du dies hier Mylady überbringen», sagte er und fügte mit gesenkter Stimme hinzu: «Ich gebe dir den Brief, um zu zeigen, daß ich Vertrauen in dich habe.»

Da schmolz das Eis in Stephens Herz ein wenig. Als er den Hof überquerte, sah er, daß da keine Pferde bereitstanden.

«Wir werden erst welche in Newgate bekommen», sagte der größere von den beiden Wächtern, deren Sprache sie als richtige Männer aus

Suffolk auswies. «Es hat keinen Zweck, heute morgen durch die Straßen zu reiten. Halt dich ran, junger Mann. Wir haben Befehl, dich nicht aus den Augen zu verlieren.»
Stephen blickte um sich herum. Überall drängten sich mehr Menschen, als er jemals zuvor gesehen hatte. «Was ist los?» fragte er. «Zieht der Bürgermeister durch die Stadt?»
«Träumst du?» rief der zweite Wächter. «Hast du nicht gehört, daß die Hexe von Gloucester nur in ein Leintuch gehüllt durch die Straßen gehen muß – wie ein ganz gewöhnliches Weibsbild? Drängel dich mal weiter durch. Da wir nun schon hier sind, können wir uns den Spaß auch ansehen.»
«Spaß.» Stephen schauderte bei diesem Wort. Heute mußte wohl einer der Tage sein, an denen die Herzogin öffentlich Abbitte leistete. Morton hatte ihm davon erzählt, aber über seinen eigenen Problemen hatte er es völlig vergessen. Schulter an Schulter schoben sie sich durch eine wogende Menge, bis sie in einer Straße, die, wie Stephen wiedererkannte, zur Paulskirche führte, zum Stillstand gezwungen wurden. Ein Getümmel von Menschen erstreckte sich von der einen Straßenseite zur anderen, und ein Stimmengewirr dröhnte so unheilvoll wie ein aufziehendes Gewitter. Der Lärm schwoll an, als einige Männer der Stadtwache mit hoch erhobenen Piken näher kamen und einen schmalen Pfad in der Mitte der Straße freizumachen suchten.
In dem Luftzug flackerte die nun sichtbar werdende, gelbe Flamme einer großen, tropfenden Kerze. Sie schreckte die Menschenmenge davon ab, in tatsächliche Berührung mit der hageren, rothaarigen Frau zu geraten, die die Straße entlangstolperte und ein Leintuch fest um sich gepreßt hielt, das mit Schmutz bespritzt und von verfaulten Eiern schon ganz gelb gefärbt war.
Als sie vorüberging, wurde Stephen durch den Druck der Menschenmenge hinter ihm nach vorne geschoben, und er sah sich plötzlich einem Paar grüner Augen gegenüber, die vor Angst weit aufgerissen waren. Das war doch schon einmal der Fall gewesen? In Blitzesschnelle kehrte er in Gedanken zurück zur Benson-Mühle und sah, wie das Wasser sich tosend durch das Wehr ergoß . . . erneutes Gedränge, und schon war der Augenblick der Erinnerung vorüber. Die

Sie hatte vor Angst weit aufgerissene Augen

blakende, tropfende Kerze bewegte sich weiter vorwärts, und das Getöse rings umher war nicht mehr ein Wasserstrom, sondern die aufgebrachte Menschenmenge.

Die Pferde erwarteten sie beim «Sarazenerhaupt» außerhalb von Newgate. Es war ein grauer, neblig-trüber Novembertag, doch sie saßen auf und ritten in flinkem Trab in Richtung Westen davon. In Tyburn* hielten sie an, um neugierig zuzusehen, wie ein Schafott errichtet wurde. Sie erfuhren nicht für wen, aber Stephen wandte sich ab, um zu verhindern, daß ihm übel wurde. Er hatte plötzlich eine Empfindung, als ob sich seine Seele auf einer Wippe befände und erst in die eine, dann in die andere Richtung geschleudert würde. Sosehr er sich auch bemühte, er konnte den Ausdruck von Todesqual nicht vergessen, den er in jenem grünen Augenpaar gesehen hatte. Aber worin bestand die Wahrheit? War alles ein Werk des Teufels, oder hatten auch menschliche Schwächen ihren Anteil daran? Stephen hatte Mylords zornigen Schwur gehört: «Ich will sie ins Gras beißen sehen!», und noch an diesem Morgen hatte Mylord

* Bis 1783 Schauplatz öffentlicher Hinrichtungen; heute ungefähr an der Kreuzung der Oxford Street, Bayswater Road und Edgeware Road gelegen.

gesagt: «Ob die Jungfrau eine Heilige oder des Teufels war, werden wir nie erfahren» – und doch war sie verbrannt worden, und die Anklage lautete in beiden Fällen: Hexerei.
Waren diese großen Männer wirklich in ihrem Innersten davon überzeugt, daß sie handelten, um den Teufel zu bekämpfen, oder hatte ihr Handeln zumindest zum Teil auch den Grund, ihre Feinde zu besiegen? Vor gar nicht langer Zeit hatte Herzog Humphrey triumphiert. Jetzt mußte er sich geschlagen geben, und Mylord ritt auf dem hohen Roß. Und hier war er, Stephen, unterwegs, um die alte Meg auszuliefern, obwohl er genau wußte, daß sie nicht die Fähigkeit besaß, irgend jemandem auf der Welt einen grausamen, heimtückischen Tod zu wünschen. Er hatte jedoch zugelassen, daß Mylord ihn beeinflußte. Er hatte Mylords Ehrenwort Glauben geschenkt, daß der alten Meg kein Leid geschehen würde. Aber angenommen, irgend etwas ereignete sich, das eine Schwächung von Mylords Machtposition zur Folge hätte? Wenn dann die alte Meg gefoltert würde oder ihr noch Schlimmeres zustöße, wäre es seine Schuld.
Ganz plötzlich, so als ob er von einer Woge erfaßt worden sei, entschied sich Stephen, das Vorhaben nicht auszuführen. Irgendwie mußte er seiner Wache entschlüpfen. Wenn Mylord auch, wie er angekündigt hatte, Männer aussenden würde, die die Wälder auf der Suche nach der alten Meg durchkämmten, so nähme dies doch Zeit in Anspruch. Inzwischen könnte er die alte Meg schon fortgebracht haben. Es gab weiter weg so viele Berge und Täler, in die andere Geächtete geflohen waren, seit Mylord von Suffolk Verwalter des Chiltern-Berglandes war. Gilles würde bestimmt alle kennen; er würde gewiß helfen.
Natürlich hätte diese Tat zur Folge, daß er nicht mehr nach Ewelme zurückgehen könnte, aber selbst das erschien ihm jetzt unwichtig. Wenn er die alte Meg kaltblütig verriete und sie Folter und Tod erleiden müßte, dann könnte er niemals wieder seines Lebens froh werden.
Aber wie sollte er seiner Begleitung entkommen? Er ritt voran, und was die Sache noch schwieriger machte, sie befanden sich auf dem Südufer des Flusses, während Ewelme im Norden lag, und vor Wal-

lingford gab es, soviel er wußte, keine Brücke. In Reading wechselten sie die Pferde, verspeisten ein Mahl und tranken gutes Bier. Doch obwohl Stephen die günstige Gelegenheit ergriff und anderen Reisenden die Frage zuraunte: «In welcher Richtung geht es nach Ewelme?», schauten sie ihn nur verständnislos an und schüttelten den Kopf.

Als Stephen und seine beiden Wächter das Wirtshaus verließen, entdeckten sie, daß der Nebel immer dichter wurde. Die Straße nach Wallingford folgte dem Verlauf des Flusses. Einige Zeit lang trotteten die Pferde dahin, während über dem Wasser eine dichte, graue Decke wogte. Als einer der Wächter beinahe über den Rand des Ufers stürzte, beschlossen die beiden Männer, die Pferde zu führen; das Reiten sei nun zu gefährlich. Das Tageslicht erlosch, und der Nebel färbte sich pechschwarz. Es war kalt und feucht, aber wie sollten sie ein Obdach finden, wenn sie nicht die Hand vor Augen sehen konnten?

Mit jeder weiteren Meile wuchs Stephens Hoffnung. Wenn sie in die Nähe von Wallingford gelangten, könnte er im Nebel entfliehen. In der heimatlichen Umgebung wäre es ihm ein leichtes, die Männer aus Suffolk abzuschütteln. Doch im Augenblick hatte er nicht die geringste Ahnung, wie weit es noch bis Wallingford war. Plötzlich drang durch den Nebelschleier ein fernes Glockengeläut. Es war nur ein Dreiklang, und eine der Glocken hatte einen Sprung.

Stephens Herz hüpfte vor Freude. Das war wie eine Antwort auf die Gebete, die er kaum auszusprechen gewagt hatte.

«Wartet!» rief er laut. «Ich kann beschwören, daß das, was wir da hören, die Glocken des Priorats von Goring sind, wo meine Schwester Nonne ist. Dort könnten wir bestimmt Unterkunft finden.»

Mit neuem Mut preschten sie vorwärts und gelangten nach Streatley, das auf der anderen Seite des Flusses Goring gegenüber lag. Dort fanden sie ein Gasthaus, wo sie im Zimmer für Durchreisende die Nacht verbringen konnten. Die beiden Männer teilten sich munter schnarchend ein Bett, während Stephen sich auf das Stroh am Fußboden legte. Das paßte ausgezeichnet in den Plan, den er sich bereits ausgedacht hatte. Beim Morgengrauen wollte er hinausschlüpfen und die Fähre suchen, auf der er schon einmal, auf dem Rückweg von Donnington, den Fluß überquert hatte. Sie legte in der Nähe des Priorats an. Dem Fährmann gegenüber wollte er verlauten lassen, daß er seine Schwester besuchen ginge, und wenn die beiden Wächter, wenn sie davon erführen, ihn auch wegen der Verzögerung verfluchen würden, so argwöhnten sie doch kaum eine Flucht, da Stephen sein Pferd bei ihnen gelassen hatte.

Der Plan funktionierte reibungsloser, als er zu hoffen gewagt hatte. Der Nebel hatte sich verzogen, und bei Anbruch der Morgendämmerung fuhr die erste Fähre, um die Arbeiter der Gegend zu ihrem Tagewerk zu bringen. Stephen vergaß nicht, Lys zu erwähnen, und als die Sonne aufging, hatte er das Priorat schon weit hinter sich gelassen und näherte sich dem Pfad durch den Wald, den Gilles ihm gezeigt hatte.

Da nun fast alle Blätter von den Bäumen gefallen waren, konnte er sich leichter zurechtfinden, als er erwartet hatte. Der Pfad führte bergauf, bergab in einem großen Bogen über die hintereinander gestaffelten Ausläufer der Berge, und jedesmal, wenn Stephen eine Anhöhe erklommen hatte, konnte er die Wittenham-Hügel sehen, die in einiger Entfernung zu seiner Linken aufragten. Doch trotz dieses Wegzeichens erschien ihm die Strecke weiter, als er sie in Erinnerung hatte. So verringerte er sein Tempo und fing an, sich zu sorgen, ob seine Wächter nach Wallingford gelangen würden, bevor er bei der alten Meg angekommen war. Sie hatten immerhin die Pferde. Es würde zwar gewiß eine Weile dauern, bis man im Schloß einen Suchtrupp aufgestellt hätte, aber er mußte ja auch noch die alte Meg für seinen Plan gewinnen und Gilles einweihen. Er sehnte sich danach, das vertraute Wegzeichen, den toten Baum, zu erblicken. Wie immer, wenn er sich ihm aus einer ungewohnten Richtung näherte, fürchtete er, daß er ihn verpassen könnte. Doch endlich erhaschte er zu seiner Erleichterung einen Blick auf die verdorrte Buche weit vor ihm, deren silbrigweißer Stamm zwischen dem Kupfer der letzten Herbstblätter hervorstach. Nun gestattete sich Stephen, sein Tempo nochmals zu verlangsamen, um Atem zu holen und zu rekapitulieren, was er der alten Meg sagen wollte.

Doch als er näher kam, befielen ihn Zweifel. Irgend etwas war an-

ders. Der Baum war der gleiche; er hätte das Muster der Spechtlöcher in seinem Stamm aufzeichnen können. Aber es erschien ihm jetzt viel heller dort. Obwohl sich rings umher mehr Gestrüpp befand, war ein größeres Stück vom Himmel zu sehen.
Plötzlich von Angst ergriffen lief er schneller und blieb dann unvermittelt stehen. Der Weiher war zweimal so groß wie früher, und der tote Baum stand nicht mehr ungefähr sechsundzwanzig Ellen von ihm entfernt, sondern direkt an seinem Ufer. Stephen blickte verwirrt um sich. Dies mußten ein anderer Weiher und ein anderer Baum sein.
Allmählich jedoch wurde ihm klar, was geschehen war. Die Buchen auf der gegenüberliegenden Seite waren umgestürzt und lagen entwurzelt da, halb von Wasser bedeckt. Vor Stephen öffnete sich ein Krater, der die doppelte Größe des alten Weihers hatte. Der Wasserspiegel stand nur mehr einen Fuß unterhalb der Uferböschung. An der trüben und schlammigen Oberfläche schwammen viele Trümmer wie Holzsparren und Klumpen von aufgeweichtem Stroh. Es gab keine Hütte mehr. Sie war in die Tiefe gerissen worden.

Die Hütte war nicht mehr da

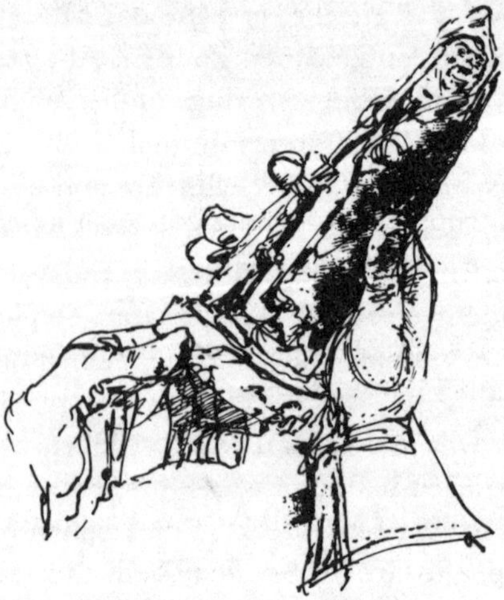

Eine von Wats kleinen Holzfiguren

Der Löwe mit den zwei Schwänzen

Völlig außer sich lehnte sich Stephen gegen den nächsten Baum. Wo mochte die alte Meg sein? Mit letzter Kraft holte er tief Luft, um zu rufen und immer wieder zu rufen, aber nur das Echo schallte zurück. Der Wald war totenstill, es ging nicht einmal ein Windhauch. Indem sich Stephen mit Mühe aufrecht hielt, versuchte er, rund um den Krater zu gehen. An einer Stelle war der schlüpfrige Lehmboden wie bei einem Erdrutsch ins Wasser gesackt. Zweifellos war der Boden, auf dem die Hütte gestanden hatte, eingebrochen. Stephen zwang sich, dem, was er für die Wahrheit hielt, ins Gesicht zu sehen. Das war das Werk des Teufels. Die alte Meg war eine Hexe, und der Satan hatte die Erde aufgetan, um sie in den Abgrund zu stürzen.

Während Stephen auf den schlammigen Tümpel starrte, dessen Oberfläche immer noch von herabfallenden Ästen aufgewühlt wurde, fiel ihm ein kleiner Kreis stillen Wassers auf, in dem ein Stück Holz schwamm. Es war glatt und trieb mit der Unterseite an der Oberfläche. Stephen ergriff einen Stock, fischte nach dem Holz und zog es näher zu sich heran. Als er niederkniete, es hochnahm und den Schlamm abschüttelte, schlug ihm das Herz bis zum Hals. Das Stück Holz entpuppte sich als eine von Wats geschnitzten Figürchen, und zwar eine, die Stephen schon einmal gesehen hatte – die Gestalt einer kleinen, alten Frau, die einen Besen in der Hand hielt und lächelnd ihren Kopf über die eine Schulter zurückwandte. Es war die alte Meg, die hier wieder erschien, damit Stephen seine Gewissensqualen nicht vergaß.

Während er das knorrige Stück Apfelbaumholz in seinen Händen hin und her drehte, um es von allen Seiten zu betrachten, kehrten seine Lebensgeister langsam zurück. Die Hütte war zerstört, aber das bewies noch nicht, daß die alte Meg tot war. Sie und Wat konnten vielleicht noch irgendwo in den Wäldern am Leben sein, und Mylords Männer würden kommen und sie finden, ehe Stephen sie gewarnt hätte. Es war daher keine Zeit zu verlieren. Er hielt die kleine Holzfigur an sich gepreßt, stand auf und bahnte sich seinen Weg durch das Unterholz in Richtung Swyncombe, wo sich die Behausung von Gilles befand. Als Stephen am Rand der Schlucht angelangt war, vergaß er alle Vorsicht und rief laut: «Gilles! Gilles!» Vielleicht war die alte Meg bei ihm. Das war noch das Beste, was er hoffen konnte. Plötzlich entdeckte er, daß sich unterhalb etwas bewegte, und wagemutig ließ er sich den Abhang hinunterrutschen. Er sah Gilles, der zu ihm hochschaute, warf sich vornüber und landete an seiner Schulter, die von einem rauhen Schaffell bedeckt war.

«Ist sie hier?» rief er, nachdem er sich wieder befreit hatte. «Ist die alte Meg hier? Um Himmels willen, erzähl mir, wo sie ist.»

«Halt ein, halt ein», erwiderte Gilles, und seine Stimme klang mitleidsvoll. Er blickte auf Stephens Hand hinunter. «Das hast du als ihr Vermächtnis vorgefunden? Dann hast du gesehen, was sich ereignet hat? Es war vor zwei Nächten. Sie und Wat müssen wohl im Bett gelegen haben. Ich bin aufgewacht, weil ich ein Rumpeln hörte, so als ob die Erde sich auftun würde – was tatsächlich auch geschehen war. Ich dachte, es wäre nur ein Donnerschlag gewesen, und legte mich wieder hin. Am darauffolgenden Morgen ging ich dann den Berg hoch und entdeckte, was du heute auch entdeckt hast. Der Weiher muß wie ein geborstenes Faß aufgeplatzt sein, die Bäume sind umgestürzt und haben alles unter sich begraben. Dort war kein Leben mehr, und so gab es auch keine Hoffnung auf Rettung. Tröste dich, Stephen; Gott hat sie zu sich genommen.»

Stephen riß sich los. «Es war der Teufel, der sie genommen hat», stieß er heiser hervor. «Sie war eine Hexe, und der Teufel hat sie in die Tiefe gerissen. Jetzt haben wir den Beweis! Sie und Bolingbroke haben zusammen mit der Hexe von Gloucester einen Zauber zur Ermordung des Königs ausgeübt. Bolingbroke soll nun dafür sterben. Sie haben ein Ebenbild des Königs angefertigt, eine schwarze Messe abgehalten und sind gefangengenommen worden . . .»

«Schweig!» rief Gilles. «*Wer* soll ein Bild angefertigt und eine schwarze Messe abgehalten haben? Ich wette mein Leben darauf, daß es nicht die alte Meg war! Komm, beruhige dich. Du bist ja ganz von Sinnen . . . kein weiteres Wort mehr, bis du dich gefaßt hast!»

Er führte Stephen zu einem alten Baumstumpf und ließ ihn sich setzen. Dann holte er ein Trinkhorn, in dem sich ein selbstgebrautes Getränk befand, das Stephen genügend Kraft einflößte, damit er seine Geschichte erzählen konnte – angefangen bei der erstmaligen Entdeckung des Zeichens im Feuer bis hin zum heutigen Tag, an dem er geschickt worden war, die alte Meg nach London zu holen.

«Mylord hat versprochen, daß ihr kein Leid geschieht, wenn sie schuldlos ist», sagte er, als er sich dem Ende seiner Geschichte näherte. «Aber unterwegs empfand ich Reue und lief meinen Wächtern davon, um hierher zu kommen und die alte Meg zu warnen. Und nun muß ich feststellen, daß es doch alles wahr gewesen ist! Sie war dem Teufel dienstbar, und er hat die Erde aufgetan, um sie in den Abgrund zu stürzen.»

«Hör auf!» rief Gilles. «Hör damit auf und denk einmal nach. Ist dir noch nie der Gedanke gekommen, daß es genau umgekehrt sein könnte? Daß die alte Meg Gott diente und seinen Willen tat, und daß Gott ein Wunder bewirkt hat, um sie vor dem Schicksal zu bewahren, daß du ihr gebracht hättest?»

Stephen stockte der Atem. «Du verstehst nicht. Es ist doch alles sonnenklar ... Bolingbroke ist zu ihr gegangen, und sie haben sich in ihrer Hütte gemeinsam einen Zauber ausgedacht, der irgendwie mit dem Palindrom zu tun hatte. Doch nun ist alles vorbei. Der Teufel hat die alte Meg geholt.»

«Wenn der Teufel persönlich gekommen wäre und mir das gesagt hätte, so hätte ich ihm keinen Glauben geschenkt», antwortete Gilles beherzt. «An ihren Früchten werdet ihr sie erkennen ... diese Worte habe ich dir schon einmal gesagt. Wenn ich jemals eine Menschenseele gekannt habe, die von Gottes Barmherzigkeit erfüllt war, dann war das die ihre. Ihr solltet dies eigentlich wissen – du und deine Schwester. Ich kenne die alte Meg schon fast mein Leben lang, aber niemals habe ich sie hart und mitleidslos erlebt. – Ich kann weder lesen noch schreiben, aber sie konnte es. Weißt du woher?»

Völlig verwirrt schüttelte Stephen den Kopf. Es hatte ihn immer gewundert, daß die alte Meg lesen und schreiben konnte.

«Dann erzähle ich dir kurz, was sie mir einmal berichtet hat. Ihr Vater war ein gelehrter Mann, ein Apotheker, wenn ich auch nicht weiß, wo sie gewohnt haben. Er wußte mit einem Rechenbrett umzugehen, und sein Wissen brachte ihn dazu, die Sterne zu beobachten. Da er keinen Sohn hatte, unterwies er seine Tochter in diesen Dingen. Doch ihr Herz schlug für einen Mann, der ein Geächteter war und dazu nur ein Schweinehirt. Sie hatten ein Kind. Ihr Vater verstieß sie, und so blieb sie bis ans Ende ihrer Tage in der Hütte des Schweinehirten. Selbst als ihr Mann starb, ging sie nicht zurück. Sie sammelte mehr und mehr Wissen, indem sie die Sterne, das Wasser und alles rings umher beobachtete und Berechnungen über das anstellte, was sie sah. Wenn das Hexerei sein soll, dann war sie vielleicht eine Hexe. Es hat aber schon viele gegeben, die wegen ihrer Gelehrsamkeit in Schwierigkeiten geraten sind.»

Stephen nickte nachdenklich. «Master Simon hat mir von einem Ordensbruder erzählt, der Roger Bacon hieß. Er wurde auch der Hexerei angeklagt. Aber die alte Meg hat manche Dinge im Wasser vorausgesehen. Sie sah Lys als Nonne, und während des Gewitters damals sagte sie zu Bolingbroke: ‹Wir werden heute abend nichts mehr sehen.› Wie kam sie dazu, Umgang mit *ihm* zu haben, dessen Schuldigkeit zweifelsfrei erwiesen ist?»

Gilles schüttelte den Kopf. «Das kann ich nicht beantworten. Die Astrologen berechnen mit Hilfe der Sterne den Zeitpunkt, der für irgendein bestimmtes Vorhaben günstig ist; aber es gibt keinen Beweis dafür, daß die alte Meg über Bolingbrokes Absicht Bescheid wußte. Vielleicht hat er sich ihr Wissen für seinen teuflischen Plan zunutze machen wollen, und sie war ihm gegenüber freigebig, so wie sie allen Menschen, die sie brauchten, ihr Bestes gab, ohne jemals nach dem Zweck zu fragen. Ich bin ungebildet; alles, was ich weiß, ist, daß ihre Seele weiß und nicht schwarz war. Möge sie in Frieden ruhen, ebenso Wat, der arme Tropf. Du tätest gut daran, für sie beide zu beten, anstatt Gottes Wege in Frage zu stellen.»
Stephen sah ihn bestürzt an. Er hatte sich nie über Gilles irgendwelche Gedanken gemacht. Jetzt behauptete dieser, er sei ungebildet. Wie kam es dann aber, daß er so viel wußte? «Du sagst, du hättest Meg fast dein Leben lang gekannt?» fragte Stephen.
Gilles zögerte zu antworten. «Niemand kennt meine Geschichte ... außer Pfarrer Saynesbury und jeder, dem er sie anvertraut hat ... aber wenn es dir hilft, werde ich sie dir erzählen. Die Wahrheit ist, daß ich geächtet werde, weil ich Franzose und nicht Engländer bin. Als Junge lebte ich mit meinen Eltern in einem französischen Dorf, das während des Krieges umlagert war. Unsere Häuser brannten über unseren Köpfen nieder. Mein Vater und meine Mutter, meine Großmutter, meine Brüder und Schwestern sind alle umgekommen. Ich gelangte in die Obhut der Mönche von Bec in der Normandie, und während einer kurzen Friedenszeit wurde ich zusammen mit anderen Jungen in das Priorat von Okeburn in Wiltshire geschickt, das zu der normannischen Abtei von Bec gehörte. Dort legte ich als Novize meine ersten Gelübde ab. Okeburn war das Mutterhaus von Swyncombe, und das Kloster bestand eigentlich nur aus einem Bauernhof, der von einer Handvoll von Ordensbrüdern bewirtschaftet wurde. Für mich war es ein Hafen des Friedens, wie ich ihn noch nie erlebt hatte. Als euer König Heinrich jedoch wieder den Krieg anfing, hat er alle französischen Klöster in England schließen lassen. Die Mönche wurden nach Frankreich zurückgeschickt, doch ich war entschlossen zu bleiben. Ich hielt mich in den Wäldern versteckt, und die alte Meg nahm sich meiner an. Seitdem lebe ich hier

und habe meine Gelübde so gut eingehalten, wie ich eben konnte. Die, die mich kennen, nennen mich Gilles den Bogenschützen, einen Geächteten der Berge; und da Frankreich und England sich immer noch im Krieg befinden, muß ich verweilen. Mit meinem Bogen habe ich mir Nahrung beschafft; von dem, was ich nehme, gebe ich den Bedürftigen ab. Nun weißt du, wie ich die alte Meg kennengelernt habe und daß ich guten Gewissens behaupten kann, daß der Teufel nichts mit ihr zu schaffen hatte. Doch sieh! Die Sonne steht schon hoch am Himmel, und du hast seit gestern nichts mehr gegessen. Bleib sitzen, während ich dir etwas hole.»

Nur allzu gern war Stephen bereit, der Aufforderung Folge zu leisten. Bis jetzt hatte er noch gar nicht bemerkt, daß er völlig erschöpft war. Er streckte seine verkrampften Beine aus und dabei fiel ihm der Beutel ein, der an seinem Gürtel befestigt war. In ihm befand sich Mylords Brief an Dame Alice. Das erinnerte ihn wieder an sein eigenes Problem.

«Was soll ich jetzt bloß machen?» sagte er, als Gilles mit einer dampfenden Schüssel zurückkehrte. «Ich wage nicht, nach Ewelme zurückzugehen. Ich habe Mylord hintergangen. Kann ich bei dir bleiben? Bitte, laß mich hier bleiben und so leben wie du.»

Gilles schüttelte den Kopf. «Mylord würde dich bestimmt finden, und außerdem bist du zu jung, um dich selbst zu einem Geächteten zu machen. Es ist besser, du trittst dem, was dir bevorsteht, offen entgegen. Geh zurück nach Ewelme! Dame Alice wird gewiß um Gnade für dich bitten, so wie Unsere Liebe Frau für uns alle Gnade erfleht.»

Von Zweifeln geplagt hielt Stephen ihm den Brief hin. «Dies sollte ich Dame Alice übergeben, wenn meine Aufgabe erfüllt wäre. Mylord hat mir den Brief ausgehändigt, um zu zeigen, daß er mir vertraut.»

«Dann hast du gar keine andere Wahl», sagte Gilles. «Welche Folgen auch immer das haben mag, der Brief muß abgeliefert werden. Denk daran, auch wenn dein Herz zu Mitleid gerührt ist, daß nicht du es gewesen bist, der die Erde aufgetan hat, um die alte Meg entkommen zu lassen. Vielleicht wissen sie schon davon. Das Gepolter war so laut wie ein Gewitter.»

Stephens Beine waren so müde, daß sie ihn nur langsam trugen. So war es schon fast dunkel, als er am Schloß ankam. Trotz seiner Müdigkeit empfand er dennoch eine merkwürdige Ruhe, so als ob das Bevorstehende, welche Richtung auch immer es nähme, die letzte Schlacht sei, die er zu kämpfen hatte.
Am Torhaus wurde er angehalten, doch dann erkannte ihn die Wache, und er durfte passieren. Oben in Myladys Söller war Licht zu sehen, der Rest des Hauses lag jedoch in tiefer Dunkelheit. Nur im Gang zwischen den Trennwänden brannte eine Laterne. Während Stephen noch zögerte, weil er nicht wußte, was er tun sollte, wurde der Ledervorhang oben vor dem Söller beiseite geschoben, und das Licht drinnen fiel auf die Treppe. Unter fröhlichem Geplapper kam Fräulein Jane, dicht gefolgt von Fräulein Philippa, heruntergehüpft. Beide trugen eines der Hündchen in den Armen und schnatterten wie die Elstern.
«Fräulein Dorn – Dame Eleonore, wo seid Ihr? Belle hat einen Hühnerknochen verschluckt und wird vermutlich ersticken!» Dann erblickten beide Stephen und stießen einen schrillen Schrei aus. «Erbarmen, da ist ein Mann!» «Nein, es ist Stephen! Woher kommst du denn, Stephen? Geh hinauf. Master Simon ist dort. Mylady! Stephen kommt!»
Dann flüchteten sie weiter durch die dunkle Halle, und der Schatten von Master Simon Brayles stand plötzlich in der Tür.
«Bist du es, Stephen? Komm herauf, mein Junge. Mylady hat dich erwartet.»
Das Herz klopfte Stephen bis zum Hals, als er die kleine Treppe hinaufstieg. Dame Alice saß an ihrem Stickrahmen. Auf der Feuerstelle glimmten kleine Kohlen in einer Pfanne. Dort, wo die Kinder gesessen hatten, lagen Kissen verstreut. Master Simon, der ein Buch aufgeschlagen in den Händen hatte, nahm wieder auf seinem Schemel Platz.
Stephen fiel vor Dame Alice auf die Knie und hielt ihr schweigend Mylords Brief hin. Er blieb knien, bis sie ihn wieder zusammenfaltete und in ihren Schoß legte.
«Steh auf, Stephen», sagte sie ernst. «Es hat aus Wallingford Erkundigungen nach dir gegeben. Es scheint, du hast die Abmachung mit

Schweigend hielt er ihr den Brief hin

Mylords Boten nicht eingehalten. Du solltest sie zu der alten Frau führen, die mit Bolingbroke in Verbindung stand. Wohin bist du gegangen?»
«Ich bin zu ihr in die Berge gegangen, edle Herrin, um sie zu warnen. Nachdem ich sie beinahe schon verraten hatte, habe ich es bereut. Ganz gleich, ob sie nun eine Hexe war oder nicht, in meinem Innersten wußte ich, daß sie nicht böse war. Es wäre ihr unmöglich gewesen, einen Zauber auszuüben, der jemanden töten soll. Sie war voller Güte, Sanftheit und Mitleid.»
«Wenigstens gestehst du deinen Verrat ehrlich ein. So hast du sie also aufgesucht und gewarnt?»
«Nein, edle Herrin; sie war nicht mehr da.»
«Nicht mehr da? Dann hatte schon jemand anderes sie gewarnt?»
«Nein, edle Herrin. Sie ist tot. Sie und ihr Sohn sowie ihre Behau-

sung, alles ist fort. Der Grund des Weihers, an dem die Hütte stand, ist eingestürzt und hat alles mit in die Tiefe gerissen.»

Bis dahin hatte Stephen geschafft, mit fester Stimme zu sprechen, aber bei den letzten Worten fing sie zu zittern an.

Dame Alice wandte sich voller Verwunderung an Master Simon. «Ist das wahr? Bylton sagt, daß von einem Erdbeben in den Bergen die Rede ist. Ich dachte, es wäre wieder einmal nur ein Gerücht. So hat es sich also wirklich zugetragen?»

Master Simon schüttelte den Kopf. «Ich bekomme kein Geschwätz zu Ohren», sagte er. «Aber wenn ich darüber nachdenke, so fällt mir ein, daß ich ein oder zwei Nächte zuvor durch ein schreckliches Rumpeln aufgewacht bin, das sich wie Donner anhörte, obwohl es kein Donner gewesen sein konnte. Erzähl uns mehr darüber ... mehr als nur die Geschichte eines Erdbebens. Laß uns die Wahrheit von Anfang an hören. Die Wahrheit, Stephen! Wir wissen nun, daß du Bolingbroke an dem Tag mit dem fürchterlichen Gewitter begegnet bist. Hast du ihn in der Hütte dieser alten Hexe getroffen?»

«Setz dich hin, mein Junge», sagte Dame Alice mit ihrer sanften Stimme. «Du siehst zu Tode erschöpft aus. Aber laß uns nun alles von Anfang an erfahren.»

Der Anfang war da, wo Stephen vom Kirschbaum gefallen war, und diesmal verschwieg er nichts, sondern begann, von seinen heimlichen Besuchen bei der alten Meg zu erzählen, die er unternommen habe, weil sie immer freundlich gewesen sei. Er erzählte von den Zweifeln, die er damals schon gehabt hätte, berichtete, wie er Bolingbroke im Gewitter getroffen habe, erzählte von den seltsamen Zeichen in der Herdstelle und von Bolingbrokes Angebot, sich seiner anzunehmen. All das habe ihn beunruhigt; doch dann sei Lys von zu Hause geflohen und die alte Meg habe sie so liebevoll wie eine Mutter gesund gepflegt, damit sie sich im Kloster in Sicherheit brächte. Das beweise doch, daß die alte Meg keine Dienerin des Teufels sein könne, aber da er fürchtete, die ihm zuteil gewordene Gunst zu verlieren, wenn er sich zu seinem Umgang mit einer als Hexe Verdächtigen bekannt hätte, habe er alles verheimlicht. Und dann sei das Unglück geschehen, daß er seinen Irrtum habe einsehen müssen und sie verraten sollte. Aber als es zum entscheidenden Au-

genblick gekommen sei, habe er es nicht übers Herz bringen können, sondern habe statt dessen versucht, sie zu retten, und da habe er entdeckt, daß . . . Bei dieser Erinnerung versagte Stephens Stimme. Kein weiteres Wort entrang sich ihm mehr.
Ein langes Schweigen folgte. Dann unterbrach Dame Alice es mit den folgenden Worten:
«Master Simon, ich glaube dem Jungen. Ich bin sicher, daß er die ganze Zeit über einen schweren inneren Kampf auszufechten hatte, in dem er bemüht war, das Gute vom Bösen zu trennen, während hinter ihm eine ganze Welt von Versuchungen lauerte. Es scheint in der Tat kaum möglich, daß diese alte Frau, die offensichtlich voller Liebe und Güte war, in Wirklichkeit eine finstere Hexe gewesen sein soll. Aber da bleibt immer noch die Frage, in welcher Verbindung sie zu Bolingbroke stand. Über sein wahres Wesen gibt es keinen Zweifel.»
Stephen hob den Kopf. Die Worte, die er von Gilles gehört hatte, kamen nun so leicht über seine Lippen, als wenn es seine eigenen wären. «Könnte es nicht sein, edle Herrin, daß die alte Meg ihr Wissen freigebig mit ihm geteilt hat, ohne zu ahnen, zu welchem Zweck er es mißbrauchen würde – so wie sie jedem immer von allem abgegeben hat, was sie besaß?»
Dame Alice blickte ihn erstaunt an. «Es scheint, sie hat dir ein gerüttelt Maß an Verständnis und ein für dein Alter ungewöhnliches Mitgefühl beigebracht», sagte sie dann. «Master Simon, ich gedenke, etwas ganz Besonderes zu tun. Ich werde Mylords Brief vorlesen, den Stephen überbracht hat. Ich glaube, der Junge hat Trost bitter nötig, und dieser Brief hilft vielleicht, ihn wieder aufzurichten.»
Sie faltete den Brief auseinander und las:
«Ich sende Euch diese Zeilen durch Stephen, der unterwegs ist, um die alte Hexe zu enttarnen, zu der Bolingbroke gegangen ist. Sie gehört vielleicht auch zu dieser Teufelsgemeinschaft. Sie war es übrigens, die jene Salbe hergestellt hat, die meinem Fuß so gut tat; der Junge hat ihr vertraut und wollte sie nicht verraten. Ich bin davon überzeugt, daß er selbst unschuldig ist. Ich bitte Euch, ihn in Ewelme zu behalten. Er hat ein weiches Herz und könnte am Ende die ihm gestellte Aufgabe nicht erfüllen. Das ist jedoch nicht weiter

schlimm. In Wallingford gibt es Männer genug, die die Hexe suchen können, um sie zu mir zu bringen, auch wenn es ein wenig Zeit brauchen sollte. Der Junge ist nicht zum Soldaten geboren wie sein Vater, aber vielleicht wird ein Gelehrter aus ihm. Verfahrt mit ihm, wie es Euch und Master Brayles am besten dünkt, und bedient Euch meines Geldbeutels, um die Kosten zu bestreiten.»

Dame Alice hielt einen Augenblick inne und blickte auf Stephen, der vor ihr kniete und sein Gesicht in den Händen vergrub. «Ich habe dir den Brief vorgelesen», sagte sie, «um dir zu zeigen, daß du dich nicht länger mit diesem Problem befassen mußt. Geh jetzt zu Bett. Morgen werden wir über Oxford sprechen.»

Oxford! Stephen hob den Kopf. Zuerst sah er Dame Alice an und dann Master Brayles.

«Was kann ich dort schon anfangen!» rief er. «Selbst jetzt begreife ich immer noch nichts! Wenn die alte Meg böse war, wie konnte sie dann Gutes tun? Und wenn sie gut war, wie kam sie dann dazu, über die Mächte des Bösen zu verfügen? Werde ich das jemals verstehen?»

«Du kannst dich daran begeben, es verstehen zu *lernen*», sagte der Kaplan ernst. «Mehr vermag niemand zu tun. Wir können unser gesamtes Leben der Suche nach der Wahrheit widmen und immer höher und höher streben, jedoch müssen wir dies in Demut und Bescheidenheit tun, ein jeder nach besten Kräften, aber stets darauf bedacht, daß die nachfolgende Menschheit auf unserem Wissen aufbauen kann. Nur auf diese Weise wird unsere Erkenntnis von Gottes Schöpfung wachsen. Und sei dir bei deiner Suche immer bewußt, daß du das, was du erkennst, niemals für Gott selbst halten darfst. Du erinnerst dich an das, was ich dir über den Franziskanermönch Roger Bacon erzählt habe? Er untersuchte, prüfte, forschte unaufhörlich ... – die ‹Herrin aller Wissenschaften› hat er das Experiment genannt ... aber er mußte dafür leiden, so wie alle wahren Forscher zu leiden haben, jedoch ...»

Dame Alice unterbrach ihn. «Guter Master Simon, der Junge hat mehr erlebt, als er verarbeiten kann. Erzählt ihm in einfachen Worten, was ihn erwartet. – Nein, ich werde es ihm selbst sagen. Stephen, du wirst so bald als möglich in Master Brayles' College, dem St.-Edmund-College, studieren, bis du deinen Magister erworben hast. Danach steht dir auf mein Gesuch hin ein Platz im St.-Marien-College neben der Marienkirche zur Verfügung. Wegen seines großen Fensters wird es auch das Oriel College* genannt. Dort wird niemand aufgenommen, der nicht schon Magister Artium ist, und selbst dann ist es noch ein Privileg, angenommen zu werden. Man hat mir diese Gunst erwiesen – und ich hoffe, du verdienst sie –, weil der berühmte Bischof Burghersh, der einer der Gründer des College war, meiner Familie angehört. Du weißt, daß ich das Burghersh-Wappen trage?»

So erschöpft Stephen auch war, er schaffte es, dennoch zu lachen. «Ja, Mylady, ich weiß: Das ist der Löwe mit den zwei Schwänzen.»

Der Löwe mit den zwei Schwänzen

* Oriel (engl.): Erker; nach dem *Oxford English Dictionary* geht der Name des Oriel College in Oxford jedoch auf ein Anwesen aus der Regierungszeit Heinrich III. zurück, das La (oder Le) Oriole hieß. Der Ursprung dieses Namens ist ungewiß.

Nachwort

Bevor ich damit beginne, Euch im gewohnten Nachwort am Ende des Buches zu erzählen, was in der Geschichte historisch wahr und was frei erfunden ist, möchte ich mich gegen einen Vorwurf verteidigen, den man sehr wahrscheinlich gegen mich vorbringen wird. Dieser Vorwurf betrifft das Unglück, das die alte Meg und ihre Hütte am Höhepunkt der Geschichte ganz einfach aus dem Weg schafft. Es ist gut möglich, daß mancher Leser sagen wird: «Welch ein Unsinn! Als ob sich die Erde derart auftun könnte! Das ist natürlich nur eine einfallslose Erfindung.»

Dann lest einmal folgendes: «Im Januar 1953 haben ein paar Männer aus der Umgebung des Ortes, an dem dieses Buch geschrieben worden ist (der etwa zwölf Meilen von Ewelme entfernt liegt), an der Theke einer kleinen Landgastwirtschaft ihr mittägliches Glas Bier getrunken. Plötzlich wurden sie durch ein lautes Rumpeln aufgeschreckt, das aus dem Wald auf der gegenüberliegenden Straßenseite zu kommen schien. Sie stürzten gerade noch rechtzeitig zur Tür hinaus, um vier prachtvolle, ungefähr 25 m hohe Eichen aufrecht im Boden versinken zu sehen. Das geschah so langsam und würdevoll, als führen die Bäume in einem Lift in die Tiefe und verschwänden spurlos. Als einige Tage darauf Messungen vorgenommen wurden, entdeckte man die Spitzen der oberen Zweige in einer Tiefe von 12 m unterhalb der Erdoberfläche, in einem Loch, das so sauber wie ein Fahrstuhlschacht aus dem Erdreich ausgehoben war. Alles in allem machte das eine Fallhöhe von 37 m aus.

Die Eichen hatten am Ufer eines großen, von hohen Bäumen umgebenen Weihers (ähnlich dem in diesem Buch beschriebenen) gestanden. Noch bevor das Gerumpel, das ihr Verschwinden begleitet hatte, verhallt war, konnte man ein weiteres Geräusch hören, ein Tosen und Krachen, das offenbar daher rührte, daß der Grund des Weihers einstürzte, das Wasser in die Tiefe strömte, die Bäume am Ufer zu wackeln anfingen und in alle Richtungen umfielen.»

Dieses Ereignis erregte seinerzeit großes Aufsehen. Geologische Experten kamen sowohl aus London als auch von der Universität in Reading und stellten Nachforschungen an. Nachdem sie ihre Tests und Messungen abgeschlossen hatten, taten sie ihre Meinung kund: Die Chiltern-Berge bestehen aus Kalk und sind von unterirdischen Wasserströmen durchzogen. Das Wasser dringt durch Spalten im Kalk ein und wäscht Höhlen aus. Diese Höhlen stürzen manchmal ein, das Erdreich über ihnen senkt sich und bildet an der Oberfläche Mulden, die sich mit Wasser füllen. Die zahlreichen Weiher und Tümpel oben auf den Bergen sind ein Beweis dafür, daß dieser Prozeß schon seit Jahrhunderten währt. In den meilenweiten, unbewohnten Buchenwäldern ist der Erdboden in ständiger Veränderung und Bewegung begriffen. Weiher entstehen, wo es zuvor keine gegeben hat. Einige von ihnen bleiben auf Dauer, andere hingegen verschwinden wieder über Nacht und hinterlassen nur kleinere oder größere Krater, in denen sich welkes Laub ansammelt.
Daher ist also das Schicksal der alten Meg nicht unmöglich. Der Einsturz im Jahr 1953 (der hier in der Gegend «Das Loch» genannt wird), ist beinahe schon in Vergessenheit geraten. Von ihm ist nur eine große Senke im Boden übriggeblieben, die zur Hälfte mit Wasser gefüllt und von entwurzelten Bäumen fast zugedeckt ist; und für den neugierigen Wanderer steht dort ein Warnschild mit der Aufschrift: «Achtung! Bodensenkung!»
Von dem, was 1953 geschah, laßt uns nun etwas mehr als 500 Jahre zurückgehen, und zwar in die Zeit der vorliegenden Geschichte. Obwohl die Erwähnung von Hexen und Hexerei heutzutage eher an Besenstiele, Märchen oder das seltsame Tun von irgendwelchen Sonderlingen auf alten Friedhöfen denken läßt, waren diese Dinge damals jedoch ein Thema, das sehr ernst genommen wurde, sowohl im Hinblick auf das Problem des Bösen als auch auf die Möglichkeit, es als politische Waffe einzusetzen.
Der gegen Eleanor Cobham, die Herzogin von Gloucester, geführte Prozeß, in dem sie für ihren Plan, den jungen König Heinrich VI. durch Hexerei zu ermorden, verurteilt wurde, hat wirklich stattgefunden; ihre öffentliche Bestrafung in den Straßen von London ist ebenso wahr wie die Beteiligung des Rektors von St. Andrew's Hall

in Oxford (im deutschen Text: St.-Andreas-College), Roger Bolingbroke, eines Zauberers, der für seine Rolle in dem Komplott gehängt, gezogen und gevierteilt wurde. Die Herzogin selbst entging einer Hinrichtung; nachdem sie die in diesem Buch erwähnte Buße abgeleistet hatte, brachte sie den Rest ihres Lebens in verschiedenen Gefängnissen zu, von Herzog Humphrey im Stich gelassen, der seine Hände offenbar in Unschuld waschen wollte. Die beiden politischen Parteien, die damals um die Macht kämpften, waren, wie hier beschrieben, Gloucesters Gefolge auf der einen Seite und das von Suffolk (unter der Führung von Kardinal Beaufort) auf der anderen. Aus der Erbitterung ihres Streits entstand der furchtbare Zwist, der eine Generation später zu den Rosenkriegen* führte.
William de la Pole, der vierte Graf von Suffolk, und seine Gemahlin Alice (die Enkelin des Dichters Chaucer) habe ich so exakt wie möglich dem Leben nachzuzeichnen versucht, ebenso auch Ewelme, ihr Heim in Oxfordshire. Dort bestehen bis zum heutigen Tag das Stift und die Schule, die sie unter dem Namen «Haus Gottes» im Jahr 1437 gegründet haben, und die in all ihrer Schönheit erhaltenen Gebäude erfüllen immer noch den Zweck, zu dem sie errichtet wurden. Dame Alice ist in der Kirche unter einem Grabmal begraben, das eines der schönsten seiner Art in ganz England darstellt. Die aus Alabaster gemeißelte Grabfigur zeigt ein lebensnahes Porträt der Persönlichkeit dieser bemerkenswerten Frau. Pfarrer John Saynesbury ist gleichfalls in Ewelme begraben, und es gibt auch einen Gedenkstein für Master Simon Brayles, der Ewelme später verließ und Pfarrer einer Kirche in Somerset wurde.
Unter der großen Zahl historischer Persönlichkeiten verdient der französische Herzog Charles d'Orléans besondere Erwähnung. Nach Azincourt war er fünfundzwanzig Jahre lang Gefangener in England. Während der Zeit, in der er sich im Gewahrsam von William de la Pole befand, wuchs zwischen den beiden Männern eine echte Freundschaft. Beide waren sie kunstbegeistert und wetteiferten im

* Spätere Bezeichnung für die von 1455–85 andauernden Kämpfe zwischen den beiden Seitenlinien des Plantagenet-Königshauses Lancaster (rote Rose im Wappen) und York (weiße Rose) um den englischen Thron.

Verfassen von Versen; und tatsächlich hat De la Pole den französischen Herzog in den Plan, mit Frankreich Frieden zu schließen, einbezogen.

Eine völlig andere Gruppe historischer Figuren sind die Oxforder Handwerksleute im 14. Kapitel: der alte Richard Winchcombe, der Steinmetzmeister (Architekt), der für den größten Teil des New College und der Divinity School (im deutschen Text: Theologische Fakultät) verantwortlich gewesen ist; Crevington und Jayne, die gemeinsam das All Souls' College (im deutschen Text: Allerseelen-College) erbauten, und John Massingham, der Zimmermann, der vom König beauftragt wurde (S. 191), die Totenmaske von Richard Beauchamp, Graf von Warwick, anzufertigen, dessen Tod zu Beginn des Buches für Aufregung sorgte.

Die kleine Episode verdeutlicht, daß die Grabmäler berühmter Personen oft echte Porträts darstellen. Kurz nach dem Tod wurde vom Gesicht des Verstorbenen eine Maske aus Wachs abgenommen. Von dieser Totenmaske fertigte dann ein Handwerker eine Kopie in Holz an, die später in Bronze gegossen oder aus Stein gemeißelt werden konnte. Es war wirklich Massingham, der das Abbild von Richard Beauchamp für das prächtige Bronzegrabmal in Warwick schuf. Auf der Zeichnung S. 191 könnt Ihr sehen, wie lebendig die Gesichtszüge erscheinen: Der Kopf ist leicht angehoben, die Augen sind weit geöffnet, so als blickten sie auf das Bild von Gott dem Allmächtigen, das im großen Ostfenster der Kirche zu sehen ist.

Wenn Ihr zufällig mein Buch *Eine Ladung «Einhorn» verschwindet* gelesen habt, werdet Ihr wissen, was in Bendy vorging, als er staunend vor genau diesem Grabmal stand.

Andererseits gestehe ich, daß ich Dame Alices Brief an ihre Stieftochter, die Gräfin von Salisbury, erfunden habe, obwohl eine Anzahl ihrer Briefe in der Stonor-Sammlung erhalten ist. Fräulein Jane heiratete tatsächlich den jungen Tom Stonor und wurde zur Ahnfrau der Stonor-Familie, die noch heute im Herrenhaus Stonor Park wohnt, dessen Kapelle aus den gleichen Ziegelsteinen wie Ewelme erbaut ist. Sie stammen aus dem Brennofen in Crockers End, nahe Nettlebed.

Eine weitere Einzelheit, auf die ich der Ehrlichkeit halber hinweisen möchte, ist die Verwendung der Jahreszahl 1441, jene Ziffern, die Bolingbroke in die Asche geschrieben und dann mit der Erklärung, sie seien ein Palindrom, abgetan hat. In Wirklichkeit hätte Stephen diese Zahl nicht sofort als «das übernächste Jahr» erkannt, da er wahrscheinlich nur die damals übliche Methode, das Datum in römischen Ziffern zu schreiben, beherrscht hätte. Doch das Datum ist letztlich korrekt, und so tut dieses kleine Zugeständnis an einen wirkungsvollen Ausgangspunkt für die Geschichte der Sache keinen Abbruch.

Das immer noch zwischen den umliegenden Bergen fast versteckte Ewelme hat sich im Grund nur wenig verändert. Das Stift wird nun von Pensionären beiderlei Geschlechts bewohnt, und seine Dächer sind mit Ziegeln und nicht mehr mit Stroh gedeckt. Die Schule, die innen freilich modernen Anforderungen entsprechend umgestaltet wurde, ist sich der Tatsache, immer noch die gleiche Schule zu sein, sehr wohl bewußt. Selbst die Beete mit der Brunnenkresse haben die Jahrhunderte überdauert. Nur das Schloß (das sich nun im Privatbesitz befindet und der Öffentlichkeit nicht mehr zugänglich ist), hat sich fast bis zur Unkenntlichkeit verändert, wenn auch sowohl innen als auch außen Spuren des ursprünglichen Baus sichtbar geblieben sind. Und wenn Pfarrer Saynesbury mit Staunen und mit Schrecken heute seinen Weg über den Benson-Flugplatz und die angrenzende Steinwüste finden könnte (beides ist vom Zentrum von Ewelme aus glücklicherweise nicht zu sehen), hätte er kaum Schwierigkeiten, das Herz seiner Pfarrgemeinde wiederzuerkennen.

Die Alte Landstraße ist in der Tat alt – viel älter als Ewelme. Ihr könnt sie auf Generalkarten eingezeichnet sehen, manchmal bloß als Fußweg, manchmal aber auch als «Icknield Way»*, der quer durch halb England führt. Es ist daher verständlich, daß die in dieser Gegend lebenden Menschen sie einfach als die «Alte Straße» bezeichnen, ohne recht zu wissen warum.

* Name einer berühmten prähistorischen Straße, die quer durch England von Norfolk nach Wiltshire an den Chiltern Hills und Berkshire Downs vorbei führt und in der Schlucht von Goring (Goring Gap) die Themse überquert.

Es gibt in dieser Geschichte so viele historische Charaktere, daß es beinahe leichter ist, die fiktiven anstelle der realen aufzuzählen. Stephen und seine Familie sind natürlich erfunden, ebenso Doggett, der alte Ferry, der unglückliche Barnabas, der Rote Jak und Tom, die alte Meg, Gilles der Bogenschütze und Wat – doch es gibt wirklich solche kleinen Holzfiguren, wie sie hier als von Wat geschnitzt beschrieben werden. In Wahrheit wurden sie von einem alten Mann, einem Kunsthandwerker, der in einer Kate im Wald lebte und vor etlichen Jahren gestorben ist, aus knorrigen Stücken trockenen Apfelbaumholzes angefertigt. Und obwohl Gilles der Bogenschütze eine Phantasiegestalt ist, existierte in Swyncombe tatsächlich das kleine Kloster der französischen Mönche, die von Heinrich V. davongejagt wurden.

Wenn Stephen und seine Erlebnisse auch fiktiv sind, so ist doch das Problem, dem er begegnet, ein grundlegendes, das seit eh und je Gültigkeit hat: das Problem, Gut und Böse zu unterscheiden. Stephen erscheint dieses Problem in der uns befremdlich anmutenden Gestalt der Hexerei – wir haben solchen Unfug hinter uns gelassen oder reden uns dies zumindest ein. In wesentlichen Dingen jedoch hat sich die Welt nicht viel gewandelt, wenn sie sich auch ein ganzes Stück weiterentwickelt hat, seit Roger Bacon den Regenbogen und den Wechsel der Gezeiten enträtselte. Dennoch sind wir immer noch auf der Suche. Es ist unsere Berufung, im Streben nach Erkenntnis die Grenzen unseres Denkens immer weiter zu stecken – aber gleichzeitig auch eine echte Balance in unserem Wissen zu halten.

Von William de la Pole, dem vierten Graf (und späterem ersten Herzog) von Suffolk, Gemahl von Dame Alice, Freund von Charles Herzog von Orléans und Vater des jungen Fräulein Jane, möchte ich Euch noch einen kleinen Teil seiner folgenden Lebensgeschichte erzählen. Es gelang ihm tatsächlich, eine französische Heirat für den König in die Wege zu leiten und damit den Frieden mit Frankreich zu besiegeln. Aber die erwählte Prinzessin Margarete von Anjou erwies sich als eine ungestüme junge Dame, die nichts als Unruhe brachte.

Die Unbeliebtheit dieser Heirat war einer der Hauptgründe, daß

Suffolk schließlich vor Gericht gestellt, zur Verbannung verurteilt und während der Überfahrt nach Frankreich von Piraten, bei denen es sich wahrscheinlich um Suffolks politische Gegner bzw. deren Handlanger gehandelt hatte, ermordet worden ist. Shakespeare schildert ihn in *König Heinrich der Fünfte* als einen Bösewicht, doch auch Shakespeare war nicht darüber erhaben, historische Charaktere in dem Licht erscheinen zu lassen, das der Politik seiner eigenen Zeit am besten entsprach.

Die Themse u

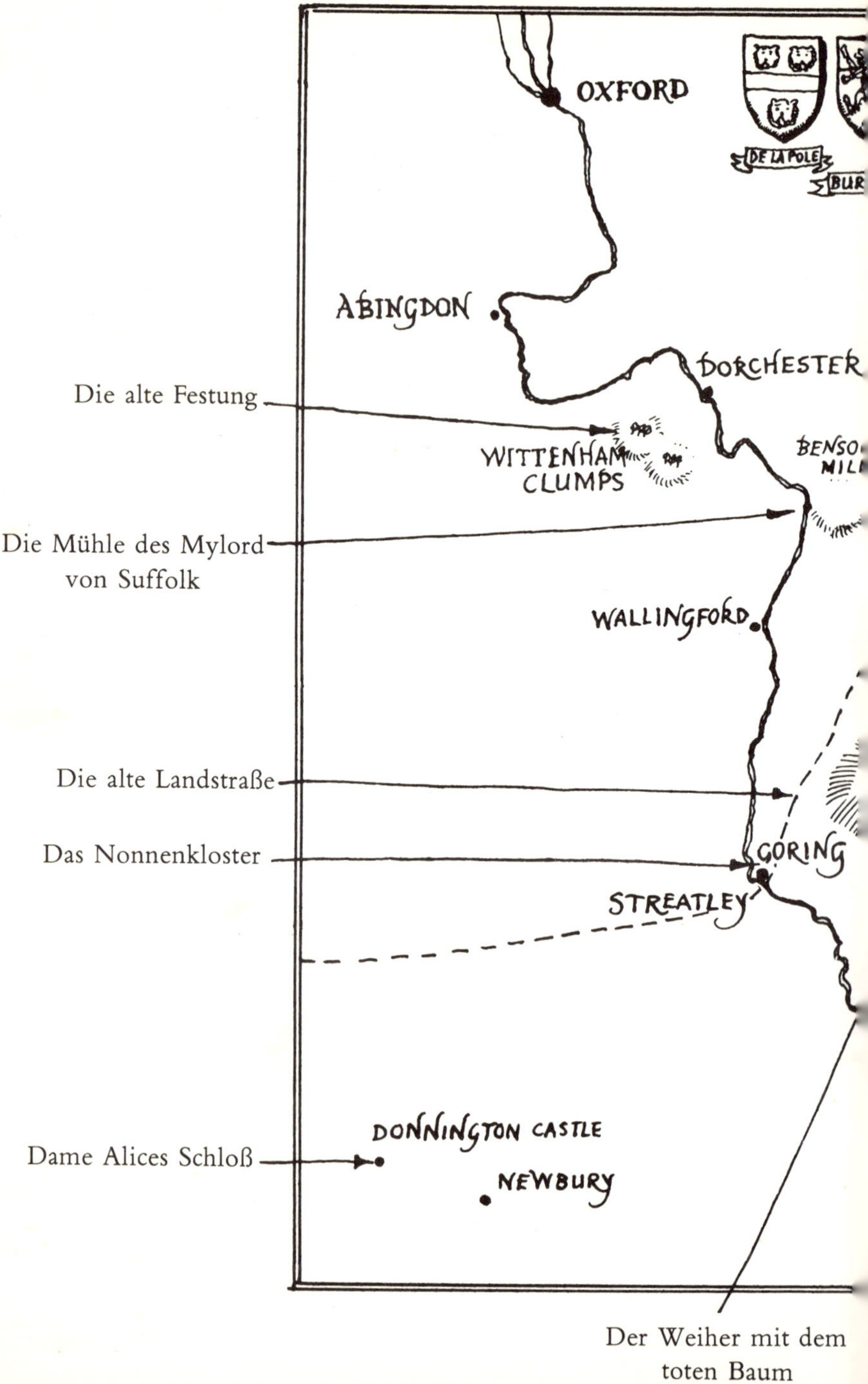
OXFORD
DE LA POLE
ABINGDON
DORCHESTER
Die alte Festung
WITTENHAM CLUMPS
Die Mühle des Mylord von Suffolk
WALLINGFORD
Die alte Landstraße
Das Nonnenkloster
GORING
STREATLEY
DONNINGTON CASTLE
Dame Alices Schloß
NEWBURY
Der Weiher mit dem toten Baum